阅读成就思想……

Read to Achieve

金融客户心理学

[美] 查尔斯·R. 查芬（Charles R. Chaffin）◎编著

苑东明　狄思宇◎译

CLIENT PSYCHOLOGY

中国人民大学出版社

·北京·

图书在版编目（CIP）数据

金融客户心理学 / （美）查尔斯·R. 查芬
（Charles R. Chaffin）编著；苑东明，狄思宇译. --
北京：中国人民大学出版社，2022.7
  书名原文：Client Psychology
  ISBN 978-7-300-30699-5

  Ⅰ. ①金… Ⅱ. ①查… ②苑… ③狄… Ⅲ. ①金融投
资－销售－商业心理学 Ⅳ. ①F830.59

  中国版本图书馆CIP数据核字(2022)第104048号

金融客户心理学

［美］查尔斯·R. 查芬　编著

苑东明　狄思宇　译

Jinrong Kehu Xinlixue

出版发行	中国人民大学出版社			
社　　址	北京中关村大街 31 号		**邮政编码**　100080	
电　　话	010-62511242（总编室）		010-62511770（质管部）	
	010-82501766（邮购部）		010-62514148（门市部）	
	010-62515195（发行公司）		010-62515275（盗版举报）	
网　　址	http://www.crup.com.cn			
经　　销	新华书店			
印　　刷	天津中印联印务有限公司			
规　　格	170mm×230mm　16 开本		**版　次** 2022 年 7 月第 1 版	
印　　张	17.25　插页 1		**印　次** 2022 年 7 月第 1 次印刷	
字　　数	240 000		**定　价** 79.00 元	

很偶然也很荣幸，能够有机会一睹本书的样本，并为之序。

正如我们在国际金融理财师（certified financial planner，CFP）的人才培养过程中所强调的：金融理财是一种综合性金融服务。它指的是专业理财人员通过分析和评估客户的财务状况和生活状况，明确客户的理财目标，最终帮助客户制订出合理的、可操作的理财方案，使其能满足客户人生不同阶段的需求，最终实现其在财务上的自由、自主和自在的过程。

在服务客户的整个过程中，如何了解客户、如何理解客户、如何对客户的痛点感同身受，是衡量一名理财师是否合格，甚至是区分一名理财师是平庸的还是卓越的关键点。因此，学习金融心理学的相关知识，尤其是客户的思维逻辑、认知偏见，有助于理财规划师理解客户的行为偏见和客户决策过程。

现代金融理论在过去 20 年里最为显著的贡献就是对于投资人的行为分析。从塞斯·卡拉曼（Seth Klarman）的《安全边际》（*Margin of Safety*）、罗伯特·席勒（Robert Shiller）的《非理性繁荣》（*Irrational Exuberance*），到国内朱宁老师的《投资者的敌人》，都对传统金融理论的"理性人"假设做出了很好的补充——人在做金融决策时并不理性，很容易受到各种心理因素的影响，比如喜欢线性外推、喜欢卖掉盈利的资产而加仓亏损的资产等。

而我们有幸看到的这本《金融客户心理学》却另辟蹊径，不是从金融市场的角度，而是从客户的角度，系统论述了个人的感知外推、认知缺陷，传导为心理账户和风险偏好，进而影响到婚姻和家庭的完整过程。

作为国际金融理财师标准委员会（Certified Financial Planner Board of Standards）出版的理财规划系列图书中的第二本，查尔斯·R.查芬博士和多位学者共同编著的《金融客户心理学》为我们提供了观察和分析客户的独特视角，也为理财师们补上了客户心理分析的必要一课。

感谢查尔斯·R.查芬和他的团队为金融理财行业做出的努力。

宋 健 博士

现代国际金融理财标准（上海）有限公司

FPSB China Co., Ltd.

　　从表面上看，理财规划是一种量化工作。它涉及许多数字，代表着客户的储蓄、债务、投资、退休金、保险和其他与其财务状况相关的数据。依据国际金融理财师委员会职业行为标准的调整建议，CFP委员会将理财规划定义为"通过结合客户个人和金融环境的相关要素，提出财务建议（financial advice），帮助客户最大限度地实现人生目标的合作过程"。这一定义包括了理财规划过程的步骤和内容方面，本质上是理财规划专业人员提供合格的理财规划服务所必须具备的能力和道德要求。

　　理财规划是一项具有挑战性的工作，需要高度的责任感。在数字的背后，客户托付给理财规划师的不仅是他们的目标和梦想，还是自己一生的辛勤工作所得。数年乃至数十年的辛勤工作以及谨慎的投资，最终才换来了电子表格上的这组数字。客户将他们以及他们最亲近的人对未来的愿景交付给了理财规划师。另外，客户也会对他们及所爱的人的现在和未来幸福感到担忧。理财规划师常常是第一个听到好消息的人，而当坏消息到来时，他们也是首先接到通知的人。对于这两种情况，都需要坦诚的对话、仔细的规划和行动，有时还需要有意的不作为。因此，从最根本的意义上讲，理财规划是关于人的工作。

那么客户呢？我们如何帮助他们发现（并与之沟通）他们的希望和梦想？他们的配偶、伴侣或家庭的目标是什么？他们与周围人的互动对其财务决策和财务状况有何影响？他们与顾问的关系和沟通将如何影响理财规划过程？对于与客户的个人状况和背景相关的消费、债务、计划和储蓄等个人行为，我们了解多少？压力对客户和理财规划师之间的对话有何影响？理财规划师能做些什么来缓解这种压力呢？在制订和展示理财规划时，客户的认知负荷和注意力资源将如何影响客户与理财规划师的关系？技术对提升客户更自由地与理财规划师沟通的意愿有何影响？技术如何影响作为客户和理财规划师之间关系的一部分的社会学问题？除了这些问题，理财规划师每天还会遇到数百个问题，其中许多问题会直接影响到理财规划师的效率和客户的成功。

行为金融学应该能回答其中一些问题。它将认知和行为心理学的元素引入经济学和金融学领域，以研究投资者为什么会做出非理性的财务决策。这些非理性的决策在许多情况下源于他们采取了试探法或走心理捷径的做法，只顾及了复杂程序或现象的一个方面，导致判断失误或形成偏见。行为金融学关注的是个人而不是市场。从本质上说，过于简化就会带来风险，现代投资组合理论的简洁性会由于人及其全部思想和行动的加入而变得相当混乱。行为金融学有助于解释一些混乱，其深层依据是个人做决策的过程是复杂的，并不总是有充分的消息支持。所有这些想法都与理财规划有关。从业者需要了解诸如"选择架构""锚定"和"可用性偏见"等概念，所有这些概念都会对日常为客户提供服务产生影响，并有助于解释这些不合理的决策。

然而这些决策真的都不理性吗？从外表看似乎如此，但这些决策也存在用许多其他因素来解释的可能。许多心理学家，包括如斯金纳（Skinner）和弗洛伊德这样的著名学者，发现许多个人行为主要是基于环境因素和个人心理因素做出的。斯金纳认为环境是决定个体行为的唯一因素。从本质上讲，个体本身并不做任何决定——环境替他们做了决定。弗洛伊德认为无意识——自我和思维过程的自发的和本能的元素——是行为和决策的关键决定因素。尽管弗洛伊德和斯金纳对心理学的许多要素的看法截然不同（他们的研究有许多方面既互相印证又互相抵牾），但是他们的研究发现了影响人类行为和决策的多种因素。因此，在某些情况下，对一个人来说不理性的决定对另一个人来说可能恰恰是最好的决定。所以，所谓的"不理性"，不过是旁观者的看法罢了。

行为金融学方面的文献对我们当前和未来的服务客户的工作至关重要（和本书中的其他重要内容一样），不过，或许我们应该思考得更广泛一些。我们需要在理财规划的框架内，进一步研究压力、认知、人际关系、沟通、身份认同等基本要素。我们需要邀请临床心理学、认知心理学、社会学、教育学和其他专业的人士一起来更好地理解客户的感知、行为和决策背后的基本原理，以更确切地描述出这项工作的意义，帮助从业者和CFP专业人士把工作做得更好。

在医学上，循证实践指的是医学专业人员使用相关数据为个体患者做出医疗保健决策。临床实践、患者价值，以及最适用的研究和数据都被集成在一起以制订医疗保健计划。也许最重要的是，个体的特征和偏好，也就是从本质上说对每个病人在生理、心理、情感和精神上最有效的东西，才是做出医疗决策的最重要的决定因素。因此，它不仅仅是一个关于通用性方法或只关注医师行为的问题，而是一个基于病人的健康状况、研究和预期结果的人格化治疗方法，即以病人为中心的方法。

同样，在教育领域，几十年来的课堂教学方式都是以教师为中心的，教师的行为和知识被认为是决定教育或学习计划成败的主要因素。如果老师表现得很好，那么就可以假定学生一定会成功的。但是，几十年前，教育心理学家发现了与认知和学习者发展相关的关键属性，可以帮助更好地理解学生学习者。这些进步把教学方法（本质上是教学实践）的重点放在了什么对学习者有效，而不是对教师有用上。现在，我们几乎普遍认为教育的成功不在于教师知道什么或做了什么，而在于学生是否学到了以下这个概念，即以学生为中心的方法。

也许我们在理财规划方面也处于类似的关头，业内人士已经开始意识到理财规划师的知识和行动是至关重要的，但如果客户失败了，理财规划师的知识和行动也就没有用了。没有理财规划师会说:"我的客户没有达到她的人生目标,但不用担心,我自己在整个理财过程中都表现得很能干。"作为一名职业人士,我们可以学习医疗和教育人士的做法,对我们的理财服务实践发展出更深刻的见解,更密切地关注个体。最终,采用这种基于证据,特别是基于客户个人特质的方法进行的理财规划,将产生新的财务信息,这有助于为后代准备与该专业的人力要素直接相关的能力和技能。投资的基本原理、税收、保险、遗产规划、沟通等仍然很重要,而且可能永远都很重要,但是这些内容领域和能力在开发和改善时应该只考虑以客户为中心的方法。

在此背景下,我推出了这本《金融客户心理学》。本书融汇了大家预期中的研究领域,如理财规划、行为金融学、沟通和财务治疗。同样重要的是,客户心理学引入了新的领域,如社会学、认知心理学、教育学、社会工作等。这个跨学科的方法将不同的专家、方法论和研究人员聚集在一起来关注理财规划客户,可以带来对我们的专业有重大影响的新知识。众所周知,如果我们不能回答"那又怎样"的问题,那么所有新知识的意义都是有限的。本书将着手解决这一问题。

鉴于技术对理财规划的影响,还有一个因素要考虑。随着人工智能和技术应用范围的扩大,再加上要努力适应它所服务的人群(也许是希望能服务这些人群),理财规划师这一职业面临着大量的机遇和危机。该行业有机会通过将面对面服务和电子交付相结合,在提供优质的和符合道德的服务方面展现出创造性,并可以完全按照客户的需求和偏好行事。为了充分服务于每一位客户并最大限度地发挥市场潜力,专业人士需要充分了解用户的倾向和看法。此外,只需轻按智能手机或平板电脑,客户就能获得大量的数据,无论是关于他们自己的账户还是他人给出的理财建议,这可能会改变客户-理财规划师关系的面貌(以及对客户-理财规划师关系的需求)。通过把一种基于证据的方法应用在理财规划方面,我们可以利用在客户心理学中获取的大量文献,以及利用或发展技术来满足当前和未来客户的需求。我们都知道,尽可能多地了解客户将使我们与客户更能产生共鸣。

本书并不是要为理财规划下断言和结论;相反,它是一种方法的开端,这种方法汇集了许多可以对理财规划客户产生影响的研究领域，始终把客户的最大利益放在心上。我们的尝试是通过整合运用整个学会的文献，建立一个新的理论基础。每一章都为广大从业者和学者提供了一个对这些新概念的正式介绍。在阅读每一章时，我希望读者能重点关注有关为什么这些不同的主题对我们的研究如此重要的论证。有些章节可以明确地与理财规划联系起来，其他章节则要求读者推断哪些特定的概念可以应用到日常理财实践中。希望理财规划专业内外的学者能接受挑战，在这个框架内思考新的调查路线，以帮助这一专业能够更加以客户为中心。尽管有泄露情节的风险，但我还是要对本书总结一下：它是一个新的理论框架，广泛汲取了各个学科的知识，使理财规划变得更加以客户为中心。

让我们开始吧。我希望你能发现《金融客户心理学》既富有挑战性，又能给人以启迪，但也许更为重要的是，我希望你读完本书时，能够比开始读之前有更多的问题，我们还有许多需要学习研究的东西。

目　录

第 1 章

客户心理学

查尔斯·R. 查芬 教育博士
国际金融理财师委员会理财规划中心

乔纳森·J. 福克斯（Jonathan J. Fox）博士
美国艾奥瓦州立大学

二婚夫妻的两难决策

本（59 岁）和科琳（49 岁）在理财规划行业并非什么罕见的客户。他们虽然扎根于成功的家族企业，有着很好的职业回报，却是典型的面临着财务问题的客户，他们都有一些不够明确的长期或短期目标，他们的家庭都有着复杂的人际关系。

他们两个人都是二婚。本和他的第一任妻子尼娜（58 岁）育有三个孩子。尼娜和本 25 年前一起创建了一家保洁服务公司，她至今仍保留着公司33% 的所有权，并且仍在积极参与公司的管理。本和他的现任妻子科琳几乎从来没有讨论过尼娜在这家家族企业和这个家庭中的参与问题。在本和尼娜的三个孩子中，玛丽（34 岁）和欧内斯特（32 岁）也都是这家家族企业的股东，都已婚，有自己的孩子；而他们 29 岁的儿子雅各布则住在当地的一个社区，为那些有发育性身体残疾的人提供服务。

科琳的第一任丈夫于他们婚后不久在一场车祸中丧生了，那时他们刚刚过了第二个结婚纪念日。靠着有限的人寿保险金，科琳完成了研究生学业，现在是州立大学的数学教授。她很喜欢自己的这份工作，她目前没有退休的计划或打算。她和本在 15 年前结婚，有两个孩子，约翰（14 岁）和琼（10 岁）。

本和科琳决定为雅各布的余生需求做一番规划。本想在七年后退休，想把公司股份转给他的成年子女玛丽和欧内斯特，但他不知道尼娜会怎么处理她的权益。本对退休后做点什么没有明确规划。他只是觉得经营公司太辛苦了，自己需要改变。本和科琳还打算往一个单独的账户里存些钱，以资助约翰和琼上大学，相信这笔钱足够他们完成学业。

本和科琳的另一块心病是本 81 岁的父亲杰克。本的母亲 10 年前死于癌症。从那时起，杰克就一直一个人住在离本和科琳一小时车程的小镇上。本一有空就去看父亲，每周至少要打一个电话给他，和他聊聊。杰克的健康状况相对较好，喜欢参加一些志愿活动，还常和朋友一起打打高尔夫。然而，最近本注意到父亲变得更健忘了，他不确定这是正常的衰老现象，还是痴呆或阿尔茨海默病的早期症状。本担心他的父亲可能会忘记支付账单，或成为诈骗犯的目标。他知道杰克每年都会见几次理财顾问。本在想，他是不是应该给父亲的理财顾问打个电话，说说他的担忧，也想问问她在对父亲做客户访谈时有没有发现什么问题。即使按照最客观的标准衡量，本和科琳的财务状况也是很好的。不算保洁服务公司，他们的资产净值大约是 260 万美元，有大约 300 万美元的资产，40 万美元的债务，其中包括房屋抵押贷款和用于发展业务的个人贷款。最近的一份独立企业估值报告对公司给出的估值是略低于 900 万美元。他们的金融资产大部分是保守的、合格的退休计划（qualified retirement plans）中的收入驱动型投资。本从来不喜欢金融风险收入和投资股票。2008 年，他曾持有过一点股票，但很快就卖掉了，这件事他至今还常说。他乐于直接控制公司的资产，也从不想让外人控制自己的钱财。大部分退休资产是本的，科琳被指定为受益人。科琳觉得自己是更愿意冒险的投资者，她的退休资产（大约 11 万美元）主要投资于她所在大学 403（b）计划的一个小型指数基金。

科琳认为本在旅行、公司和家庭庆典、慈善上花费太多。她是家庭预算的第一把关者，努力让家庭开支不失控，但最近她沮丧地发现，他们这一年几乎一点钱都没存下，也就是通过公司和学校缴存了一点退休金。他们在一个居民区里有一套四居室的住房，价值在 25 万到 30 万美元之间。他们的抵押贷款余额约为 17.5 万美元。

本和科琳认为，他们有足够的保护措施以应对财务损失风险，但他们已经至少有 5 年时间没有认真考虑过保险责任范围这个问题了。两个人都忙得很，拿不出时间来评估人寿、家庭、汽车、健康、残疾、超额损失保险（umbrella liability）和长期护理保险等保险问题了，但他们知道这是必须做的事。科琳在大学里买了人寿保险，其收益是她 8.8 万美元年薪的 2.5 倍。她不确定这份保险的受益人是谁。本有一份保额为 300 万美元的定期人寿保险，与家族企业相联系，以尼娜为主要受益人，他们的三个成年子女是第二顺序的受益人。他们属于一项与科琳所在大学有关的团体健康计划的保障范围，并且他们还有房主险和汽车险，但已经忘了最近一次评估保险范围和成本是在什么时间了。本和科琳都开着性能可靠的老款车，没有购车贷款。他们有保额为 100 万美元的超额损失保险，但没有投残疾险或长期护理保险。

本和科琳有简单的遗嘱和医疗保健授权书，这些文件是 13 年前起草的，当时约翰刚刚出生。在本和科琳结婚后的 15 年中，他们从来没有想过要找个理财规划师来帮忙理财。本在犹豫要不要把这些事都交给某一个人或某一家公司打理。他喜欢多听金融专业人士（会计师、律师、退休投资顾问、保险代理人等）的意见，但最后还是由他自己拿主意。由于企业财务和家庭理财之间缺乏相互协调，科琳感到越来越沮丧。几年来，一直有人建议她委托国际金融理财师来为她提供服务。他们已经接触了几名理财规划师，做了初步咨询，但还没有说定。本和科琳的情况很复杂，不但决策很难做，需要做的决策数目也多得吓人。

理解客户态度和行为的综合性方法

在你探索、学习本书提供的这些调查方法的过程中，要始终记着科琳家这个案例。要不断地问自己，本和科琳的决策究竟是由什么引导的？数学计算和内心直觉是如何促成这些决策的？在什么时候钱是最重要的因素，在什么时候家庭关系是最重要的因素？客户对风险的理解是如何影响他们的决策的？婚姻格局和沟通模式是如何影响人们的生活规划和目标制定的？个性、教养和个人身份是如何影响消费与储蓄模式以及退休投资选择的？像本和科琳这样的客户，互相之间会以怎样的频率和方式交流他们对未来的规划和愿景，作为他们的顾问，这种交流对你来说有多重要？

本和科琳都是中年人，但本比科琳大 10 岁。一天天变老的现实会如何影响他们现在和未来几年的决策能力？在以后的生活中，年龄差异的影响会更大还是更小？在什么情况下，他们两人都可能面临认知能力下降和社交能力丧失的风险？本的年纪更大一些，科琳应该如何理解与年龄有关的认知方面的变化？是什么才能让他们（以及像他们一样的客户）或多或少地愿意相信你的建议呢？

这些就是本书试图解决的问题类型。我们会系统、全面地超越最优资源配置理论和行为金融学理论的原则，对于那些决定着本和科琳经济生活的深层次人类问题，我们找到了新的解决之道。所有这些问题都需要多个学科的深入分析，以帮助本、科琳和他们的家庭超越诸如遗产规划、税收和投资等与理财规划相关的传统的内容领域。这就促成了客户心理学的出现（见图 1–1 ）。

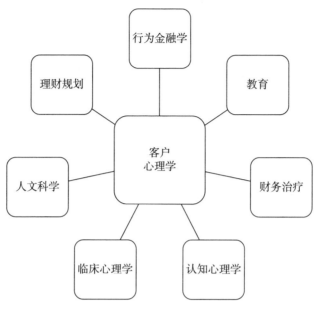

图 1-1　客户心理学涉及的学科

　　基于本书的目的，我们把客户心理定义为能影响客户决策和财务福祉的偏见、行为和看法。对任何人来说，它都是一把大伞。不过，就整体而言，为理财客户服务还是需要一个综合性的方案的，要从不同专业出发，研究各种方案，把多个学科领域、研究方法、传统观点整合起来。偏见是我们支持或反对某个对象或某个人的倾向。客户偏见可能与人际关系方面的事情有关，也可能与一个人过去的经验有关。行为是我们对特定情况和刺激做出的反应，从客户身上很容易观察到。看法是对个人生活经验的总结，是他们观察周围环境的角度。从本质上讲，这不仅是客户的行为，也是其看法，即对配偶和家庭的看法、对其自身动机的看法，以及对其自身的看法，这几乎影响了其作为客户的方方面面。这一定义中的三个核心词开宗明义地表达了一种理解客户态度和行为的综合性方法。在这个宽泛的概念之下，还隐含着多种研究方法，可用于回答许多关于客户的问题，包括定性的、定量的、理论性的、实验性的或者历史性方法的任何一种结合。

行为金融学是我们定义客户心理学工作的重要组成部分，当然也是这本书的重要内容。它是以经济学和金融学为背景的认知心理学和行为心理学的产物，目的是研究为什么人们（这里特指我们的个人客户）会做出不符合单纯的经济学或优化模型的、看似不合理的财务决策。以试探法（heuristics）进行思考（或走心理捷径），是做出这些非理性决策的一个重要原因，并会导致客户在这方面的内在偏见，特别是在问题复杂又不愿意从容思考和谨慎思考的情况下，更容易如此。

本书的章节主要介绍行为金融学的基本要素、试探法和偏见、前景理论、心理账户、选择的架构，还有个性和理财行为等方面的内容。客户心理学的方法不仅为以上每个内容领域提供了一个理论框架，还特别描述了其对理财规划领域和理财规划客户的意义。

教育在理财规划领域的作用也很关键，它主要探讨诸如自我决定理论和自我效能等问题，这两者都有认知心理学渊源，且已经在以从业者为基础的教育行业得到了更大的发展。自我决定理论关注个人动机，尤其是人先天的心理需求。班杜拉（Bandura）把自我效能感定义为"人们对自己的能力能够达到特定的表现水准，并能对那些与自己人生相关的事件施加影响的信念"。自我效能感是个体对自己在特定任务环境下完成特定任务的能力的看法。理财规划师应该对自我决定理论有敏锐的理解，因为了解客户的内在动机是非常有用的，有助于使客户的行为保持在正确轨道上，并与他们的长期理财目标保持一致。自我效能感和客户的金融素养是交织在一起的。如果人们觉得他们有一定的知识和能力来思考自己的财务决策和总体生活质量问题，他们就更有可能去找一名理财规划师，并在生活遇到困难时也坚持与理财规划师合作。

财务治疗是客户心理学的重要组成部分。与客户心理学的其他方面一样，它关注的是客户行为，但它是从人际关系影响的角度来看问题的。基于夫妻和家庭咨询的实践和理论，财务疗法会参考客户生活中的人际关系状况。尽管金融专业人士早就承认，咨询是一种关系性业务，但重点一直主要放在理财规划师和客户之间的关系上。财务疗法学科的知识体系在不断发展，并已成为理财规划实践的重要组成部分。客户决策和财务福祉的相互关系因素对客户有很大的影响，同时对顾问与客户共同努力处理好复杂的家庭关系也有很重要的影响。

认知心理学关注注意力、记忆和创造力等心理过程，为教育心理学和行为金融学提供了理论基础。客户或理财规划师在陈述理财规划或明确目标时所动用的认知负荷大小，可能会对客户 – 规划师特定的成功互动产生重大影响。同样，认知心理学对个人的动机也有深刻的影响，这有助于解释为什么客户会做出有利于他们长期财务福祉的决定，甚至能够解释他们为什么会首先寻求理财规划师的帮助。很明显，行为金融学的话题（如试探法和偏见、锚定和心理账户）受认知心理学研究的影响都很大。

临床心理学被美国心理学会定义为"为个体和家庭提供持续的、全面的心理和行为保健的心理学专业；向各机构和社区提供咨询；训练、教育和监督；还包括以研究为基础的实践"。在本书中，我们探讨了金融心理学，它把更广泛的心理因素的各个方面与行为金融学结合了起来。

人文科学为理财规划领域添加了生态这一观察视角。在个体层面，人文科学包含了生物的、心理的和文化的方面。它是一门交叉学科，结合了社会学、生物化学、神经科学、心理学和其他学科，以更好地理解人的成长和家庭健康的大背景。人文科学的视角把对个人的了解（客户的心里是怎么想的）、对他们身边环境（与家人和朋友的关系）的理解，以及对金融市场与更广泛的文化和政治环境的理解结合在了一起。

成为以客户为中心的理财规划师

对理财规划传统内容的讨论也是本书的重要组成部分。理财规划的核心方面，包括投资、税收、退休计划、保险和沟通，是客户决策和整体财务健康的重要组成部分。无论是从理论上看还是从应用上看，客户心理学和理财规划都是紧密相关的。就我们的目的来说，客户心理学是以理财规划为背景的。区别在于，客户心理学完全聚焦于客户及其偏见、行为和看法，而理财规划的大部分知识体系和实际应用是以理财规划师为中心的。

正如本书前言中所概述过的，我们成长为以客户为中心的专业人员的过程和其他专业的发展轨迹是一样的，无论是循证医学实践还是教育从教到学的演进都是如此。我们的目标是评估我们的行为、努力、能力，以及从客户成果方面看我们的专业最终取得的成功。

通过技术手段，客户可以在手机上或平板电脑上访问他们所有的账户信息。无论是在下午两点还是在睡不着觉的晚上，客户随时可以通过多种途径方便地获取有关信息和建议。为了匹配金融科技不断提升的有效性和易得性，理财规划师也必须充分开发利用规划过程中独特的人的因素。为了确保国际金融理财师专业始终适合客户群体的需求，情感和同理心等独特的人的因素变得特别重要。技术已经能够提供定量的基本客户账户信息和基础性建议，需要专业的国际金融理财师去做的是，在理财规划所需的软技能方面运用更高层次的认知思维来完成专家水准的工作。具有讽刺意味的是，这些软技能是很难培养的，并且客户心理学在实践中的有效性也不容易衡量。

基于我们对客户心理学的初步定义，本书所提供的信息旨在帮助客户实现财务成功这一目标。本书的出发点是让理财规划师能更多地关注客户的福祉。这是一个显著的区别，它不是教人欺骗客户或发现客户的弱点并借机牟利。我在写本书时心中装的是客户，目的是让理财规划师尽可能多地了解客户的背景，以便更好地服务于日益多样化的客户。

阅读本书，能让从事理财规划的人员有机会从各种不同的学科出发，推断一些具有独特性的人的因素是如何影响客户的财务成功的。我们希望业内人士能够考虑诸如婚姻、家庭治疗和认知这样的领域，会如何对新顾问的培训计划、导师制，甚至是我们培养未来金融理财专业人员的方法产生潜在的影响。现在仅仅说金融理财规划是一门艺术已经很不到位了，它是一场人生大赌局。我们讨论的是客户的毕生心血。作为专业人士，我们必须质疑假设，推敲最佳方案，更深入地了解客户的内心动态，以及影响其家庭财务决策的重重背景。

和从事理财规划实务的人员一样，这一领域的研究人员需要接受的挑战是，要接受在工作中所取得的结果无法被观察到的结局。在消费者心理中，很少有人会归结出一个特定的数字或设置一个界限值。在定量评估个人财务状况方面，几乎没有公认的拇指规则。随着人们把财务安全和福祉作为利益的结果，对其进行测量成为研究人员的首要关注目标。为了满足这一需要，美国消费者金融保护局（Consumer Financial Protection Bureau，CFPB）最近开发了一个财务福祉量表，将个体的财务状况、技能和知识与其财务安全感和选择自由联系了起来。

在美国消费者金融保护局发布的"财务福祉量表（2017）"中，包含了与以往针对财务压力或负担的研究类似的项目。诸如"我在月底还有余钱"和"我的财务状况制约着我的生活"这样的量表项目，长期以来一直被用于家庭或社会背景下的财务状况研究。不过，这是第一个基于多波次测试的量表，包括了对项目反应理论（item response theory）的使用，它被证明是一个能对无法观察到的客户财务健康和福祉进行测量的可靠方法。美国消费者金融保护局在这方面所做的工作，为对客户心理问题感兴趣的研究人员树立了榜样和标准。客户的想法永远不会被直接观察到，也不容易量化，对于这些需要用到复杂测量模型的不可观察的变量进行研究，理财规划领域的研究人员必须乐在其中。

与测量相关的问题是，研究中对分析单位的选择。对于以客户为中心的方法，分析单元应该是显而易见的。结果和所研究的问题都要聚焦于客户的个人财务健康上。例如，在一项针对理财规划师发挥作用的情况的研究中，评估客户的自我效能感程度会将重点放在个人动机上；而在另一项研究中，客户投资组合的复杂性被视为接受理财规划师服务的决定性因素。当然，这两个问题都是理财规划师感兴趣的，或许最好的研究是在对个人的考虑和对投资组合的考虑之间提出竞争性的假设。这里的要点是，在以客户为中心的方法中，研究问题聚焦的是个体和个体的数据，并以此作为分析单位。

长期从事理财规划工作的人知道，这不仅仅是钱的问题。虽然退休账户余额、储蓄率和收益率很容易被观察到，但这些数值只有在一定的背景下才有意义。此外，本章开头所介绍的典型案例中所产生的问题，不能用美元和收益率来回答。一个家庭如何就钱的问题进行沟通是一项描述性研究，可能很少涉及定量分析。人们的理财决策是如何做出的，取决于同样不可观察的因素，如个性、沟通策略、认知能力和自我效能感。此外，对客户最重要的结果同样也是难以察觉的。为有特殊需要的儿童提供安定的生活，或让职业人士成功地从长期以来的职业生涯过渡到退休状态，这些都是对客户和理财规划师具有同样深远意义的结果。什么是建立家庭经济福祉所需要的最佳干预措施？人们对这样的研究需求很大。此外，我将个体安全感的提升和选择自由（财务福祉）与更高层次的生活需求（除了钱以外，客户真正关心的东西）联系起来进行研究，这可以为理财规划领域做出最有意义的贡献。

第 2 章

行为金融学

斯沃恩·查特基（Swarn Chatterjee）博士

约瑟夫·戈茨（Joseph Goetz）博士

美国佐治亚大学

对理财规划师和顾问来说，行为金融学知识有助于他们了解客户的财务目的、目标和行为模式。例如，回到关于对本和科琳的讨论，为这对夫妇提供服务的理财规划师应该认识到，本和科琳对其财务状况以及财务福祉的看法与对这些特征的客观衡量一样重要。在心理学中，这被称为锚定。相关研究表明，大多数人不知道他们需要多少钱来维持其生活水平，以实现这些资金在当前或未来的效用最大化。因此，在许多情况下，像本和科琳这样的好心人可能会使用次优的参考点来锚定他们自己，特别是当这种锚定是基于观察他们的朋友、亲戚和熟人来确定他们的最优经济需求时。与整体市场表现无关，本和科琳的理财期望和满意度可能取决于他们的朋友、熟人的期望和满意度，以及他们自己的生活经历。

此外，投资者会受到所谓的短视的损失厌恶（myopic loss aversion）之苦。短视的损失厌恶是指投资者总是倾向于从避免可能的损失而非获得潜在收益的角度来比较其投资组合的业绩。他们的行为是基于他们认为自己在投资中会承担多少风险做出的。其他研究表明，经常查看自己投资组合业绩表现的投资者，在经历市场下跌后更有可能抛售手中的证券。这与理性的投资理念是背道而驰的，即在价格下跌时买进证券，在价格上涨时卖出证券。损失厌恶也可以解释为什么在 2008 年市场出现下跌后不久，本和科琳就出售了他们的投资证券组合。由于这种倾向，许多个人投资者倾向于在市场下跌后退出，这也就失去了在随后市场出现反弹时弥补损失的机会。

一些行为金融学的知识可以帮助顾问在提供理财建议时更好地了解客户的理财行为。和大多数人一样，本和科琳对理财规划的看法也会受到他们独特的认知偏见、理财态度，以及他们之前围绕金钱和财富的生活经历的影响。本章定义并讨论了行为金融学中与理财规划过程相关的关键概念。本章的讨论围绕着如何在理财规划师的咨询和沟通技巧中融入一些基于行为金融学的关键概念，以及这些技巧如何提高理财规划师向客户提供建议的质量这两个问题展开。

为什么人们总是做出不理性的财务决策

行为金融学可以被定义为一个跨学科的研究领域，它利用经济学、金融学和心理学的知识来研究市场上的个人投资者和交易者做出的财务决策的影响和结果。这些人常常受到情感偏见和理性地处理复杂财务信息的认知能力的限制。来自行为金融学领域的研究表明，当参与决策的各方的理性决策假设被放弃时，人们的许多财务决策会得到更好的理解。

理想状态下，所有个人都应理性地进行财务决策。新古典经济学假设，最优决策都是在个体对预期结果的成本和收益仔细权衡之后做出的。理性选择理论还假设，人们有对稳定一致的跨时间偏好（intertemporal preferences），他们在做决策时有最大化其效果的潜在欲望。然而，阿莫斯·特沃斯基（Amos Tversky）和丹尼尔·卡尼曼（Daniel Kahneman）进行的大量研究对这种人类理性行为假设提出了挑战。他们发现，人们并不总能做出理性的决策。事实上，人们的决定受制于他们所处的环境和做决策时各种选择的表现形式。当人们必须在收益领域做出财务决策时，他们往往更倾向于规避风险，而当他们面临潜在的亏损情况时，他们更倾向于承担风险。而且，相对于获得一定收益，人们更不喜欢承担等量的损失；这一发现为后来的前景理论奠定了基础。这些学者在研究中还发现，当人们面临与损失相关的情况时，他们更容易做出冲动性决定，这样做的风险往往更大，而且在经济上可能有更多负面影响。由于这种对亏损的恐惧，许多投资者持有亏损股票的时间比持有盈利股票的时间要长得多，这被称为处置效应（disposition effect）。这种对失去和未知的恐惧也表现为人们总是抵制改变，并倾向于维持现状。现状偏见也被称为心理惯性。现有的文献发现，现状偏见可能阻止人们改变他们的财务行为。有研究发现，当人们必须做出重要决定而结果不得而知时，他们会继续表现出对现状的偏爱。还有人认为，这种对未知的厌恶也是人们在不得不做出重要财务决策时总是会拖延的原因。

在做理财规划的过程中，理财规划师和客户之间会有许多商议和交流，这是客户－理财规划师关系的重要组成部分。行为金融学学者从思考性决策和直觉性决策这两个层面描述了这种沟通方式。直觉性决策的过程是迅速的、冲动的，和思考性决策过程相比缺乏周密的考虑。思考性决策的过程是缓慢的，但更深思熟虑、更加理性。

在第一个案例中，本不愿寻求理财规划师的帮助，他和科琳见过很多理财规划师，但尚未做出决定。在与诸位理财规划师初次会面时，本和科琳（尤其是本，因为他不喜欢找理财规划师）很可能是采用直觉性决策过程来评估理财规划师的，并没有发现能与他们长期合作的合适人选。直觉性决策过程缺乏深思熟虑，也有些仓促，而且常常会受到个人的感知偏见和过往经验的影响。这两种决策过程最初是一致的、相互协调的，除非被证明是错误的。这种双系统决策过程面临的一个实际挑战是，决策的结果要到以后才能知道。由于结果是未知的，所以它会导致不确定性，在没有相反证据的情况下，思考性的头脑通常会与直觉性的头脑重合。如果后来发现这样的结果不如人意，那么在以后的某个时间点，许多人会对他们在财务决策中所犯的错误感到懊悔。

行为金融学在理解和改变客户行为方面的应用

如前所述，情感和认知偏见会限制人们做出合理财务决策的行为能力。直觉性决策是仓促的、情绪化的和冲动的决策，依赖于某些心理捷径来快速做出决定。这就是所谓的试探法。试探法依赖于人们那些源于生活经历、偏好和感知的偏见。例如，理财规划师时常会发现，他们的客户在做重要的财务决策时，会基于自身对财务的态度，至少运用某种形式的试探法或偏见。在极端情况下，有些客户的决策会非常情绪化，会与理财规划师给出的建议产生很大冲突。本书后面的部分，会对试探法与偏见背后的理论做进一步讨论。

当客户根据他们先入为主的观念和看法做出感性而非理性的决定时，理财规划师要改变客户的行为可能会很有挑战性。根据一些学者的研究，理财规划师需要与他们的客户进行详细的讨论，并逐步推动变化，以帮助客户降低在转变过程中所承受的压力。财务治疗师认为，各种咨询技术可以减少客户对理财规划师所建议的改变的偏见和抗拒心理。同样，有人认为，咨询师可以通过提供良好的建议和及时的跟踪反馈来帮助客户做出更好的财务决策，以帮助他们实现财务目标。

风险承受能力、风险能力和客户的风险感知

理财风险承受能力可以通过个体承担理财风险的意愿来定义。当人们需要在投资组合中承担更大的风险时，那些对此不那么担心的人被认为具有较高的风险承受能力，而那些在其投资组合中不太愿意承担理财风险的人则被认为是风险厌恶者。人们对风险的感知可能与他们的风险承受能力并不一样。

风险能力是一个人基于其财务资源承担理财风险的能力。风险承受能力可以用依据心理测量学开发的风险承受能力量表来测量。在向客户提供投资

组合建议之前，理财顾问必须测量客户的风险承受能力。在实践中，理财规划师可以使用标准化的量表从客户那里获取更多与风险相关的信息。

理财规划师在提出理财建议前，亦可讨论不同类别资产的风险及回报特征，以真正了解客户的风险感知及风险承受能力，而一般的风险承受能力量表可能无法获取这方面的资料。理财规划师可以进一步指导客户，纠正客户对风险承受能力的错误认识，帮助客户把投资组合调整到更接近其实际风险承受能力的水平。

过度自信的偏见

在很多情况下，客户对其退休后生活水平的期望与他们养老金的金额并不匹配。个体在一段时间内可以积累下的财富数额，受其风险承受能力和投资期限的限制。此外，许多人也没有足够的财务知识来正确评估他们的真实财务状况。个体投资者往往会高估他们在一段时间内能够积累的财富。因此，许多个体投资者未能遵循规范的投资原则，高估了其在投资组合中选择证券和市场择机的能力。其他研究发现，人们还会高估自己预测未来回报的能力。在过去 20 年间，社交媒体和互联网的出现改变了投资管理行业。然而，由于巨量的财务数据十分易于访问和使用，导致投资者产生了过度自信的问题，并引发了意想不到的后果，那些意图蒙对市场节奏的投资者蒙受了重大财产损失。

和在金融市场中的情况一样，人们也低估了那些由低概率不良事件导致的潜在损失风险，这会造成严重的财务负担，而这些不良事件本来是可以通过保险加以防范的。反过来，那些高估了自己需要护理的可能性的人，更有可能购买长期医疗保险。这些错误可能与普通人难以准确把握他们面临的潜在损失风险的真实大小或发生概率有关。

财务素养与财务能力

财务素养的概念包括与理财规划相关的知识和技能，人们对自己的财务状况、理财行为和所受的理财教育的感知。财务能力与财务素养密切相关。

财务能力被定义为"个体基于知识、技能和渠道有效管理财务资源的能力"。根据一些学者的观点，在消费者做出重要的、针对特定任务的财务决策时，提供财务教育可能是提高人们财务决策质量最有效的方法。依据这些研究，相比那些针对具体任务不提供理财教育的理财规划师，能就不同投资选择的潜在风险和回报对客户进行教育的理财规划师，更有可能引导客户做出更高质量的理财决策。

总结

虽然行为金融学已经存在了几十年，但它在客户心理方面的应用，特别是在理财规划方面的应用却很有限。在理财规划中应用行为金融学，可以从很多方面改善客户与理财规划师之间的互动。了解行为金融学的一些关键概念，如损失厌恶、心理账户，以及本章所讨论的试探法的应用，有助于理财规划师在帮助客户进行理财决策时识别客户的长处和短处。行为金融学方面的学术发现表明，降低客户与理财规划师会面时的压力水平，有助于提升客户和理财规划师的会面效果。压力的大小和与客户合作质量之间的负相关性为理财规划师们带来的希望是，如果把降低压力的技巧融入与客户的沟通过程，未来就更有可能进一步提高理财规划建议的成果。当减压技术可以融合到与客户沟通的过程中，以进一步提高为客户提供的理财规划建议的质量时，减压和与客户接触的质量之间的关联，就能造就未来更多的可能。

第 3 章

理解客户行为：理性的还是非理性的

斯沃恩·查特基博士

约瑟夫·戈茨博士

美国佐治亚大学

新古典经济学传统上认为人们都是效用最大化者。根据新古典经济学的观点，人们是理性的决策者，不会被自己的情绪所左右，人们可以准确地衡量他们所做选择的成本和收益。传统经济模型中用于研究人们所做的决策的理论框架，忽视了研究人类行为的社会科学家从心理学或社会学角度所发现的行为异常。然而，行为经济学的出现对这种"人类的行为总是理性的"的观点提出了挑战。该领域所进行的严谨的研究发现，当人们的行为偏离规范性模型时，会出现各种不同的情况。此外，这些研究还证实，人类行为是一个重要因素，需要纳入研究人们经济决策的经济模型中。本章首先考察了人们基于有限理性概念所做出的理性和非理性决策，其次讨论了有限理性是如何在家庭财务决策中发挥作用的，最后提出并讨论了其他与相关偏差有关的认知错误，如沉没成本谬误和固定费率偏好等问题。

有限理性

赫伯特·西蒙（Herbert Simon）用"有限理性"这一术语，很好地调和了理性决策与有偏见的决策之间的争论。有限理性可以被定义为，人们在自身偏见和获取、处理信息的能力的制约下所做出的理性决定。例如，进行投资时，投资者通常不知道证券的未来回报，但他们会以他们投资时可以获得的数据和信息计算出的预期回报为基础做出决策。

有限理性这个术语相对较新，只有几十年的历史，但这个概念可以追溯到几个世纪以前。早在 18 世纪，哲学家们就试图研究人类行为和经济规律之间的这种联系。然而，追随这些 18 世纪早期的哲学家的新古典经济学家表现出了这样一种偏好，即当研究经济决策的结果时，他们会假设人们所做的决策是理性的，而且其他条件都是一样的。直到 20 世纪下半叶，才有赫伯特·西蒙、阿莫斯·特沃斯基、丹尼尔·卡尼曼等人就此开展研究，试图填补理性决策和非理性决策之间的学术鸿沟。蓬勃开展的与有限理性相关的研究，把心理偏见影响之下的理性决策作为研究对象，因为当个体在不确定性条件下和不断变化的环境中做决策时，常常会受制于这样的心理偏见。研究发现，人们做出的决策在很多情况下并不理想。人们处理信息的能力，以及按照一贯性原则准确地计算结果回报的能力，都制约着人们的决策。

吉格瑞泽（Gigerenzer）和戈德斯坦（Goldstein）试图用另一种方式来解释有限理性。他们发现，人们试图在认知能力和偏见的限制下做出理性的决策。他们将人类描述为生态理性（ecologically rational）的，因为他们是在受信息处理能力限制的前提下试图做出最优化的决策的。特沃斯基和卡尼曼对"人们的理性是受制约的"这一观点进行了实证检验。他们发现，人们经常使用心理捷径或试探法来克服信息获取和处理能力的限制。这个过程在今天被称为锚定，即人们使用一个随机的参考点来比较和指导他们对决策价值和成功的看法。经过特沃斯基和卡尼曼近 30 年的研究，有限理性的概念已经成为一个主流术语，并被学者、政策制定者和实践者在开发工具和政策时所考虑，影响到了针对人群进行的规范性决策。这些研究尤其是在个体和家庭财务决策领域做出了贡献。在后面的章节中，我们会更详细地讨论试探法和偏见这两个问题。

穆莱纳坦（Mullainathan）和理查德·塞勒（Richard Thaler）扩展了有限理性的概念，把有限意志力包含了进来。这个概念指的是人们做出的可能不符合他们长期利益的选择。作者还引入了有限自利的概念，指的是人们不只会被获利的动机所驱动，还有许多人愿意牺牲自己的利益去帮助别人。作者发现，很多时候人们都知道什么最符合自己的利益，却因为缺乏自律而无法如愿采取行动。当人们在不确定的情况下被迫做出一个复杂的决策时，他们也会倾向于拖延和推迟对这个问题采取行动的决策。班克斯（Banks）、布伦德尔（Blundell）和坦纳（Tanner）在他们的研究中发现，许多人违反了生命周期假说。所谓"生命周期假说"，是假设人们在年轻时和收入较低时会借钱维持生活水平，然后随着收入的增加开始为未来存钱，最后当退休时再花储蓄下来的钱。班克斯、布伦德尔和坦纳的发现是，人们的消费模式与他们当前的收入密切相关。其结果是，人们难以攒下足够的钱来养老，到退休时只好大幅度降低自己的生活水平。穆莱纳坦和塞勒将这种行为归因于有限理性和有限意志力的概念，因为退休储蓄是对人们认知能力的一个挑战，也是一个自律问题。

本书开篇讲述的本和科琳的故事，也可以作为关于有限理性的一个典型例子。这对夫妇明白风险管理的重要性，但他们近五年来都没有评估过自己的保险需求，他们相信自己的保险覆盖范围够广，足以防范损失风险。在这种情况下，本和科琳做出的决定可能会受他们在理财规划领域知识匮乏的限制。他们还因为对其他事情更为看重，而拖延了对过去五年的保险覆盖范围进行评估的决策。

塞勒和卡斯·桑斯坦（Cass Sunstein）建议向人们提供良好的信息、市场经验和及时的反馈作为解决方案，以减少有限理性对人们决策的负面影响。优秀的理财规划师会经常践行这些美德，将其作为全面理财规划过程的一部分，他们就有关证券和资产类别的风险和回报教育客户，分享自己在市场上的经验，并定期审查评估客户的财务状况。在投资规划中提供反馈是很重要的，因为客户一般要在很长一段时间以后才会知道他们投资决策的结果，而到那时，一切已成定局、无法改变了。在普通民众中，与人们的财务福祉有关的保险单依赖于在不同层面提供旨在鼓励人们改变行为的一般性的理财教育。然而，通过提供更有针对性、更及时的反馈以实现客户的理财目标，理财规划师能为客户带来更大的价值。

沉没成本谬误

沉没成本谬误这个术语，用来描述人们只是因为之前已经为一项投资或项目投入了资源（财务、时间或情感），就倾向于继续持有这项投资或项目。当个人的决策受到他们已经锁定到某项投资或项目上的资源的制约时，沉没成本谬误就会发生。人们也倾向于将他们对未来投资的决策与他们之前已经在特定投资或项目上投入的资源挂钩。根据塞勒的研究，这种谬误与"现状偏见"（个人不愿意改变正在持续中的投入）有关，也和"损失厌恶"（担心潜在的损失而避免不确定性）有关。沉没成本谬误是非理性的，因为在很多情况下，如果成本大于潜在收益，那么它可能就不是一个值得追逐的项目或投资。塞勒解释说，人们容易受到沉没成本谬误的影响，因为他们倾向于把潜在收益、预期成本和意外的花费放在不同的心理账户中。对沉没成本谬误的另一种解释是，人们之所以长久地持有他们的亏损项目或投资，是希望把损失弥补上。杜迪（Doody）解释了个体为什么会出现沉没成本谬误，因为他们太在乎他们的资源，包括那些投在失败项目或事业上的资源。有学者发现，与年轻的大学生相比，年长的成年人不太可能犯沉没成本谬误。他们将这种基于年龄而表现出的差异，归因于老年人没有年轻人那么厌恶损失，因为沉没成本谬误部分表现为对损失的厌恶。还有人指出，有两种类型的沉没成本：第一种是总金额或绝对性的沉没成本，第二种是相对性沉没成本或已经花费的资金占项目总预算的百分比。当相对沉没成本较高时，人们落入沉没成本陷阱的概率会明显较高。

固定费率偏好

固定费率偏好是一种消费者谬误，是指人们倾向于选择一个固定的支付或收入选项，而不是可变的选项。有学者将人们对固定费率的偏好与他们对损失的厌恶联系起来。人们通常更喜欢确定性而不是不确定性，因为固定费率结构比可变费率结构更具确定性，所以人们更喜欢固定费率选项。那些厌恶损失的人愿意为固定费率收入或支出的相对确定性支付溢价。根据塞勒的观点，心理账户可能是人们表现出固定费率偏好的另一个原因。在人们的头脑中，当成本与消费脱钩时，认知错误就会发生。许多电信公司、健身俱乐部和其他服务提供商倾向于利用这种偏见，向客户提供一定数量的服务，但收取的固定费用要高得多，而消费者不太可能全部享受这些服务。出于对固定费率的偏好，与不知道究竟需要多少服务时间的按时计费相比，许多理财规划师的客户可能更喜欢预先定好聘请费，甚至是固定资产管理费用。此外，考虑到不确定性因素，如果给员工发的奖金是根据公司业绩增长和市场变化而定的，那么员工可能更喜欢加薪而不是丰厚的奖金。

总结

本章讨论了有限理性、沉没成本谬误和固定费率偏好。总的来说，这些都是我们人类可能犯的认知错误，对理财规划师来说，对此有所认识是很有意义的事情。正如前面所讨论过的，当客户的行为偏离了他们的财务目标和目的时，理财规划师可以通过理财规划的过程为客户提供及时反馈，从而为其增加价值。理财规划师还可以通过教育客户正确认识他们的财务状况，纠正其错误观念，重新构建信息，为客户提供明智的理财建议，来帮助其减小信息差距。

第 4 章

试探法和偏见

乔迪 · 莱凯维奇（Jodi Letkiewicz）博士

加拿大约克大学

  众所周知，人们并非总能做出好的财务决策。许多人没有储蓄，没有买足够的保险，推迟投资，欠下了严重的债务。这并不是说人们不了解储蓄的好处，或者不知道没有足够的保险所带来的风险，那么为什么他们不去做这些事情呢？对判断和决策领域的研究有助于理解人们如何决策，为什么他们有时会做出不那么好的决策，以及如何改进决策过程。该领域的研究非常有影响力，其中有两位研究人员——丹尼尔 · 卡尼曼和理查德 · 塞勒因为在该领域的贡献获得了诺贝尔经济学奖。

  对判断和决策的研究主要包括三个方面：规范性研究确定行动路线，以获得与决策者的价值观和意图一致的最佳结果；描述性研究观察实际行为，并将这些行为与规范标准进行比较；说明性干预（prescriptive intervention）研究能帮助个人做出更好决策的方法，以拉近我们做出的实际决定和最符合我们利益的选择之间的关系。该研究主要源于心理学，但也以经济学、哲学和管理科学为基础。

将这一研究领域应用到理财规划中，就为我们提供了一个框架，可用以研究人们如何做出事关自己的资金和财务状况的决策。理财规划师可以在帮助个体做出正确理财决策方面发挥关键作用。为了做到这一点，我们必须首先了解人们决策背后的机制。

系统1和系统2

斯坦诺维奇（Stanovich）和韦斯特（West）介绍了系统1和系统2的具体概念，这是两种基于过程的推理理论。研究人员提出大脑是采用两个不同的系统工作的。系统1被描述为"自动的、基本是无意识的、对运算能力的要求相对不多"。系统1是快速的、本能的、情绪化的，既是语境化的又是个性化的。系统1是高效的，但容易出现系统错误。系统2很慢，却是深思熟虑的、遵循逻辑的，对认知能力要求较高。系统2的运行很费事，需要消耗巨大的能量才能运转，所以我们经常依赖于系统1。我们的生活越忙乱，我们就越依赖于系统1。我们都是忙碌的人，有很多事情要干，所以才会觉得系统1很趁手。正如卡尼曼所解释的，系统1可能是非常有用的，它能让我们在很短时间内做出相当复杂的决定。

让我们思考一个例子。想象你正在森林里散步。你拐过一个弯，发现有一条蛇在你脚边。对大多数人来说，肾上腺素的激增会让人感到恐慌。在你完全确认它是一条蛇之前，你的大脑已经向你的身体发出了警告。从进化的角度来看，这是一个非常便捷的预警系统。我们当然可以停下来思考一下蛇身上的标记，或者蛇头的形状，以确定它是否有毒。但这样做需要时间，而你可能没有时间。你的最初感受可能是系统1在发挥作用。系统1提醒你注意蛇的危险。运用系统2，你可能会得出结论，它是无毒的，但作为一种保护性的措施，系统1会先一步做出反应。

我们可以使用系统1-系统2的框架来更好地理解我们如何进行决策。系统1自动开启，而系统2处于待机状态，为更具挑战性的任务保存能量。当系统1遇到问题或被认为不足以应付局面时，系统2就会启动。一旦系统

2 被使用，它就能覆盖系统 1 的本能（和潜在的错误）。通常这种安排很好，两个系统是同步的，但是系统 1 容易出现系统错误，而系统 2 常常无法检测到这些错误。

在选择购买哪种主食或选择最佳上班路线之类的事情上，系统 1 很有用。这些都是我们无须积极思考就能达成的决策。如果将系统 2 用于这些日常决策，我们将会产生决策疲劳，并且不太可能完成我们想要完成的任务。如果在超市购物时，每个品牌的麦片或者果酱你都要停下来看看，这得多费时费力！如果是这样的话，你还想去杂货店购物吗？

在日常生活中，我们面临着许多复杂的财务决策。例如，是否要上大学、买房子，为退休存多少钱，或者做什么样的投资。解决这些复杂的问题需要用到系统 2。多年来，为了让财务决策更有效，人们开发了几种捷径。例如，建议你将收入的 10% 存起来以备退休之用，或者应急基金应该是你 3 ~ 6 个月的收入。建立这些捷径是为了应对财务决策困难，因为决策需要考虑很多因素。这些快捷方式通常称为试探法（接下来将进行解释）；它们是简单的计算，通常只是合理的近似值，有时会得出正确的答案。试探法通常是有偏见的，也就是说它们可能做出不正确的估计，有时甚至是严重的错误。

试探法

"试探法"的意思是"使一个人能够自己发现或学习一些东西"和"通过试错，或通过定义不严格的规则来解决问题"。在学习和发现的过程中，我们通过自己的经验和观察能发现一些捷径，这些捷径可以帮助我们更有效地做出决策。在心理学中，这个术语用来表示一种捷径或有效的策略，它不符合解决问题的规范模型，但通常也足够了。特沃斯基和卡尼曼证明，人们在做决策时会依赖于一些常见的试探法原则，它们可能非常好用，也可能导致严重的判断错误。

卡尼曼断言，试探法与系统 1 的思维有关。个人会使用试探法来简化复杂的问题，否则可能会需要更多的时间和思考。捷径（或拇指规则）被归入试探法，与之相关的潜在的系统性错误是认知偏见。谢弗林（Shefrin）以可用性原则和错误评估风险的倾向为例，简明扼要地总结了试探法和偏见之间的关系：

可用性是原则；根据能轻易想到的实例数量来判断事件发生的频率是一种经验法则；由于歪曲的媒体报道而更容易被人记起是偏见；认为他杀是比中风更常见的死亡原因是错误。

回想一下大多数人的投资决策过程。他们是否考虑了所有可用的信息？他们仔细研究过财务报表、收益报告和任务陈述吗？对大多数人来说，答案是否定的。投资通常会使用一组精选的标准进行评估。也许我们听说了一家公司在我们非常了解的领域有所创新。然后我们查看了财务报表中的一些关键数据，比如市盈率或每股收益，再决定是否投资。这就是赫伯特·西蒙最初所说的"条件满足"。它是指我们需要使用足够的信息来做出合理的决定。

试探法已经得到了广泛研究，尽管它源于心理学，但在其他领域也有应用，包括医学、刑事司法和市场营销。试探法有助于降低对某些情况、概率，以及预测值评估的复杂性，但有时会导致严重的系统性错误。研究人员感兴趣的是，试探法是如何产生的，以及使用试探法对决策产生的各种影响。特沃斯基和卡尼曼首次提出了三种试探法：代表性、可得性、锚定和调整。

代表性

代表性是影响财务决策的最重要的原则之一。

——谢弗林

代表性试探法是指从一些特征或观察出发，进行过度概括的倾向。这是判断中属性替换的一个例子。概率很难理解和解释，因此，我们用相似性代替概率。这样做是完全合理的。这种替换通常会得到合理的概率估计值，但有时不会。许多判断错误是因用一个方面（如相似性）不合理地代替另一个方面（如概率）而导致的。

　　如果问"事件 A 起源于过程 B 的概率是多少"，概率将根据 A 代表 B 的程度来评估。因此，当 A 是 B 的高度代表时，就能判断 A 起源于 B 的概率非常高。这可能是一种有用、有效的判断方法，但概率还应基于其他因素，如基本比率和样本大小，因此将我们的判断局限在相似性上，可能会导致严重错误。

　　代表性法则存在于众多的金融决策中，如预测市场、选择股票、选择共同基金、选择基金经理和购买保险。忽略基本比率和回归均值是代表性试探法的两个错误，会导致严重的财务损失。首先，我们要考虑基本比率被忽略这个问题。基本比率被忽略是指忽略了潜在的百分比或样本大小。

　　丹尼尔·卡尼曼在他的《思考，快与慢》(*Thinking，Fast and Slow*) 一书中提出了以下设想：

　　　　史蒂夫非常害羞和孤僻，总是乐于助人，但对人或社交缺乏兴趣。他有一颗谦恭而纯洁的心灵，需要秩序、结构和对细节的热情。那么，史蒂夫更可能是一位图书管理员或农民吗？

　　大多数人看到这样的描述时，基于对图书管理员的刻板印象，会认为史蒂夫是名图书管理员。卡尼曼指出，农民的数量是图书管理员的 20 倍，所以从统计数据上看，史蒂夫更有可能是一名农民。如果你倾向于认为他是一名图书管理员，那么你采用的就是代表性试探法。

　　我们倾向于用相似性代替概率只是问题的一部分。人类从根本上讲很难理解统计信息。正如吉格尔内泽（Gigernezer）和爱德华兹（Edwards）所指出的那样，不能理解统计数据并非一种智力缺陷。事实上，即使一些最聪明的人也会觉得这很难。这种误解主要是由于信息表达不当造成的。以难以理解的方式呈现的统计信息可能导致严重的错误，尤其是在评估风险时。这些困难会诱导我们去选择我们已经建立的捷径——寻找事件的相似性或近似值，而不是做计算。在卡尼曼的例子中，不管我们是忽略了基本比率还是根本不知道它们，我们依旧忽略了可用的统计信息。另一个复杂的因素是，基本比率是苍白的数字，因此我们往往会忽略它们。而个性化的信息是生动且刺激的。故事和有趣的细节吸引了我们的注意，枯燥的统计信息被忽略了。

忽略基本比率是财务决策中的一个常见问题。在决定保险免赔额时，许多人选择较低的免赔额，最终支付了更多的保费。他们这样做是因为他们想避免大笔的自付费用。他们没有考虑到，其实在任何一个具体年份，他提出索赔的可能性都很小。因此，如果选择了较高的免赔额，一旦当他们真的需要提出索赔时，由于免赔额较高而少得的赔偿，可以很好地由每年少交的保费抵销掉。

让我们思考另一个类似的例子。特沃斯基和卡尼曼采用以下（编辑过的）情景做了一些实验：

琳达今年 31 岁，单身，是个喜欢直言不讳的人，也非常聪明。她主修哲学。作为一名学生，她非常关注歧视和社会公正问题，并参与了反核示威活动。请从以下选项中勾选最可能的选择：

- 琳达是个银行出纳员；
- 琳达是个银行出纳员，并且是活跃的女权运动分子。

很明显，琳达更有可能是一名银行出纳员，而不是一名女权主义运动的积极分子，但更多的学生选择了选项 2——她既是一名银行出纳员，又是一名女权主义者。选择选项 2 违反了概率论最基本的定律。人们之所以选择这个答案，是因为这样的描述是为了让琳达更能代表女权主义者，而不是银行出纳员。特沃斯基和卡尼曼解释说，在作为银行出纳员的同时还是女权主义活动者，会提高琳达的行为与其职业的匹配度，从而导致学生选择了两种行为的结合而不是单一的活动。

回归均值是一个重要的概念，代表性试探法可能会使其复杂化。回归均值是一种技术上的说法，意思是事情最终会达到平均程度。这意味着，即使我们可能会经历创纪录的高温，或者股票市场会达到历史性的高回报，但最终它们都将回调并回归均值。由此产生的一种偏见是"赌徒谬误"，即人们倾向于相信如果一件事在一段时间内已经发生过几次，那以后就会更少发生，反之亦然。一个常见的例子是正面 / 反面模拟。如果我把一枚硬币抛出了 9 次，它们都是正面，你可能就会预测下一次是反面，尽管每次反面朝上的概率其实都是 50%。在这种情况下，我们会期待下一次抛出能把结果拉回到平均水平。然而，回归均值与过往并无关系，它只是重复的观察，我们只能期望每次迭代得到一个平均的结果。正如谢弗林所解释的那样，人们误解了平均数定律，也就是众所周知的大数定律。人们倾向于将大样本原则推用于小样本。问题是人们严重低估了收敛到均值所需的样本量。

可得性

可得性试探法是另一种替代性试探法，类似于代表性试探法。这是人们通过回忆相似事件或情形发生频率的高低，来评估某类情形或事件发生概率的方法。像大多数试探法一样，这是一个非常明智的策略。更频繁出现的信息也更容易从我们的记忆中被检索出来。我们还可以合理地假设，我们越容易回忆起某件事，它就越有可能是真的。可得性试探法是一种评价事情发生的概率或可能性的有用线索；然而，其他因素也可能会影响检索结果，这些因素可能会使概率估计变得模糊，并导致一些有问题的偏见。可得性试探法产生的一些偏差包括错误共识效应和效度效应。

可得性试探法的一个常见效应被称为错误共识效应。这种效应让我们相信别人会和我们想的一样，因为我们满脑子都是我们自己的想法。这可能会造成困惑，有时还会让人不舒服，在与客户交谈时要注意这一点。

效度效应是指某件事因为经常出现而变得更合理的倾向。卡尼曼说，重复的信息是强大的，因为熟悉容易与真相混淆。这种现象可以用来做好事，也可以用来做坏事。当然，专制政权和市场营销者明白这一事实。在把客户的最大利益放在心上这一前提下，理财规划师可以利用效度效应来影响客户的决策。在决定客户接触点时应该牢记这一点。哪些误解需要重点消除呢？不管牛市还是熊市，强调长期趋势可能都是明智的，这样客户就能获得前后一致的信息，而不会觉得事情变化无常。还可以使用其他通信工具将消息传递给不同的受众。讲故事和使用视频资源也很有效，它们传达的信息常常令人难忘。请注意，人们也倾向于信任那些看起来像自己的人。所以如果某次交流很重要，就要考虑你的听众，适当地调整你的沟通方式和内容，让你所传达的信息显得可信并令人难忘。

可得性试探法也可能导致我们错误地评估事件的发生频率。让我们看看2008—2009年的金融危机。像住房和金融危机这样的事件是罕见的，但当我们考虑购买新房或投资股市时，它们可能是我们能最先想到的。在经历这些事件之后，客户可能会表现出更多的风险厌恶，导致他们退出市场或选择风险较低的投资。这可能是一个代价高昂的错误。

锚定和调整

为了解释锚定和调整，我们将从下面这个问题开始：多伦多市有多少人口？

也许你就住在多伦多，有现成的答案。但大多数人不可能一下子就知道答案。为了回答这个问题，你可以从思考那些自己知道的事情开始。也许你知道你所在城市的人口是20万，而多伦多比那要大得多，所以你的答案是100万。也许你知道纽约市的人口是800万，而多伦多可能比纽约小，所以你的答案是500万。在这两种情况下，你都是从你已知的数据开始，再根据这个数字进行调整估算的。这种调整让你更接近正确答案，但可能还不够。这就是所谓的锚定和调整试探法。一些心理学家喜欢开玩笑说，这是锚定和不充分的调整试探法（注：多伦多人口约280万）。

锚定试探法用于对未知值进行估计。正如刚才的例子，人们通常会从一个已知的初始值开始，并进行调整以得到最终答案。不同的起始点会产生不同的估计值，且随后的调整通常是不够的。这往往会导致倾向于初始值的偏见。

锚定和调整在财务决策中非常常见，在其他许多领域也是如此。例如，投资者锚定他们购入股票的原始价格，或者购房者锚定一个任意的销售价格，这都是锚定和调整的例子。同样，在信用卡最低还款额的诱导下，消费者的实际还款额可能会低于合理还款额，因为最低还款额是如此之低。

锚定和调整原则有助于解释人们把对未来的预期建立在过去的业绩基础之上的倾向。一项研究发现，学生和投资专业人士都会将未来预期与之前的业绩挂钩。当把这项研究调整为以投资经验较丰富的专业人士为研究对象时，这一倾向虽然不再那么明显，也并未完全消失。大多数投资专业人士都知道，有大量研究表明，过去的表现并不能预测未来的表现，但是他们很难克服这种天生的偏见，并且和新手投资者一样容易犯同样的错误。

锚定和调整会导致一些偏见。我们将讨论现状偏见、损失厌恶和沉没成本。现状偏见是"电阻"最小的路径。它直接表现为维持当前状态的倾向。当前状态或基线是一个参考点，"偏离它弊大于利"。在关于这个课题的最早研究中，萨缪尔森（Samuelson）和泽克豪泽（Zeckhauser）进行了一系列实验来验证现状偏见。在一项实验中，他们向被试展示了两个场景。第一种假设是中立的："你是报纸财经版面的认真读者，但直到最近，你一直没有多少资金可供投资。此时你从叔祖父那里继承了一大笔钱。你开始考虑不同的投资组合。"被试有以下四种选择：中等风险公司、高风险公司、国库券或市政债券。萨缪尔森和泽克豪泽对每一类投资都做了说明。在当前情况下，被试被告知，有很大一部分投资已经投于中等风险的 A 公司，且第一项选择的措辞被更改为"保留对中等风险的 A 公司的投资"。不出所料，研究人员发现，被试在选择现有投资项目时，更有可能选择中等风险的公司。

现状偏见已经在多个领域得到证明，包括器官捐赠、汽车保险和公用服务事业。它已被视为退休计划中的一个重要问题，人们对此有几个重要发现。在一所著名大学的退休账户研究中，萨缪尔森和泽克豪泽发现，有超过一半的退休计划参与者从未改变过他们最初的资产配置。马德里恩（Madrian）和谢伊（Shea）发现，当需要主动参加时，只有大约一半的雇员会参加 401（k）计划，而在自动参加（无须主动）的情况下，参加人数就会急剧增加。塞勒和什洛莫·贝纳茨（Shlomo Benartzi）提出了一个名为"为明天多存点钱"（Save More Tomorrow，SMT）的退休计划，就是利用了人们倾向于维持现状的心理。首先，员工自动加入退休计划，其次，他们被默认为同意增加每年的储蓄金额。要改变这个设置，他们必须主动行动。如果什么都不做，他们就会留在退休金储蓄计划里，他们的退休储蓄每年都会增加。这项研究发现，这样一来，雇员的储蓄率会出现大幅提高。

丹尼尔·卡尼曼曾经说过，"损失厌恶的概念无疑是心理学对行为经济学最重要的贡献"。在期望理论中，卡尼曼和特沃斯基论证了个人并不以绝对的方式来评估他们的财富，而是以一个参考点（比如现状）来评估。损失厌恶导致了现状偏见。现状成为计算损益的参考点。任何偏离都可能被视为一种损失。

损失厌恶是很多财务决策的动机，也是风险决策的主要依据。短视的损失厌恶是指担心即将遭受损失，而不愿投资或为退休储蓄。有些人可能选择把他们的储蓄存在一个低利率的银行账户，而不是投资于金融市场。这是一种基于他们的生活史或个人心理的损失厌恶偏见。在市场下跌期间出售资产或在市场下跌前进行投资的经历，可能会让人产生一种害怕重复错误的意识。

损失厌恶也被归咎于一种被称作处置效应的意识。这是一种持有亏损股票的倾向，因为你不想让损失成真。奥迪恩（Odean）发现，要卖掉一只已经下跌的股票是非常困难的。另一方面，当市场下跌时，投资者也有恐慌的倾向，可能希望卖掉一些股票。在这种情况下，回归基本面并基于理性而非情绪做出战略决策是很重要的。损失厌恶可能也是有能力承担风险的人选择低风险方案的原因。

沉没成本简单说就是"前面的钱打了水漂，后面还要接着丢"。它是"一旦付出了金钱、努力或时间，就会接着干下去的趋势"。我们相当重视以前所花费的与当前或未来的决策无关的资源。经济学家认为这种行为是非理性的，因为它会导致资源的错误配置。其实不管我们如何决定，花出去的钱都已经回不来了。

减少偏见

当几年前刚搬到加拿大时，我面临着许多生活在国外的美国人需要面临的一些独特挑战。美国国家税务局（Internal Revenue Service）对美国人可以在加拿大境外进行的投资类型进行了限制，或者更确切地说，对某些投资设定了烦琐的申报要求。因此，最简单的投资方式就是购买个股。这对我来说很新鲜，因为我过去几乎只持有过交易所交易基金（ETF）和共同基金。我开始购买一些加拿大公司的股票。我知道投资中的所有心理陷阱——我教过、读过，还刚写过一章与之相关的文章，但这并没有阻止我犯一些严重的错误。当股票价格下跌时，我感到惊慌失措，我把股票卖掉了，结果看到它反弹时，又以更高的价格把它买了回来。因为股价下跌，有些股票砸在手里了，我对当时的买入价念念不忘，而不去考虑是不是股票的新价格才准确反映了公司的财务状况和前景。我知道投资的标准规则，它与我准备采取的举措正相反，而我还是落入了陷阱。如果我知道自己有这种倾向，并且也为此挣扎过，那么对那些没有认识到这种试探性思考方式和偏见的人可能会怎么做，就会有所理解。

不仅我自己如此。黑格（Haigh）和利斯特（List）所做的一项研究发现，证券交易员们表现出的短视的损失厌恶这类行为的程度，要大于与之相当的本科生群体。穆莱纳坦、内特（Noeth）和肖尔（Schoar）发现，财务顾问鼓励追逐回报的行为，并会推荐收取更高费用的基金，即使他们的客户开始时选择的是一个多元化、低费用的投资组合。

这就引出了减少偏见的话题，以及如何防止我们自己和我们的客户犯理财错误。索尔（Soll）、米尔克曼（Milkman）和佩恩（Payne）在《判断与决策手册》（*Handbook of Judgment and Decision Making*）中写了内容非常全面的一个章节，我们将其作为后续讨论的基础，并根据理财规划对其做了一定的调整。关于减少偏见，我建议读者完整地阅读该手册的章节，以做全面了解。索尔、米尔克曼和佩恩使用斯坦诺维奇和韦斯特的系统 1– 系统 2 框架来识别那些能够有效改进决策制定的策略。在确定哪些策略可能有效之前，判断决策者的准备充分与否是一个很重要的问题。研究人员概述了判断准备是否就绪的三个决定性因素，即疲劳和分心效应、本能影响、个体差异。

当一个人感到疲劳、心烦意乱或时间紧迫时，用系统 2 来覆盖系统 1 就会更加困难。该领域的研究表明：当注意力被分散时，人们更有可能屈服于诱惑；当人们精疲力竭时，他们就更难以自控。因此你要记住，当客户苦恼、分心时你要能注意到，以便为决策创造最好的条件。

本能反应是系统 1 确保生存的方式。当你看到一条蛇或在半夜听到声音时，会被吓一跳，这是一种本能。系统 1 会在系统 2 介入之前做出反应。这一反应难能可贵，但会导致我们做出不合理的决定。比如当我们感到饥饿时，会买高热量的食物。关注客户的情绪反应可以帮助理财规划师决定他们应该做出什么样的决策。像在市场低迷时撤资这类极端做法，在决定之前，建议先冷静一段时间，这样就能有效地限制其影响。

个体差异是指不同个体在智力、学识和思维方式等方面的差异。虽然有些偏见与智力相关，但也并非全部如此。启用系统 2 更关乎思维方式而非智力或认知能力。即使人们意识到了他们的错误反应，也可能会因为缺乏相关知识而不知道应该采取什么步骤来解决问题，如何做出更好的选择。这可能与理财规划领域密切相关，因为客户知道他们的情绪反应，但不能确定最好的财务决策是什么。

索尔、米尔克曼和佩恩提出了减少偏见的两种方法。第一种被称为"改变决策者"，涉及试图将决策者的思想从系统 1 转移到系统 2 的教育和工具。第二种被称为"改变决策环境"，涉及改变环境以鼓励最佳决策。

改变决策者

改变决策者需要让其转离系统 1，进入系统 2。这需要决策者更加专注和努力。它要求我们在做决策时更积极地参与，更努力地思考，这可能不是一个简单的过程。研究人员已经确定了几种改变决策者的策略，以鼓励其做出最优决策。

消除偏见的一个关键方法是教育。应该指出的是，不同的教育类型和信息呈现方式带来的影响也不大一样。克雷格·麦肯齐（Craig McKenzie）和迈克尔·利尔施（Michael Liersch）发现了一种新颖的方法，可用于消除人们认为的投资呈线性增长而非指数增长的偏见，这种偏见会导致人们在为退休或其他未来目标存钱时缺少紧迫感。他们发现，人们知道了这些规范性规则并不能保证会去使用它，而最好的干预方法就是用图示法去强调早存钱的好处和晚存钱的坏处。

另一种能够用于消除决策者偏见的方法是，鼓励他们采用另一种观点或局外人的观点。这有助于克服思维狭隘的问题。要以局外人的角度看问题，就要让自己从某个具体情景中走出来，才有助于克服自己的过度自信。在评估一个决策时，征求局外人的意见也是有用的。另一种干预方法是无论他们计划做出什么决定，都去考虑与之相反的情况。计划投资房地产，并期望它未来几年每年增长 10%？如果结果不是这样，你还会投资吗？这些不同的方法可以帮助减少过度自信和事后偏见。

使用工具或模型有助于减少偏见。提供特定操作、步骤或标准的检查表可以帮助减少由于记忆力差或注意力有限而导致的错误。检查表已在一些医疗场景和航空业中得到应用，并产生了积极影响。虽然检查表一般建议在高压环境下使用，因为在这种情况下最佳实践可能会被忽视，但它们对理财规划师也很有用。在做复杂的财务决策时，经常会涉及很多变量，其中既有已知的，也有未知的。在那些更复杂、牵涉更多法律责任，更受情绪困扰的特定领域，例如在做遗产规划时，检查表可以帮助客户改善那些复杂的、有时是敏感的决策。

改变决策环境

这种策略不是试图将思维从系统 1 转移到系统 2，而是试图改变环境，使系统 1 的思维产生良好的结果。塞勒和桑斯坦在他们的书《助推》（*Nudge*）中推广了这些方法，并进行了详细的讨论。他们称这些策略为"助推"，因为它们试图将决策者轻轻推向最佳方向。

也许默认的力量是对判断和决策类文献最重要的一个贡献者。当设置了默认选项时，人们更有可能持续使用默认选项。正如本章前面所指出的，从退休储蓄到器官捐赠，默认已经预示了一切。默认的选择暴露出我们的拖延倾向和对现状的偏好。当面对艰难的抉择时，有时候不做选择反而更容易。丹·艾瑞里（Dan Ariely）在他的 TED 演讲中指出，对于器官捐赠，不是人们不关心或认为它不重要，而是我们真的在乎，而且认为这很重要。选择是困难的，我们真的不知道该做什么，所以我们什么都不做，默认就成了我们的选择。在将雇员纳入退休计划和逐年增加储蓄方面，默认是有效的。

默认可以成为理财规划师的一个重要工具。从规范的角度来看，我们知道我们的客户应该做什么来实现他们的财务目标。想想你的客户最纠结的事情：是否要行动起来购买足够的保险？是否要开始一项投资或开立个人退休账户？有没有什么方法可以让你的工作变得顺利，或者促使他们采取这样的行动？考虑以某种方式为他们提供选择，让他们在脱离时需要主动而非参与时需要主动。

另一项助推工作是构建和呈现信息。信息应该以一种直观和容易理解的方式呈现。类似于前面关于呈现生动图形的建议，有时信息（更具体地说是数字）需要以用户友好的方式呈现。例如，将同样的信息表达为月度退休收入的变化，可能比表述为一次性支付的一大笔钱更容易理解。"现在每月多存400美元，退休后每月收入就将增加550美元"要比"每年多存5000美元，退休后将多存 175 000 美元"更容易理解。图形展示会是一个有效的工具。

理解相对频率和比例对人类来说尤为困难。回想一下前面提到的琳达的问题。这个场景因为措辞和框架问题受到了很多批评，后来就对此做了一些调整和其他改进实验。赫特维希（Hertwig）和吉格瑞泽发现改变频率的格式可以成功地减少错误。当将琳达问题的措辞被改成"当有 100 个人符合上面（琳达）的描述时，他们中有多少人选：（a）银行出纳员，又有多少人选（b）银行出纳员，积极参与女权运动"时，效果就会明显减弱；这个比例从特沃斯基和卡尼曼最初的研究中的 85% 下降到了费德勒（Fiedler）研究中的22%。哈希（Hasher）和扎克斯（Zacks）解释了为什么人类更容易处理频率问题。研究人员发现，频率编码是自动的；它不会随时间而改善，也不会随着年龄或受到的训练而改变。而概率是 17 世纪的发明，人类很难适应和理解。我们由此得到的教益是，我们需要注意如何将信息（更具体地说是概率、百分比和频率）呈现给客户，以克服他们容易犯的那些错误。

提供新的信息在某些情况下是有用的。例如，研究发现，如果餐馆标示出食物的热量信息，每单的平均热量就会降低。延加（Iyengar）和莱珀（Lepper）警告说，提供太多信息会导致客户的分析能力瘫痪，从而起到抑制作用。凯恩（Cain）、洛温斯坦（Loewenstein）和穆尔（Moore）的一项研究对理财规划师如何进行信息披露提供了一些警示性建议。研究人员发现，理财顾问在披露可能存在的利益冲突时，往往会更多地考虑自身利益，他们觉得在公正地警告过客户之后，自己就有权这么做了。至于客户，无论是为了满足其顾问的个人利益，还是不想让其理财顾问难堪，在信息披露时，其遵从建议的压力都会增加。所以，要仔细考虑那些你将与客户分享的信息，特别是那些与利益冲突有关的信息。

最后，鼓励人们关注未来的想法，可以帮助他们克服更关注眼前的回报而非长期目标的倾向。提前做出选择，使用预承诺手段（precommitment devices），想象自己变老都是有效的策略。提前选择可以让人们通过系统 2 思考决策，而不受来自系统 1 的情绪性干扰。

如何才能停止我在第 1 章指出过的非理性思维的循环？停下来，思考正在做的决策，并认识到那些会导致你做出糟糕决定的偏见，不要掉入这样的陷阱。我关注那些可用的信息和规范性规则，并决定换个做法。我确保我所投资的股票能充分分散并重新平衡我的投资组合，然后就不管它了。我每隔三月检查一次，看看自己是否需要做出任何调整，其他时间都不去管它。从本质上说，意识到自己的偏见，有助于让自己不再犯错。我启用了系统 2，然后制定规则来限制那些由系统 1 驱动的本能。

第 5 章

风险下的决策

汉娜·利姆（HanNa Lim）博士
美国堪萨斯州立大学

风险下的决策是极其复杂的，因为我们周围的风险事件数量庞大，信息处理过程也很复杂。研究人员一直想搞清楚人是如何在风险下做出决策的。在这些努力中，期望效用理论（expected utility theory）是公认的主要范式，对于在模型中如何处理效用和概率的关系，它已经发展出了各种各样的变型。

期望效用理论

期望效用理论的核心是，一个理性的决策者会基于使期望效用之和最大化而做出选择，结果的效用是由它们的概率加权而得到的，这个效用最大化问题表示为 Max $\Sigma p_i u(x_i)$。表示事件 i 的结果效用函数记为 x_i，事件 i 的概率记为 p_i，个人的风险偏好反映在效用函数 u 中。如果一个决策者喜欢赌一把（50% 的机会得到 10 美元，50% 的机会什么也得不到），而不是得到预期的货币价值（例如，确定的 5 美元），那么这个人就被认为是风险寻求者。

相反，如果一名决策者更喜欢有把握的事情，而不喜欢等期望值的赌博，那么这个人就是风险厌恶者。期望效用理论中的凹型效用函数意味着风险厌恶偏好。

期望效用理论是建立在四个假设基础之上的，这四个假设是消除性（cancellation）、传递性（transitivity）、支配性（dominance）和不变性（invariance）。特沃斯基和卡尼曼阐述了以下四个假设：（1）在消除性假设之下，个体会忽略那些产生相同结果的状态，不管自己的选择为何，都只考虑产生不同结果的状态；（2）根据传递性假设，如果选项 A 优先于选项 B，选项 B 优先于选项 C，那么选项 A 优先于选项 C；（3）如果一个选项在某种状况下优于其他选项，并且在任何状况之下至少与其他所有选项一样好，那么这个选项就是支配性选项；（4）不变性假设意味着在不同选项之间的偏好应该独立于选项的表示方式。

对期望效用理论的违反

研究发现，尽管期望效用理论在决策模型中起着规范性作用，但它在描述个体如何在风险下实际做出决策方面存在缺陷。特别是对不变性和支配性的违反已经被作为期望效用理论失败的证据加以讨论了。下面的例子来自特沃斯基和卡尼曼的文章，展示了不变性和支配性假设在实验中是如何被违反的。

问题 1（N = 152）：假设美国正在为一种罕见的疾病暴发做准备，预计将导致 600 人死亡，有两个对抗这种疾病的方案可供选择。假设对这一计划结果精确又科学的估计如下：

如果采用方案 A，将会拯救 200 人（72%）；

如果采用方案 B，有 1/3 的概率 600 人都会获救，但有 2/3 的概率没有人能获救（28%）。

你倾向于这两个方案中的哪一个？

问题 2（N = 155）：如果采用方案 C，将有 400 人死亡（22%）；

如果采用方案 D，有 1/3 的概率没有人会死，有 2/3 的概率 600 人都会死（78%）。

你倾向于这两个方案中的哪一个？

问题 1 和问题 2 基本相同，只是问题 1 采用了生存的角度，问题 2 采用了死亡的角度。根据期望效用理论中的不变性假设，个体被期望在所有问题上表现出一致的风险偏好。就是说，在问题 1 中选择方案 A 的被试，被期望从问题 2 中选择方案 C，以体现出一致的风险规避愿望；而在问题 1 中选择方案 B 的被试，应该在问题 2 中选择方案 D，同样应表现出一致性。然而，从生存率的角度转换到死亡率的角度，引发了偏好的不一致性，即有 72% 的问题 1 的被试选择了方案 A，而有 78% 的问题 2 的被试选择了方案 D。这意味着大多数人在一个角度下（生存率角度）选择冒风险，而在另一个角度下（死亡率角度）寻求规避风险，明显违反了不变性假设。

下一个例子则是违反支配性假设的证据。

问题 3（$N = 150$）：假设你面对以下一对并发性决策。首先考虑这两个决策，然后指出你倾向的选项。

决策 1 选择：

A. 稳赚 240 美元（84%）；

B. 25% 的机会赚 1000 美元，75% 的机会赚不到钱（16%）。

决策 2 选择：

C. 肯定损失 750 美元（13%）；

D. 75% 的机会损失 1000 美元，25% 的机会不损失钱（87%）。

大多数（73%）被试选择了决策 1 中的选项 A 和决策 2 中的选项 D，只有 3% 的被试选择了决策 1 中的选项 B 和决策 2 中的选项 C。显然，选项 A 和 D 比选项 B 和 C 更受欢迎。选项 A 和 D 的组合可以表示为：赚 240 美元的概率为 25%，损失 760 美元的概率为 75%；选项 B 和选项 C 的组合可以表示为：赚 250 美元的概率为 25%，损失 750 美元的概率为 75%。当组合选项时，首选组合实际上会被不受欢迎的组合超过。这个例子显示了对支配性假设的违反。然而，当选项组合的透明版本汇总表如下所示时，100% 的被试选择了选项 B 和选项 C。

第 4 题（$N = 86$）选择：
A 和 D 分别有 25% 的机会赚 240 美元和 75% 的机会损失 760 美元（0%）；
B 和 C 有 25% 的机会赚 250 美元，75% 的机会损失 750 美元（100%）。

前景理论

综述

虽然期望效用理论有助于解释理性的个体如何在风险下做出决策，但它面临着许多经验主义挑战。在实证研究中，人们发现个体的行为与期望效用理论的公理是不同的。研究人员对这些抵触之处给出了多种解释，其中最成功的是前景理论。前景理论（prospect theory）解释了经济学认为并不完全理性的个体是如何在风险下做出决策的。它已经被广泛应用于金融和保险领域，在这两个领域中，人们对风险的态度起着至关重要的作用。

自 1979 年前景理论作为在风险下决策的描述模型被引入以来，研究人员已经对其进行了修改和扩展，不仅用于在只有少量结果的风险前景中进行选择，还能用于在包括任意数量可能结果的不确定前景中进行选择。在风险条件下，与可能结果相关的概率被假定为已知，但在不确定条件下，概率不被假定为已知。这一理论向不确定条件下的积累性期望理论的扩展，赋予了原始模型更多的现实性，因为在现实世界中，决策者通常并不知道每种选择的可能性。

期望效用理论的方程是由效用（u）和概率（p）构成的，前景理论的方程是由价值（v）和被称为决策权重（π）的加权概率值构成的。值得注意的是，在前景理论中，概率是加权函数：

期望效用理论：$\sum p_i u(x_i) u$；

前景理论：$\sum \pi (p_i) v(x_i) u$。

巴韦里斯（Barberis）在回顾了 30 多年来前景理论在经济学上的应用后，总结出了前景理论的以下四个要素：参考依赖、敏感性递减、损失厌恶和概率加权。前三个与价值函数相关，最后一个与加权函数相关。在接下来的章节中，我们将讨论价值函数和概率加权函数的性质。

价值函数

卡尼曼和特沃斯基提出了价值函数的三个性质。具体如下：（1）价值函数是根据与参考点的偏差定义的；（2）凹为收益，凸为损失；（3）损失曲线比收益曲线更陡。这些属性将在下面进行解释，并反映在非对称 S 形价值函数中。

首先，在前景理论中，人们从相对于参考点的收益和损失中获得效用，而不是从绝对财富水平中获得。这种所谓的参考依赖在我们的知觉系统中广泛存在——人们对相同的亮度、响度或温度的反应是不同的，具体取决于参考点。卡尼曼在他的书中描述了一个小实验。预备三碗水：一碗冰水、一碗与室温一样的水和一碗温水。左手放在冰水里，右手放在温水里，大约一分钟。然后把双手放在同于室温的水中。即使此时你的两只手都在温度相同的水里，你也会觉得左手是热的，右手是冷的，因为你两只手的参考点是不同的。

在价值函数中，横轴代表收益或损失 x，纵轴代表价值 $v(x)$，是人们从收益或损失中获得的。水平和垂直虚线相交的点为参考点。从参考点开始的积极变化被视为一种收益，而从参考点开始的消极变化被视为一种损失。广泛使用的参考点是现状、盈亏平衡点、期望水平和购买价格。

其次，对来自参考点的变化的边际灵敏度减小，价值函数对于收益是向里凹的，对于损失是向外凸的。人们认为 100 美元收益和 200 美元收益之间的变化，大于 1100 美元和 1200 美元之间的变化，即使两者的实际变化量是相等的，在损失变化方面也是如此。这也适用于风险环境。下面是用在卡尼曼和特沃斯基研究中的关于风险选择问题的重写版本。

问题 5（N=68）选择：

A：有 25% 的机会赢 6000 美元（18%）；

B：赢 4000 美元的概率为 25%，赢 2000 美元的概率为 25%（82%）。

问题 6（N=64）选择：

C：有 25% 的概率损失 6000 美元（70%）；

D：损失 4000 美元的概率为 25%，损失 2000 美元的概率为 25%（30%）。

期望效用理论预测，个人对这两个问题的选择都不感兴趣。然而，卡尼曼和特沃斯基在对大学生和教师进行的假设选择实验中发现，有 82% 的被试选择了问题 5 中的选项 B，而有 70% 的被试选择了问题 6 中的选项 D。这意味着，在问题 5 中，$\pi(0.25)v(6000) < \pi(0.25)[v(4000)+v(2000)]$，其中 $v(6000) < v(-4000)+v(2000)$；而在问题 6 中，$\pi(0.25)v(-6000) > \pi(0.25)[v(-4000)+v(-2000)]$，其中 $v(-6000) > v(-4000)+v(-2000)$。卡尼曼和特沃斯基指出，这些偏好与价值函数的属性一致，即收益是凹函数，损失是凸函数。

收益的凹性和损失的凸性反映在 S 形价值函数中。收益的凹性意味着人们往往在收益领域厌恶风险，而损失的凸性意味着人们往往在损失领域甘冒风险。这种模式被称为反射效应，因为损失之间的偏好是收益之间偏好的镜像。

最后，相对于收益，人们对同等规模的损失更敏感，这叫作损失厌恶。卡尼曼和特沃斯基解释说，大多数人认为，赚钱机会和亏钱机会各占 50% 的赌博没有吸引力，而且对这种盈亏相当、看起来公平的赌博的厌恶，通常会随着赌注的增大而增加。与收益域相比，损失域的价值函数更为陡峭。

关于损失厌恶的程度，人们一般认为，损失带来的痛苦大约是收益带来的快乐的两倍。损失厌恶系数是在实验中估算出来的，一般在 1.5 ~ 2.5 之间。特沃斯基和卡尼曼估计的损失厌恶系数的中值为 2.25，这表明当损失可能增加 1 个单位时，补偿收益必须增加约 2.25 个单位。损失厌恶的程度因人而异。金融市场的专业风险承担者对损失的容忍度更高。在一项实验中，当被试被要求像交易者一样思考时，他们变得不那么厌恶损失，对损失的情绪反应也会大幅降低。

概率加权函数

前景理论与期望效用理论的区别不仅在于对上一节所描述的偏好模式的处理上，还在于对概率的处理上。在前景理论中，每个结果的价值要乘以它的决策权重。主观的期望效用理论试图包含概率的主观属性，而前景理论中的决策权重不是概率。决策权重衡量的是事件对前景的吸引力的影响，而不是这些事件感觉上的可能性。卡尼曼举了一个简单的例子来说明决策权重不同于概率的作用方式。

问题 7：在下面四个例子中，你获得 100 万美元的机会提高了 5%。此消息对以下每种情况都一样好吗？

A. 从 0% 到 5%；

B. 从 5% 到 10%；

C. 从 60% 到 65%；

D. 从 95% 到 100%。

尽管增加的概率相等，但个人认为选项 A 和选项 D 要比选项 B 和选项 C 更令人印象深刻。选项 A 的超权重影响显示了可能性效应，选项 D 的超权重影响则显示了确定性效应。当一个事件从不可能变为可能，从可能变为确定，其影响要大于中间状态下与前者相当的概率变化值所带来的影响。卡尼曼和特沃斯基将这种末端敏感度统称为范畴边界效应。可能性效应和确定性效应反映在概率加权函数中，在末端是陡峭的，在中间是平坦的。

加权函数的主要特点是低概率的权重通常被高估，而中高概率的权重被低估。下面的例子显示了，在假设性的选择问题中，中高概率是怎样被低估的。

第 8 题（$N = 72$）选择：

A：有 0.1% 的机会获得 5000 美元（72%）；

B：确定收益 5（28%）。

第 9 题（$N = 72$）选择：

C：损失 5000 美元的概率为 0.1%（17%）；

D：确定损失 5 美元（83%）。

被试更喜欢问题 8 中的选项 A，它可以被看作一个购买彩票的问题，而问题 9 中的选项 D 可以被视为一个支付保险费的问题。高估不太可能发生的极端事件，能够解释对彩票和保险的偏好，而这在预期效用理论中属于反常现象。

前景理论把价值函数的性质和概率加权函数的性质结合起来，提出了一个四重风险态度模式（见表 5–1）。根据从参考点来看，事件被视为损失还是收益，以及事件发生的概率是低还是高，人们对待风险的态度是不一样的。当风险发生的概率较低时，个体会为了收益而甘冒风险，为了避免损失而规避风险。另外，当风险发生的概率适中或较高时，个体会规避风险以获取收益，但也甘冒风险以弥补损失。表 5–1 的底行反映了价值函数的一般性质，而顶行反映了相反的风险态度，也反映了类别边界效应。左上角（当损失的概率很低时）解释了为什么彩票受欢迎，而右上角（当损失的概率低时）解释了为什么人们会购买保险。卡尼曼认为这四种风险态度模式是前景理论的核心成果之一。

表 5–1　　　　　　　　　　　风险态度的四种模式

概率	收益	损失
低	甘冒风险	风险厌恶
中到高	风险厌恶	甘冒风险

表 5–2 总结了期望效用理论和前景理论之间的差异。

表 5–2	期望效用理论与前景理论	
	期望效用理论	**前景理论**
选择的目标	针对财务状况的概率分布	按收益和亏损确定的前景
估值规则	期望效用	两部分的累积功能
功能的特征	财富的凹函数	非对称的 S 形价值函数和逆 S 形加权函数

前景理论中的效应

得益于价值函数和加权函数的独特性质，前景理论解释了标准经济模型无法回答的一些有趣现象。卡默勒（Camerer）描述了该领域的 10 种模式，都可以用前景理论来解释，这 10 种模式分别是股票溢价、处置效应、曲线向下倾斜的劳动力供给、不对称的价格弹性、对收入方面的坏消息不敏感、现状偏见、最易犯的长期偏见、日终效应、购买电话线损坏保险和对彩票的需求。在本节中，我们会总结和讨论禀赋效应（endowment effect）、现状偏见和处置效应。

禀赋效应

人们倾向于比其他人更重视自己禀赋中的能力，塞勒将这种模式称为禀赋效应。这种效应被认为是损失厌恶的表现。根据巴韦里斯的观点，禀赋效应实际上是指两种不同的发现，即交换不对称性和接受意愿（WTA）与支付意愿（WTP）之间的差距。他指出，克内奇 (Knetsch) 的咖啡杯 – 棒棒糖交换实验，以及卡尼曼、克内奇和塞勒的实验，可以作为交换对称性和接受意愿 / 支付意愿差距的标准参考案例。

在实验中，克内奇给第一组的每个被试一个咖啡杯，给第二组的每个被试一支棒棒糖。在完成一份简短的调查问卷后，问第一组的被试，他们是想留下咖啡杯还是拿它来换棒棒糖。同时，问第二组的被试，他们是想留下棒棒糖还是拿它来换咖啡杯。第三组为对照组，只要求被试做出选择，是要咖啡杯还是要棒棒糖，此时他们手里两者都没有，因此也没有参考点。结果是，对照组的被试对咖啡杯和棒棒糖的偏爱程度相当平均：有56%的被试喜欢咖啡杯，有44%的被试喜欢棒棒糖。然而，第一组有89%的被试拒绝用咖啡杯换棒棒糖，而第二组有90%的被试拒绝用棒棒糖换咖啡杯。这种估值上的显著不对称是参考点和损失厌恶的证据，被试把交换看作失去他们先得到的东西去换取另一个东西。由于损失带来的痛苦大于收益带来的快乐，大多数被试认为这种交换没有吸引力，并坚持他们最初拥有的东西。

而在卡尼曼、克内奇和塞勒所做的另一个实验中，一半的被试被分配了咖啡杯，并被指定为卖家，卖家被要求列出每一个可能的价格，以表明他们会以这个价码出售他们的咖啡杯。另一半被试被指定为买家，对于每个列出的价格，都要求他们表明是否会付钱买这个咖啡杯。售价从 0 美元到 9.50 美元不等，升价幅度为 0.50 美元。被试被告知随机选择其中的一个价格，然后以此价格进行交易。随机选择价格意味着被试的决定对价格没有影响，因此他们会表明自己真正的偏好，而不会讨价还价。支付意愿的中值为 2.25 美元，接受意愿的中值为 5.75 美元，后者是前者的两倍多。由于放弃一个咖啡杯对卖家来说是一种损失，而得到一个咖啡杯对买家来说是一种收益，被试卖出一个咖啡杯所给出的价格要比为了得到咖啡杯而愿意支付的价格高上不少。

关于禀赋效应消失的条件一直存在争议。卡尼曼、克内奇和塞勒指出，当个人将购买的商品用于转售而不是自用时，他们就不会高估自己拥有的商品的价值。此外，利斯特在健身卡市场进行的实地实验中发现，具有显著市场经验的消费者不会表现出禀赋效应。关于经验在禀赋效应中的作用，德拉维格纳（DellaVigna）从两个方面做了解释：一是经验使人们意识到他们对损失的厌恶并自觉加以克服；二是经验不会影响损失厌恶，但会影响损失厌恶参考点的形成。

现状偏见

人们总有一种强烈的倾向，什么都不做或者就保持他们当前或先前的决策就好，这种倾向被称为现状偏见。卡尼曼、克内奇和塞勒认为，个体表现出现状偏见是因为改变现状带来的不利之处比有利之处更为突出。

萨缪尔森和泽克豪泽同时进行了实验和实地研究来检验现状效应。在他们的投资决策实验中，他们设计了两个版本的决策问题。一个是中性版本，即被试要做一个新的决定，并被要求从几个选项中选择一个。另一个是现状的版本，其中的一个方案是现在所采用的方案。实验得出的主要结论是，个体会过分地坚持选择当前的选项。在关于美国哈佛大学员工和教职人员个人健康计划选择和退休基金分配的实地研究中，也观察到了强烈的现状偏见。新参加健康计划的人会中立地选择自己的健康计划，而已经参保的人则很难摆脱现状偏见。当有了新的健康计划选项时，在所有年龄组中，与新参保者相比，已参保者选择不改变选项的频率更高，选择新计划的频率更低。在债券和股票的分配选择中，被试可以免费改变资金的配置。然而，每年配置金额的变化微不足道，除非回报率发生了很大的变化。

从萨缪尔森和泽克豪泽的研究中可以发现，选项的数量和对现状改变的程度会影响偏好。在投资决策实验中，现状偏好的程度随着选择中备选方案数量的增加而增加。在健康计划选择的实地研究中，从最初最受欢迎的计划转出来的参保者，倾向于选择该计划的新变体，而不是选择其他新计划。特沃斯基和卡尼曼指出，与现状相比，小的变化比大的变化更受欢迎。

处置效应

谢弗林和斯塔特曼（Statman）将个人投资者过早卖出上涨股票和过久持有下跌股票的倾向称为处置效应。巴韦里斯和塞勒用前景理论中价值函数凹型的收益曲线和凸型的损失曲线来解释人们这种不情愿让损失成为现实的心理现象。假设购买价格是本例中的参考点。假设一名投资者以 50 美元的价格购买了一只股票，而它目前的交易价格是 55 美元。通过出售股票

现在他的收益是 $v(5)$。或者投资者可以再等一段时间，股票价格有可能降至 50 美元，也有可能升至 60 美元，两种可能性相等。那么过段时间卖出的期望值就是 $0.5v(0)+0.5v(10)$。由于价值函数收益曲线是凹型的，也就是说，$v(5)$ 大于 $0.5v(0)+0.5v(10)$，所以投资者更倾向于早点把它卖掉。另一种情况是，假设这只股票当前价格是 45 美元。这就意味着，现在卖出的收益是 $v(-5)$。在接下来的一段时间里，股价有可能进一步下跌至 40 美元，但也有可能回升至 50 美元。如果投资者选择等待并在后面一段时间卖出，希望是 $0.5v(-10)+0.5v(0)$。价值函数 v 的损失曲线是凸型的，$v0.5(-10)+0.5v(0)$ 大于 $v(-5)$。所以投资者倾向于持有股票，期望股票最终能够盈亏平衡，从而避免令人痛苦的损失。

奥迪恩分析了一家票据贴现经纪公司的个人交易记录。如果是出于避税目的，投资者会希望通过持有获利的投资，卖出亏损的投资，以推迟应税收益实现，避免当下交税。但假设以购买价格为投资者的参考点，研究发现，个人投资者会倾向于在全年中卖出他们的获利股票，持有他们的亏损股票。但 12 月是个例外。投资者在 12 月卖出的赔钱股票往往比一年中的其他时间更多，因为这一期间他们所做的交易受税收因素影响最大。伊芙柯维（Ivkovii）、波特巴（Poterba）和维斯本纳（Weisbenner）分析了持有应税账户和递延账户股票的投资者的交易行为。短期来看，他们发现处置效应同时存在于应税账户和延税账户交易中，而且这种效应在延税账户中表现得更为明显。然而，随着持有时间的延长，税收驱动的损失实现变得更普遍了。

弗拉奇尼（Frazzini）认为专业交易员同样会受处置效应的影响，即便老练的投资者对处置效应不那么敏感。利用共同基金所持有股份的数据，他发现了共同基金经理的不对称模式就是面对坏消息时不情愿实现损失，但面对好消息时却积极地实现收益。这种模式与处置效应相一致，并导致了市场对新信息的平缓反应。

对研究与实践的启示

研究

利用前景理论解决困惑

研究发现，现实情况与传统经济学理论的预测存在诸多不一致之处。传统的经济学理论假设人是理性的，但现实世界中却充斥着非理性。研究人员可以通过应用行为金融学的观点来解决尚未解决的难题。

一个例子是有限的年金需求。虽然在经济学中，年金被认为是一种理想的保险工具，可以有效地抵御长寿风险，但人们对年金的需求却是有限的。这种不匹配被称为年金谜题。近年来，人们开始运用前景理论的损失厌恶概念来解释年金需求的有限性。

布朗（Brown）的看法是，人们认为年金产品是一种有风险的赌博，而不是一种降低风险的策略。例如，在没有年金的情况下，某人能确定地拥有10万美元；但在有年金的情况下，个人可能只得到10万美元中的一部分，也可能比10万美元多。这种情况会让人们思考："我能活那么长吗，能因此受益吗？"既然年金的损失（如果个人比预期早死的话）要大于收益（如果个人比预期活得更久），年金的吸引力就会降低。此外，在传统的固定收益计划中，年金被定义为消费（按月收入或年收入来看），而在现金余额计划中，年金被定义为投资（按账户余额来看），参与前者的人比参与后者的人更有可能选择年金。

如前所述，前景理论所反映的这种偏好在没有经验的决策者和复杂的决策中表现得很明显。由于年金决策涉及复杂的判断，而且大多数人都是在接近退休年龄时才开始考虑这个问题，此前没有机会去积累经验，因此有限的年金需求可以用前景理论中的概念很好地加以解释。

利用个人层面的调查数据进行探索

巴韦里斯对经济学中的前景理论做了回顾与评估，他指出，虽然前景理论很好地描述了实验环境中的风险态度，但它能否准确地预测实验室外的个体行为还存在疑问。除了典型的课堂实验，还有一些研究展现了前景理论是如何成功地解释在野外数据中观察到的个体行为的。虽然参考依赖偏好可以从观察到的行为中推断出来，但前景理论的规律与个体行为之间的直接联系仍然缺失。

最近的一些调查数据，如美国生活小组和健康与退休研究（HRS）得出的数据，为缺乏个人层面经验证据的研究人员提供了利用这些信息来研究前景理论关键概念的机会。HRS 的数据大有用途，因为对 2012 年 HRS 调查中前景理论模块的回应，可以与其他来自核心调查（core survey）的关于受访者健康和财富的丰富信息结合起来。

HRS 每隔一年会对全美老年人中具有代表性的样本进行访谈，并将实验模块随机分配给一部分受访者。戈特利布（Gottlieb）和米切尔（Mitchell）开发的前景理论模块是 2012 年 HRS 调查中开展的模块之一。基于特沃斯基和卡尼曼的实验，一系列假设的风险投资问题被提了出来，研究人员可以运用下面这些问题的答案来衡量个人对损失的厌恶程度。

假设一个亲戚给你提供了一个投资机会，获得 115 美元和支付 100 美元的机会五五开（NV011）：

（NV012）收到 107 美元或必须支付 100 美元；

（NV013）收到 130 美元或必须支付 100 美元；

（NV014）收到 103 美元或必须支付 100 美元；

（NV015）收到 110 美元或必须支付 100 美元；

（NV016）收到 120 美元或必须支付 100 美元；

（NV017）收到 300 美元或必须支付 100 美元。

你同意这项投资吗？

（2012HRS 问卷）

提问将按以下流程进行：并不是要向受访者提问所有这七个问题。所有受访者被要求回答，是否接受得到 115 美元和支付 100 美元各有 50% 可能性的投资。根据他们的回答，再决定后面的问题。如果被申请人接受这项投资，那么再向他提供收益较少的选项；如果被调查者拒绝该提议，则会向其提供收益更大的选项。图 5-1 显示了在 2012 年 HRS 调查中提问题的流程，以及基于对这些问题的回答所估计出的损失厌恶的范围。有学者利用这些数据进行研究发现，厌恶损失的个体不太可能拥有定期人寿保险，而更可能拥有终身保险，这与前景理论预测的经验证据是一致的。

此外，2012 年 HRS 调查中的前景理论模块提供了关于受访者是否受制于窄框架的信息。根据特沃斯基和卡尼曼的实验，会问被调查者以下两个假设性问题。

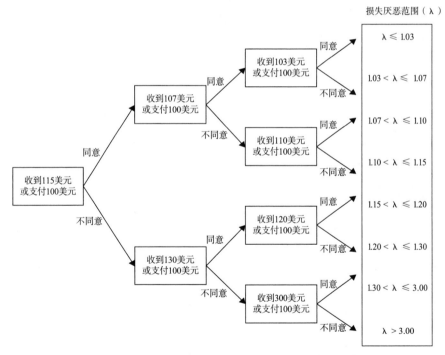

图 5-1　2012 年健康与退休研究（HRS）对损失厌恶的测量

想象一下，美国正在为一场流感的暴发做准备，预计将有 600 人死亡。

有两个可供选择的方案。科学家们估计，各方案的效果如下：

如果采用方案 A，将会拯救 300 人；

如果采用方案 B，则 600 人都被拯救或无人幸免的可能性各占 50%；

你喜欢哪个方案，A 还是 B？

（2012HRS 问卷）

想象一下，美国正在为一场流感的暴发做准备，预计将有 600 人死亡。有两个可供选择的方案。科学家们估计，各方案的效果如下：

如果方案 A 被采用，会有 300 人因此死亡。

如果方案 B 被采用，则无人因此丧生或 600 人都会死的可能性各占 50%。

你喜欢哪个方案，A 还是 B？

（2012HRS 问卷）

正如本章前面对问题 1 和问题 2 的讨论，这两个问题基本上是相同的，只是它们的结构不同。第一个问题是从生存的角度拟定的，第二个问题则是从死亡的角度拟定的。基于对这两个问题的回答，戈特利布和米切尔构建了一个窄框架测度（本章后面将讨论窄框架的概念）。如果被试从问题 1 中选择方案 A，从问题 2 中选择方案 B，则被试的框架被认为是狭窄的。调查发现，有 25% 的被试可以被归类为狭窄的框架。通过狭窄框架的信息，他们发现了人们对晚年护理需求投保不足的行为解释。在探讨前景理论提出的规律如何与个体的健康、就业和金融行为相联系方面，研究人员是大有可为的。

实践

判断客户的损失厌恶程度

这个理论给理财从业者的第一个启示是，确定你的客户对损失有多厌恶是很重要的。就像风险承受能力是期望效用理论中的一个关键概念一样，损失厌恶也是前景理论中的一个关键概念。在研究中估计出的损失厌恶系数大约是 2.25，然而，还存在更大范围的损失厌恶。有学者利用 2012 年 HRS 调查中实验模块的数据，分析了受访者的人口统计学特征对损失厌恶程度的不同影响。虽然没有发现统计学上的显著性，但还是发现女性、70 岁以上的人、受教育较少的人，以及那些孩子较少的人，相比其他人更倾向于规避损失。一般认为损失厌恶与重要的投资者态度和行为有关，如持有亏损的股票和卖出盈利的股票、不愿改变投资，以及偏爱提升消费形象等。因此，对客户损失厌恶程度的准确了解，能够增强金融从业者对客户偏好和行为的预测能力。

为了评估客户的损失厌恶程度，可以将 HRS 调查实验模块中的假设选择问题作为基础测量值。理财规划师和投资顾问已经提出了各种对风险承受力的测量方法，未来对损失厌恶的准确评估也值得期待。

使选择透明化

理财从业者的一个重要任务是使客户所面对的选择透明化。汉娜、吉耶梅特（Guillemette）和芬克（Finke）也提到过类似的讨论，即理财顾问可以帮助客户克服认知错觉。决策取决于选择的表现形式。在选择透明的情况下，个体倾向于做出理性的决定，而在选择不透明的情况下，则会出现违反理性选择原则的情况。特沃斯基和卡尼曼用著名的缪勒－莱尔错觉（Müller-Lyer illusion），来强调透明度的重要性。在缪勒－莱尔错觉的例子中，顶线看起来比底线长，但是画一个矩形框就可以很明显看出底线实际上比顶线长。理财从业者的作用就是给缪勒－莱尔错觉画一个矩形框，这样客户就能清楚地识别出哪条线更长。

理财专业人士可以从现况研究方面和投资时机方面为投资者的选择增加透明度。在现况研究方面，金融从业人员可以建议客户建立起开阔的视野；在投资时机方面，金融从业者可以通过提出一个长期的观点来帮助客户，即时间维度的宽阔视野。以下是卡尼曼和里佩（Riepe）对理财顾问的部分建议。

⊃ 宽框架思考

宽框架思考是窄框架思考的反义词。当个体孤立地评估某个风险而不是将该风险与其他同时存在或预先存在的风险结合起来评价时，就会出现窄框架思考的问题。窄框架思考最近受到了研究人员的关注。有人认为窄框架思考可能是一项比之前人们所认为的更重要的特征，德拉维格纳提出这是前景理论前面讨论过的四个特征之外的第五个特征。卡尼曼指出，"损失厌恶和窄框架思考的结合是一个代价高昂的诅咒"，而宽框架思考是有益的，因为它减轻了损失带来的痛苦，增加了承担风险的意愿。

卡尼曼和里佩指出，理性的决策可以通过采用宽框架思考和关注状态而不是变化来实现。以下是卡尼曼和里佩对财务顾问提出的关于窄框架思考的建议。

- 鼓励客户在做投资决策时，尽可能进行宽框架思考。
- 在制定客户投资策略时，遵循自上而下的过程，即要同时顾及投资者的所有目标。避免常见的自下而上的方法，不能给投资者的每个目标都另立规划。
- 提醒客户窄框架思考的成本。
- 不要太过火。虽然宽框架思考更可取，但对于那些将心理账户作为自我控制工具的投资者，或者那些因安全账户亏损而承受过度压力的投资者来说，使用心理账户可能是更好的选择。
- 宽框架思考对人的帮助会比较大，因为它能指出收益，以弥补投资者当前悔恨的焦点——损失。重新设计账户报表，使其能更加突出整体投资组合的表现。淡化在最近的报告期内，投资组合中的每一项都发生了什么变化。

⊃ 长期观点

在时间方面，金融从业者可以通过提出长期观点，让投资者更明白地做出选择。在以前的研究中，我们已经看到了由于持短期观点而导致损失的例子。贝纳茨和塞勒将损失厌恶和看重短期表现的组合称为"短视的损失厌恶"，并解释说，由于短视的损失厌恶，人们总是需要较大幅度的股权溢价。考虑到风险资产回报率的变化性，股票回报率为负的频率，要比债券回报率为负的频率高很多，这使得厌恶损失的投资者会要求较高的股票溢价，或不愿参与股票市场。贝纳茨和塞勒模拟了在股票和债券之间的决策变得明朗的评估期，该评估期为一年。伊芙柯维、波特巴和维斯本纳也对长期观点的重要性提供了支持，表明处置效应在投资者短视时会更明显。下面是卡尼曼和里佩在时间范围方面对金融顾问的建议。

- 教导投资者持有长期观点的重要性。
- 许多客户喜欢谈长期，但实际行动很短视。要更关注投资者过去做了什么，而不是他们说将来会如何做。
- 尽早发现哪些客户可能难以坚守长期承诺，确保其不偏离方向。
- 不要让对账单强化短期思维。在设计报表时，不要让最近一个季度的数据太突出，而是要重点关注在账户的整个有效期内发生了什么。
- 顾问和投资者应提前就一套方案达成一致，决定当投资者基于对当前状况的知觉和下意识反应受到诱惑时，想改变原有投资组合时所应遵循的程序。
- 如果投资者真的屈服于现状，并基于短期考虑彻底改变了投资组合，且事实证明交易效果并不好，那么当投资者下次再有这种冲动时，顾问就应巧妙向他指出这样做的后果。

卡尼曼和里佩在投资组合管理杂志上发表了一篇文章，在文章的最后，他们提出了一份给财务顾问的检查表。检查表的内容是考察财务顾问完成表中 10 项任务的频率。这份检查表为理财规划师提供了一个机会，让他们自我评估在实践中是如何有效地把前景理论的启示融合到实践中去的。

检查表：你完成以下各项任务的频率如何？
1. 鼓励客户对自己的财富、前景和目标有广阔的视野。
2. 鼓励客户对投资策略做出长期承诺。

3. 鼓励客户不要过于频繁地查看结果。

4. 与你的客户讨论将来后悔的可能性。

5. 问问你自己，这样做是否与你客户的性格不符。

6. 确认客户对可能性有一个现实的看法，尤其是当一个向来谨慎的投资者被风险投资所吸引时。

7. 鼓励客户对大小决策所面临的不同风险采取不同的态度。

8. 尝试将客户的投资组合构造成客户最喜欢的形式（比如首先保证合理的回报，但也有一定机会获得大的收益）。

9. 让客户意识到投资决策的不确定性。

10. 识别你的客户对风险的不同方面的厌恶，并在构建投资计划时将其纳入考虑范围。

第 6 章

心理账户是如何影响预算支出和投资决策的

C. 张毅伟（C.Yiwei Zhang）博士

阿比盖尔·B. 萨斯曼（Abigail B. Sussman）博士

美国芝加哥大学布斯商学院

　　传统会计是指公司或其他企业追踪和评估财务活动的方法，而心理账户指的是人们在自己的生活中做这些事情的方式。塞勒将其定义为"个人和家庭用于组织、评估和跟踪财务活动的一套认知操作"。心理账户描述了人们将支出分类，为其分配资金、确定预算和执行成本效益分析的方式。

　　在这一章中，我们将关注消费者财务决策背景下的心理账户。具体来说，我们研究了心理账户是如何影响预算、支出和投资决策的。作为回顾的一部分，本章重点介绍了这个处于发展中的领域的一些值得注意的工作，但我们不会论及这些决策中心理账户以外的其他方面（例如，我们不讨论目标设定如何影响预算效率），我们也不会检视与那些决策无关的那些心理账户要素。

　　本章的内容如下。首先，我们提供了一个对分类过程的概述，这是心理账户的基础。我们将对分类过程的讨论扩展到对资金分类方法的描述，例如根据资金的来源和用途对资金进行分组，或者根据收益的获取和损失时间对资金进行分组。其次，我们将讨论这些概念的应用。我们最初关注的是预算过程，解释运用这一方法的潜在收益和潜在成本。除了讨论具体的支出决策外，我们还考虑了资产和债务的心理账户是如何影响财富感知以及承担或避免债务的决策的。再次，我们转向心理账户过程对投资的影响，讨论开立和关闭账户的相关性和购买资产的选择。最后，我们对该领域未来的研究议题进行了总结。

作为分类的心理账户

将资金分成不同的组别是心理账户的定义元素之一。例如，人们可能会把他们去佛罗里达旅行的所有花费归为度假支出类，或者把收到的所有结婚礼金归为未来家庭的储蓄。先前的研究认为，这种资金分类是由认知过程驱动的，并且这种认知过程与作为对象和事件归类的认知过程类似。因此，心理账户可以通过分类的认知原则来理解。这种方法凸显了个体可能会用到心理账户的重要原因，特别是在消费金融领域。也就是说，对资金进行分类有助于促进信息处理过程，这是人们评估支出机会所必需的。如果不做这样的分类，当面对几乎任何一个消费决策时，人们都需要评估他们完整的金融投资组合，比如对某项采买的支付能力（例如，"这是我能负担得起的东西吗？"），或针对各种商品的适当的资金资源分配（例如，"我可以花多少钱？"）。这一评价需要整合目前和未来的财富，并考虑所有的债务和预期支出。

通过基于共性将信息分成组，分类可以促成对相关信息的快速回忆和判断，从而减少评估当前决策所需的认知努力。例如，当决定即将到来的旅行要花多少钱时，一个人可以考虑在他的这一生中会有多少钱可以花，由此出发，这次旅行可以花多少钱将取决于所有能够预计到的现在和未来的花销和机会成本。另一种方法则是，结合心理账户的原则，他可以专注于在一个给定的会计期间（比如一年）的决策，并基于自己的收入和支出、已经在休假和旅游上花的钱，以及预期在给定的时间段还想在这些方面多花多少钱，来思考这次旅游花多少钱才是合理的。对大多数人来说，后面这样的计算是合理的，而前者是不可取的。

虽然对资金进行分类有助于减轻与财务决策相关的负担，但它也会影响人们选择如何花钱和存钱，并可能导致系统性错误。根据传统的经济学理论，将资金划入不同的心理账户中，不会对其后续行为产生影响，因为心理账户的边界只是在理论上设定的。然而，有大量证据表明，如何对资金进行分类和标定会影响个人的消费偏好。换句话说，心理账户违反了"资本是可以互换的"的经济原则。即使是在把所使用的支付方式作为对资金的唯一分类（现金或信贷）的情况下，不同类别间边际支出和消费倾向的差异也持续存在着。下面，我们将从日益丰富的有关研究文献中，挑选出几项出色的研究加以介绍，这些研究展现了人们对资金进行分类的多种方式，以及这种分类是如何反过来影响支出的。在针对这些研究的讨论中，我们重点关注以下两种对资金进行分类的方法：（1）对资金的来源和用途进行分类；（2）对涉及资金的选择和结果进行分类。

对资金进行分类的方法

资金的来源和用途

在为不同的心理账户分配资金时，人们可能会考虑资源的流入（收入、资本收益等）、可用资源的存量（退休储蓄、住房财富等），以及家庭消费支出（食物、衣服等）。心理账户的一种常见做法是，根据资金来源对资金进行分类。早期研究考虑了个人财富可能发生变化的常见方式（例如，加薪或预期会得到遗产），并提出了三大类别，这三大类别可以直观地展现出一个人一生中可能获得的财富，即当前收入、当前资产（例如，储蓄或房屋净值）和未来收入。虽然这三个类别与全球性的财富分类方式一致，但人们在这三个类别中表现出了不同的边际消费倾向，基于当前收入的边际消费倾向最高，而基于未来收入的消费倾向最低。换句话说，同样的一美元，是来自当前收入、当前资产还是未来收入，人们的消费倾向是不同的。虽然传统经济学的观点是，无论财富的来源如何，人们对它的态度是一致的（例如，对不同类别财富的边际消费倾向应该是相同的），但实际情况是当下得到加薪会比未来收到一张遗产支票更能引发人们的消费升级。

资金也可以根据其来源归入这三种财富类别之中。例如，把流动资产分配到不同的特定账户里（例如，"我钱包里的钱"与"我银行账户里的钱"）就可能改变你的支出决策，即使整体财富是一样的。同样，还有许多研究表明，人们会把当前收入的变化分为定期变化收入或更不稳定的意外之财。变化收入是被归类为意外之财还是正常收入取决于很多因素，包括但不限于其数额相对于正常收入的大小、取得收入的典型性或规律性，或一个人预期的收入变化程度。例如，工作奖金可能被认为与个人的固定工资不同，同样不可预测的收入还有小费和佣金。

最常被提到的一个意外收入的例子是退税。每年有超过四分之三的纳税人的工资账户会被多扣税款，因此会收到一次性退税。尽管被扣缴税款的原因各不相同，但人们往往会把每年的退税当成一笔意外之财。对此，他们表现出比正常收入更强的边际消费倾向。营销人士意识到了这一点，一些商家趁着退税季节大做广告，鼓励人们把这笔意外之财花出去。进一步的研究表明，当这笔意外之财被描述为奖金而非退款时，人们更有可能把它花掉。一份虽然没有打上不同的标记但也不是经常收到的收入，也可以被归类到一个单独的心理账户中。例如，每两周发一次工资的工人在大多数月份会收到两张工资支票。然而，每年大约有两个月他们会收到三张工资支票，这是按日历天数分配带来的可预见的结果。事实证明，这些工人在收到"额外的"的第三份工资后的几个月里花费会更多，他们会把这当作意外之财。尽管意外之财的类型因环境而异，但这些研究表明，人们总是更倾向于花掉意外之财。

除了影响边际消费倾向外，按来源分类资金还会影响到人们可能用这笔钱购买的商品类型。在有选择的情况下，意外之财更有可能花在奢侈品上

（例如吃一顿昂贵的饭），而不是更重要的物品上（例如购买日用品）。此外，这种对奢侈品而非必需品的消费偏好，在对获得这种商品有更高期望的情景中会被放大。然而，唤起情感尤其是负面情感的资金，通常会花在必需品而不是奢侈品上。例如，丧偶者更有可能把因配偶离世而获得的人寿保险赔款花在供孩子读书上，而不是换台更好的电视机。在这种情绪账户案例中，把钱花在有益的支出上，可以让人们减少与意外之财相关的负面情绪。最近关于洗钱的心理研究表明，人们会利用心理账户的灵活性来为自己自私地花钱辩护。具体地说，人们会寻找机会把得到的收入和其不光彩的来源分离开，这能让他们把那些不太符合道德要求的消费合理化。

　　心理账户的第二个常见做法是，根据用途对资金进行分类，例如根据将用于购买的商品的类型来分类。家庭可以为各种开支制定预算（例如，食品预算或燃气预算），并将用于不同目的账户的资金视为彼此不同的、不能互相借用的资金。在某些情况下，这种分类是基于某个特定的收入来源和这笔钱的可能用途之间的一致性而自然产生的。也就是说，人们根据所使用的资金的来源去购买相应的商品。一项研究发现，对比其他收入来源，指定用于儿童支出的资金更容易用于童装消费（在本例中，儿童福利金来自荷兰政府，用于支付抚养孩子的费用）。当儿童福利金增加时，相比其他收入来源，儿童服装支出的增加幅度会更大。类似地，补充营养援助计划（Supplemental Nutrition Assistance Program，SNAP）的受益人在获得只限于购买食品的专门资金后，以其 SNAP 福利金消费 SNAP 合格食品的边际倾向，要比用现金消费高得多。一项实验室研究的相关发现表明，这种行为可能源于在购买限制使用类别的商品时，使用非限制资金比使用限制资金更让人感到不舒服。在零售环境中也观察到了类似的行为：与那些收到零售商不限制用途的礼品卡的人相比，那些收到零售商特定礼品卡的人表示，他们更喜欢买那些与心理账户目的高度一致的产品（例如，零售商的经典商品——李维斯公司的牛仔衣），而非不太一致的商品（比如从李维斯商店买毛衣）。即使没有外部的强制指定，人们也更倾向于购买与收入来源相关的商品。

选择与结果的结合

人们对资金进行分类的另一种方法是，将一组选择或事件结果组合在一起。这样的分组可以有多种形式。对选择进行归类指的是，人们把一组个人选择集合起来或者归入同一类别。归类可以定义得很宽泛，包含大量选择；也可以窄一些，只包含少量选择。例如，当一个人考虑是否购买一个特定的项目时，他可能只考虑到本次在这家商店所购买的东西（窄的归类），或者考虑到本周在所有商店购买的每件东西（宽的归类）。重要的是，窄的归类有助于定义单独的心理账户。

选择归类行为最常见的表现方式之一是时间归类，即人们根据后续使用资金的时间对资金进行归类。特别是，他们可以选择是否把不同的支出暂时合并或分离到相同或不同的心理账户中。与时序性的归类行为相一致，结果之间的时间间隔会影响认知整合。有时间间隔的结果，更有可能被分配到不同的心理账户中；时间上接近的结果更有可能被整合到同一个心理账户中。按时间归类的最直接的例子是，在安排家庭预算时，人们必须先确定预算的时间段（例如，日、月、年等），要就这段时间对心理账户进行评估，并随后安排支出。这些预算周期对财务决策和判断有直接的影响。消费者所评估家庭预算的时间段，可能会影响他们对这一期间支出大小的估计，因此也会影响他们对这一期间预算资源的安排。作者发现，当人们在为下一个月做预算时，会明显低估自己的实际支出；相比之下，为下一年计划的预算，却更接近实际记录的支出。虽然评估心理账户的频率通常是内生性的选择，但有时时间性归类也可能是由其他具有有意义效果的人以外生性的方式施加的。例如，支出的时间分离（例如，税收的支付和随后税收收入的使用）可能会影响对这些资金最终使用的态度。

在某些情况下，前景理论的关键要素对心理账户有影响，并会影响人们构建或评估对结果分组的方式。人们可以评估与参考点相关的事件，并将变化转化为与参考点相关的收益或损失。例如，一位房主在决定是否要出售她的房子时，可能会考虑房子的名义市场标价是否超过了原来购买时的价格

（比如，出售房子是否会带来资本收益），如果没有，就不太可能出售。换句话说，房主将为他的房子创建一个心理账户，并将最初购买时支付的钱（参考点）与最终出售时能收到的钱放到同一个组里。前景理论的一个含义就是，消费决策不仅由潜在购买物的市场价格决定，还要由购买交易是否合算决定。在这种行为模式下，人们是通过交易效用，即为给定产品支付的金额（市场价格）与该产品的参考价格之间的相对差异所带来的感知价值，来评估购买行为的。例如，一个人可能愿意在电影院花 5 美元买一瓶水，但在杂货店却只愿意花 2 美元，在这两种场景中，他喝到的水都是一样的。虽然在电影院花 5 美元买一瓶水是可以理解的，但有在一般商店买一瓶水的典型价格做参考，花和电影院同样的价格在杂货店买一瓶水似乎是一个糟糕的交易。

除了根据参考点对事件进行评估外，在这个框架下，人们对任何收益或损失的敏感性均降低，并表现出对损失的厌恶（损失看起来比收益更大）。例如，房主以 5 万美元和 10 万美元出售房屋之间的增值幅度，似乎大于以 80 万美元和 85 万美元出售房屋之间的增值幅度（收益敏感性减弱），而以 5 万美元的损失卖掉房子带来的痛苦，要比以 5 万美元的收益卖房带来的快乐的程度高得多（损失厌恶）。

重要的是，前景理论对人们为收益和损失进行分组的倾向有一定影响。由于人们对收益和损失的敏感性会逐渐降低，他们会倾向于分割收益和累计损失。例如，如果有人中了两张小额彩票，她可能会选择单独领取每一张彩票的收益（分割收益），而如果有人得了两张小额停车罚单，她可能会选择在同一天领取两张罚单（累计损失）。怀着这样的倾向，将事件自然地分割和累计的过程被称为享乐编辑。然而，这些特定的模式，受到人们在感知上是否将两个事件归于同一类别的限制。最近的研究表明，当两个事件被认为属于不同的类别时（例如，在学校的考试成绩与社会交往的结果），人们不能将它们记到同一个账户，而是会单独评估这两个事件。任何正的时间折扣，都会导致人们倾向于将从不同类别得到的收益在时间上累计起来，而将不同类别的损失分割开来。

当考虑混合结果（例如，收益和损失）时，人们应该更倾向于将小损失与大收益结合起来，并将小收益从大损失中分割出来。然而，这一规则并不能解释人们在所有情形下的反应，对混合结果的想法可能是复杂的。例如，人们对待有积极和消极的潜在结果的赌博，与只涉及收益或损失的赌博是不同的，对两者赋予的权重也是不同的。此外，人们往往愿意关心那些给定的、已实现的结果的组成。人们在获得净收益后更看重损失，而在获得净损失后更看重收益，而不是只关注净结果。

要形成关于心理账户类别如何构成的完整解释，还有一些重要的研究工作有待完成。然而，这些研究提供了一个有用的框架，可用以理解一些影响心理账户的要素的认知基础。接下来，我们将介绍关于心理账户对消费者行为影响的一些现有研究成果，并重点介绍两个重要的个人财务管理实践：预算和投资。

预算

理财决策涉及在今天的消费与未来时期的消费之间，对不同的商品组合进行权衡。个体进行权衡的过程对家庭的整体福祉具有重要意义。在这一节中，我们将重点讨论家庭预算，它既是做出许多此类决定的基础，又是一个重要的过程，心理账户尤其能为其提供一些有用的见解。在讨论隔离资金可能带来的好处和陷阱之前，我们先对有关心理预算的文献做了一个概述。

对理财规划实践的意义

预算是指个人、公司或机构将当前和未来的资金分配到各种用途（如开支、储蓄、投资和偿还债务）的财务计划。更宽泛地说，预算是一个过程，用于隔离和跟踪不同账户资金的分配和使用，这些账户都有隐性或显性的支出限制或预算。而对于个体或家庭来说，是心理账户指导着这一过程。预算在管理一个家庭的财务生活中扮演着重要的角色，无论是短期的（例如，按不同种类的支出划分优先次序）还是长期的理财规划（例如，决定为未来预留多少钱）。在家庭之外，消费者的预算可以影响对各种产品和服务的需求。

　　非正式的财务建议往往会鼓励家庭做预算，而且一些理财产品的设计目的就是推动这样的预算编制过程。此外，希斯（Heath）和索尔还提出了一个认知框架，在这个框架中，新购买的东西只有在第一次被注意到的情况下才会影响预算（比如预定），然后被分配到一个有意义的账户中（比如邮寄）。预订依赖于注意力和记忆，而邮寄依赖于对相似性和分类的评估。然而，人们对家庭如何实际做预算的了解相对较少。人们如何形成和维持预算？什么可能影响到预算编制过程？预算对家庭财务状况有什么影响？对家庭预算行为的调查主要是为了解人们采用预算的状况，即个体是否有预算。例如，美国密歇根大学2001年的消费者调查报告发现，大约有46%的受访者使用了支出计划或预算。最近，美国金融行业监管局（Financial Industry Regulatory Authority）组织的一项全国代表性调查——2015年国家金融能力研究（the 2015 National Financial Capability Study）估计，有超过一半（56%）的个体报告说他们有家庭预算。[1][2]

　　除了调查人们做预算的倾向之外，还有一小部分调查也会询问受访者对他们而言最重要的理财规划周期有多长，个体是否能够完成预算或做到收支平衡。这些调查不是分析不同的短期预算（例如，每日、每周、每月预算），而是关注更细微的差异，例如，人们是否能在几个月和几年之间执行预算。对于长期理财规划，由阿默里克斯（Ameriks）等人在2013年所做的针对美国教师退休基金会（TIAA）参与者的调查发现，有约39%的受访者认同或强烈认同他们花了大量时间来制订家庭财务计划，有27%的受访者曾收集和回顾了他们家庭的详细财务信息，以便为他们家庭的长远未来制订具体

---

① 同样地，2014年加拿大统计局组织的加拿大人金融能力调查表示约有一半（46%）的加拿大人都做了预算。
② 还有一些行业也做了相关调查。2013年盖洛普民意测验的随机抽样调查显示，约1/3的美国家庭通过手写或电脑编写的预算单追踪每个月的收支情况。同样地，2013年家庭财务规划调查和索引报告有57%的家庭做了预算，即便不那么正式，其中32%的家庭形成了纸质预算。

计划。

　　虽然有调查证据显示，大约有一半的人有某种形式的预算或财务计划，但新兴的研究强调家庭可能会以多种方式做预算，尤其是在经济拮据的情况下。例如，人们可以采取的一种应对财政紧缺的策略是，做好效率计划，以最大限度地利用他们所拥有的资源。一个人可能会和朋友一起下订单以分摊送货费用，或者一次把几件事情打包完成，而不是选择多次出行。另一种策略是识别并牺牲不太重要的目标（优先级规划），明白在将资源分配给不同目标时，必然要有所取舍。优先级规划可以扩展到目标之外的资金来源和更广泛的费用。一项相关的研究提供的证据提示我们，和公司一样，那些经济拮据的家庭可能也会通过建立家庭财政紧张时的资金来源的"优先顺序"来应对预算可能受到的财务冲击。例如，家庭可能会先尝试向朋友或家人借钱，不行再透支信用卡。同样，家庭可能也会建立支出的优先顺序，选择哪些账单需要优先处理。

　　关于家庭预算的系统性调查证据很少，我们对家庭预算的扎实了解在很大程度上还是与我们对心理账户行为以及个体如何划分资金的理解有关。心理账户的原则可以通过非正式的或隐性的预算来体现，因此可能会影响人们选择如何消费，即使他们没有正式或明确的预算。例如，在特沃斯基和卡尼曼所做的一项关于框架效应的重要研究中，要求一组被试设想他们将要购买一台价值 15 美元或 125 美元的计算器，而这台计算器在 20 分钟车程外的一家商店里以 10 美元或 120 美元的价格被出售，被试被问及是否会去这家商店以更便宜的价格购买计算器。研究发现，被试更有可能在购买价值 15 美元的计算器时，选择去这家商店（68%：29%）。是心理账户导致了这种心理倾向，即使这些被试并没有明确的预算。在这两种情况下，研究人员都会问这些被试是否愿意多开 20 分钟车，去节省这 5 美元。然而，他们没有考虑美元成本的绝对值，而这将导致在两种情况下产生类似的反应，他们还是把节约的美元成本看成了项目总成本的一个百分比。

资产与债务

除了选择购买或放弃哪些物品外，心理账户还会通过影响人们对资金的归类，来影响人们对家庭资产负债表和金融财富的总体看法。和企业一样，家庭资产负债表提供了对家庭财务状况的概述，更具体地说，是家庭的资产和负债情况。人们对这张资产负债表的看法可能会影响他们对自己购买力的看法，以及选择如何为自己的采购项目融资。因此，虽然理解资产负债表不是预算的传统组成部分，但它为总的可用资金提供了基础，与预算决策有明显的相关性。

根据标准经济学理论，人们借钱是为了将未来的消费提前到现在，他们的借贷意愿完全取决于今天的消费相对于未来的消费的相对价值，以及将消费从未来转移到现在的成本（利率）。然而，有大量研究提供了对债务厌恶的经验性证据，并提示这种行为可能是出于对债务的厌恶，而不是为了财务方面的权衡。为了解释债务厌恶行为，有学者提出了一个复式记账的心理账户模型，人们会涉及其中两个重要行为。其一，人们会将对某种商品的消费和支付（在不同程度上）联系或结合起来，并在头脑中形成这样两个账目：（1）与支付带来的负效用相抵以后，消费给人带来的效用；（2）减去相关消费的效用后的总的支付负效用。例如，开车会让你想到买车需要支付的所有费用，而买车会让你联想到未来开车时所能体验到的所有乐趣。其二，人们采用的是预期账户，已经付款的消费品会像免费品一样让人享受，而在实际消费之前付款的痛苦，可以通过对未来消费乐趣的想象得到缓解。在这种模式下，提前支付行为将支付时的即时性痛苦与消费时所享受的愉悦分离开来，这样当车主享受驾驶的乐趣时，就好像它是免费的一样，而提前支付的任何痛苦都可以被对未来驾驶乐趣的想象缓解。换句话说，复式记账的心理账户模型预测到了人们为消费提前付款的偏好，这就是债务厌恶。

赫斯特（Hirst）、乔伊斯（Joyce）和谢德瓦尔德（Schadewald）在他们对心理账户中的时间连续原则的作用的研究中，也提到了债务厌恶。利用先前有关个人对收益和损失的整合偏好的研究，有研究者发现，同时出现的结果更有可能被集成在同一心理账户中。他们提供的证据表明，当偿还相关债务与消费该商品带来的利益在时间轴上相一致时，人们就愿意为该项消费借款；由于债务在未来付款的时间上可能有很大的不同，这种偏好可能导致不愿借款或债务厌恶。例如，学生可能会拒绝办理助学贷款，因为贷款的偿还时间通常远远超过学生的在校时间。

在某些情况下，人们会在持有债务的同时持有流动资产，而不会表现出与债务厌恶相一致的行为。最近的一个研究领域关注的是，资产和债务之间的关系如何影响人们对财富的看法。在其他条件相同的情况下，个体对个人财富的看法应该由整体净值（个人资产和债务之间的差异）来主导，而不应取决于资产和债务的水平。然而，萨斯曼和沙菲尔（Shafir）发现，在总净值相等但资产和债务水平不同的财务状况下，人们对相对财富水平会有不同的认知。特别是当资产和债务水平都较高的个人的整体净值为负值时，他们会被视为更富有（例如，人们会认为资产为 5 万美元，债务为 10 万美元的人，比资产为 2 万美元，债务为 7 万美元的人更富有）；而当整体净值为正值时，资产和债务水平低的财务状况被视为更富有（例如，7 万美元的资产和 2 万美元的债务比 10 万美元的资产和 5 万美元的债务更可取）。他们进一步发现，这些财富感知上的差异会反过来影响财务决策，比如承担额外债务的意愿。通过提供个人在资产净值为负（或正）值时对其资产（或债务）的差异性关注的证据，可以看出个人在判断自己的整体财富时，可能会从心理上认为资产负债表的两面是不同的。由此他们发现了一个可能促成许多人债务厌恶行为的因素，同时也能解释某些情况下人们的举债行为。

潜在利益

虽然心理账户和更普遍地进行资金隔离的好处是很多的，但我们的讨论还是集中在那些在目前的文献中得到最多关注的主要益处上。

首先，通过限制家庭面临的选择的复杂性，隔离资金可以帮助简化那些通常令人吃力的理财规划过程。预算可以明确支出规则，同时也增加了支付的痛苦，这能帮助人们在某些情况下不偏离轨道。正如本节开头所提到的，大多数消费者的财务决策涉及在相互竞争的资金用途之间进行权衡。隔离资金可以通过缩小正在考虑的、可能会使用的已分配资金的选项的范围来推动这样的权衡。

其次，隔离资金可以帮助家庭维持财务纪律。对于个人如何努力进行自我控制的问题，心理学和经济学研究都积累了大量文字资料。在消费金融领域，自我控制问题通常会出现在下列两种情况中：当选择消费什么类型的商品（例如，奢侈品与必需品）时以及决定何时去消费时（例如，选择今天花钱而不是为将来存钱）。在这两种情况下，自我控制问题会导致个人过度消费或过度开支，这偏离了最优决策，会使那些想努力做好财富规划的人在短期和长期目标上都受挫。

对于这类自我控制问题，隔离资金通过预先安排消费计划或限制其超支能力，使人们能够抵制当下消费机会的诱惑（如制定预算）。例如，一个人可以制定娱乐预算，并安排一定数额的资金用于娱乐开支（如观看戏剧或参加体育活动）。因此，隔离资金的分离可以促进探索式决策规则的产生，这些规则能够控制如何支出以及何时支出。预算规则可以包括一个月只出去吃一次饭，或者只在朋友聚会时才买拿铁咖啡喝；同样，还可以为某些用处指定资金，例如，指定用于房屋首付款的储蓄资金是当前支出的禁区；预算规则甚至可用于控制债务的积累，例如，人们可以选择禁止自己借款，除非用于特定商品的消费（如购买汽车），或特定类别的消费（如紧急支出）；他们也可能选择遵循量入为出的预算规则，这将阻止人们在消费水平随着工资结算周期和生命周期下降时，通过借贷来调节消费。隔离资金和制定明确的心理预算也能使消费目标更加具体。强化或凸显与心理预算相关的目标的重要性，有助于增强自我控制，特别是当心理预算与限制过度消费的目标相关时，尤其如此。

在某些情况下，资金还可以隔离到独立的实物账户中。早期关于心理账户的论文常常指出，可以观察到人们有这样一种习惯，即把现金放在不同的信封里，每个信封上都标注特定的支出类别或用途。以这种方式正式地把资金分开，可以通过增加挪用资金的心理成本来帮助管理自我控制问题。例如，索曼（Soman）和奇玛（Cheema）发现，将指定为储蓄的资金分装在两个不同的账户（密封的信封）中，可以提高人们的整体储蓄水平，从而帮助家庭遵守财务约束，更好地实现储蓄目标。除了由心理约束促成的挪用资金的可能性下降之外，正式的隔离还可能带来真正的限制（例如，银行处理延迟或不鼓励将资金转出指定账户而收的转账费用）。因此，在鼓励人们长期储蓄的时候，正式隔离资金可能是特别有用的，这是因为人们当下总是面临着用这些储蓄进行消费的诱惑。

潜在错误

虽然前一节详细介绍了通过隔离资金使家庭受益的几种情况，但这样做也可能导致决策失误。这些失误可能是由于心理账户太灵活，也可能是由于它们太僵化。

尽管个人可以将隔离资金作为建立内部消费规则的一种方式，实际上心理账户经常是可塑的。特别是当对花费的分类不清晰或者不明确时，心理账户可能无法严格地对资金进行隔离。例如，一项费用可以归类到一个以上的心理账户（例如，出差时吃晚餐可归为食物费用或工作费用）。当费用和资金缺乏清晰的分类标准时，有挪用动机的人就会想法规避预算规则强加的自我控制，为自己的超支行为找借口。一个人即使没有规避规则的动机，当费用难以分类时也可能会导致决策失误。一笔似乎很特殊（不寻常的或珍贵的）的费用，可能会比通常的费用更难以分类。因此，人们更有可能把这些特殊的费用归入更小的，或因为缺乏足够的相关背景而意义不大的临时预算类别。例如，人们可能会考虑花钱给朋友买生日礼物，当亲戚周末来访时花钱接待，或者花钱看最喜欢的乐队演出，这些都是一次性的、独特的开销，不是更广泛的费用类别（例如，花在不常举行的庆祝活动上）的一部分。当人们认为一笔开销是不寻常的，以后不会再花或很可能不会再花，将费用放入心理预算时，他们就可能漏记，或者记录不完整，不能正确地计算费用可能会导致支出增加。

人们倾向于把更多的钱用于特殊开支，因为这种开支不常见，即使其花费很大。不过，对于相反的情况，当花费很小的时候，即使是经常性的开支，人们也可能会将其忽略，因为人们往往会忽略他们认为微不足道的成本。如果是分期付款（例如"一天一分钱"），人们就更有可能进行总额相同的大额购买。在这两种情况下，人们都会忽略这种花费，因为他们没有意识到个人消费事件是如何归入更广泛的消费范畴的。①

无法适当地对花费记账的情况也可以扩展到其他情况。最近的一项研究证明，人们会进行双重的心理折扣，即当单一收益与多次购买相关时，人们会在心理上对其做多次扣除。举例来说，如果某人因当前消费收到了一张供未来消费的礼品卡，他就会在心理上把礼品卡上的资金从当前和未来的消费中扣除，即使实际上礼品卡上的资金只能用于这两种购买行为中的一种。

与隔离资金相关的一个陷阱是预算制定的时间和消费机会出现的时间可能不匹配。在消费之前制定的预算可以作为抵制过度消费的诱惑的有效预先承诺。为了使预算能有效地促进自我控制，预算规则从本质上来说必须是相当灵活的。然而，这种资金的不可替代性可能导致只能实现次优收益的行为，特别是在难以预测消费需求的情况下。这种预算调整上的欠灵活，不仅会导致人们过度消费或消费不足，还会影响消费商品的种类。在相关心理账户中高度典型的购买行为会导致人们在这类商品上的消费减少。一般来说，缺乏灵活性的预算能防止个人将资金重新分配到其他类别上。例如，当全球环境导致汽油价格下跌约 50% 时，消费者的反应是用优质汽油代替普通汽油，而不是购买其他类型的商品。消费者不仅转向购买优质汽油，而且油价下降所带来的对优质汽油消费量的上升，还远远超出了消费者的收入增加额比汽油价格下跌所节约的开支更高时，所导致的对优质汽油消费量的上升。换句话说，因为消费者难以灵活地调整他们的汽油消费预算，导致他们在这项预算上超支，如果他们没有以这种方式为汽油预算隔离资金，情况则会好

① 分期付款价格还可以改变合同利益的心理表征，使人们认为这些利益更独立且离散。当收益的规模递减时（随着时间的推移或其他累计的上升），这种表现上的变化可以增加预期的收益。这一过程可以提高购买意愿，甚至当成本并非微不足道时，情况也是如此。

得多。

虽然对资金进行分类和隔离可以通过缩小要考虑的选择集（以及相关的认知负担）来帮助人们进行权衡，但这样做可能导致短视的决策。例如，虽然为将来的储蓄预留资金很重要，但把专款专用于特定的储蓄目的可能会导致人们去维持这些储蓄，即使这样做意味着要面对高利率债务。在另一个例子中，卡默勒、巴布科克（Babcock）、洛温斯坦和塞勒研究了纽约市出租车司机的行为如何随着对出租车服务需求的变化而变化（例如，由于天气惯例等方面的变化造成的临时需求冲击）。当对出租车服务的需求上升时，司机用更少的时间就能找到下一个客户，因此，当需求增加时，司机每小时的收入也会增加。卡默乐等发现出租车司机会把他们每天的收入分隔开。换句话说，他们通过设定每日收入目标来决定要驾驶多长时间。这意味着，在服务需求量大的日子，一旦他们实现了每日的收入目标，他们就会不再工作，即使每小时收入很高（即需求量大时），他们通过延长工作时间可以获得更多的收入。由于只关注每天这样一个非常窄的时间范围，而不是每星期或每月这样更宽泛的时间范围，司机们把本来唾手可得的收入给放弃了。无论怎么说，这种行为并不是出租车司机特有的，里佐（Rizzo）和泽克豪泽在医生身上观察到了相似的眼界狭窄现象。一般来说，宽泛的分割标准或更少的资金隔离会让人们去思考更完整的信息，尽管这需要在决策时权衡较高的认知成本。

将意外之财与其他资金区别对待，也可能导致决策眼界过于狭窄。兰茨贝格尔（Landsberger）以第二次世界大战后以色列人获得的归还金为例，对意外之财进行了研究，发现获得最大数额意外收益的群体所花的钱不到所收金额的25%，而那些得到最小金额的意外收益的人却花出了等于意外收益两倍多的钱财，这表明对这些资金的过于狭隘的关注导致人们的支出畸高。此外，最近的研究表明，当收到一笔奖金后，即使奖金金额低于 500 美元，人们也有可能在临近领取奖金的几个月为买一辆汽车而贷款。这种模式与将奖金作为意外收益而区别对待是一致的。但是此时，贷款的人也更有可能在贷款发放一年后拖欠贷款，这表明过于关注这一奖金数额可能会导致人们过度消费。

对投资的影响

心理账户除了影响人们如何使用流动资金和选择持有多少债务外，还会影响人们做出的投资决策类型以及做这些决策的时机。投资通常被认为是一种长期的财务行为，并且需要在当前消费和未来消费之间进行权衡。从长期来看，在不同时间段为资金分别规定不同的用途，有助于防止目前由于自我控制问题而产生的过度消费。另一方面，隔离资金，并在心理账户中更普遍地将资金视为各个指定用途之间不能互相挪用的，也会导致不够理想的财务结果。在这一部分，我们将探讨心理账户和投资行为背后的认知过程的积极和消极两方面的含义。

开立和关闭账户

按时间给资金贴标签的做法可以对资金进行清晰的分类。例如，一天所代表的时间范围是没有歧义的；然而，有关账户何时被视为开放、何时被视为关闭的选择却是相当灵活的。正如我们在关于预算编制的讨论中所指出的，分类过程和资金评估的灵活性使心理账户具有可塑性。这种时间范围定义上的可塑性，对个人如何选择投资有影响。特别是在实际投资时经常会出现账面收益和账面亏损，这是投资价值尚未实现的变化。一旦一项投资被出售，投资价值的任何变化都会实现，资金会在账户之间实现转移（例如，售后股票兑现）。谢弗林和斯塔特曼首次提出了一个投资者模型，即当投资者投资时会开立一个心理账户，在随后出售该项投资时会关闭这个心理账户。只要他没有出售投资，不管他经历了什么样的账面收益或损失，心理账户都会保持开放状态。谢弗林和斯塔特曼认为名义购买价格是投资价值的自然参考点，投资者将根据名义购买价格来评估相对损益。投资者往往不愿意实现亏损（渴望实现收益），当资产出售，心理账户因此关闭时，价值的任何变化都会实现。因此，投资者往往会过早卖出赚钱的投资，而过久持有赔钱的投资，这种倾向现在被称为"处置效应"。之后，研究者在实验室里、个体交易员群体中，以及专业交易员、造市商和共同基金经理群体中都记录到了这种行为。综上所述，这项研究表明，理财顾问在帮助可能受这种行为偏见影响的个体投资者方面发挥着重要作用。

为了避免因实现损失而产生的负效用，投资者有时可能会在很短的时间内通过出售原始资产和购买新资产的方式，将一个心理账户从一项投资转到另一项投资。通过在建构心理账户时赋予其一些灵活性，转移心理账户可以让投资者在出售初始资产后避免实现本来与关闭心理账户有关的损失。通过快速地出售初始资产和随后购买新资产，心理账户保持了与购买初始资产价格相同的参考点。通过观察个人投资者的行为，弗里德曼（Frydman）等人发现，投资者的确表现出了与转移心理账户一致的行为：如果一项新资产的价值超过了初始资产投资时的价值，投资者更有可能出售该资产，而不管新资产的价值是超过还是低于其初始的购买价格。与出售初始资产和购买新资产的时机必须发生于一个足够短的时间窗口内的概念相一致，他们进一步发现，初始出售和后续购买之间的时间间隔越长，发生处置效应的可能性就越大。

账面损失和实际损失之间的心理区别，以及开放式心理账户和封闭式心理账户之间的心理差异也会对冒险行为产生影响。在一系列的实验室实验中，伊马斯（Imas）记录了账面损失与实际损失对风险承担行为的不同影响。特别是人们在账面损失后愿意承担的风险更大，而在实际损失后愿意承担的风险更小，在账面损失后承担风险的意愿增强代表了与个体最初计划的风险承担策略的偏离。也就是说，在账面出现亏损后，个体不愿意承认自己的投资出现了亏损，反而会比账面出现亏损之前更愿意承担风险。此类行为可能会给个体投资者带来严重后果，并凸显出对此类投资者行为进行仔细监控的必要性。

相较于更为普遍的实际收益和损失的变化，先前的结果对风险承担行为的影响更大。具体而言，个人如果先前获得了收益，后面就会表现出更多的风险寻求行为；如果先前遭受了损失，后面就会表现出更多的风险厌恶。这种行为的一个常见例子是，赌徒们会在赢了钱之后变得更加冒险。通过把赢来的钱看成与最初的赌资（自己的钱）不一样的钱，他们可以在心理上把后面的任何损失记为赢的钱少了，就好像输了赢来的钱比输了同样的本金损失要小。能为这种心理账户提供支持的是，研究发现，相对于不能建立心理账户的环境，在可以建立心理账户的环境中，高冒险行为更加常见。同样，当面临回归原始参考水平（初始投资）和盈亏平衡的机会时，先前的损失可能会导致个人从事更多的风险寻求行为。一般来说，一个人是决定增加投资（顽固认同）还是减少投资（降低承诺）以遵循其初始（沉没）投资，既取决于个人是否设定了心理预算，也取决于根据该预算从心理上跟踪任何额外投资的难度。不管是因为投资与最初的沉没投资在资源类型上不同，还是在时间和形式上不同，根据心理预算来跟踪和核算额外投资变得越困难，个人就越有可能通过增加投入作为回应。

投资者的行为不仅会受到某个时间他们认为一个心理账户是开放还是关闭这一看法的影响，还受到他们评估心理账户的频率（由此重置他们的投资参考点）的影响。当一个投资者对损失（损失厌恶）有不同的敏感度时，他评估投资或数钱的频率越高，风险资产的吸引力就越低。换句话说，投资者可能表现出短视的损失厌恶，即对投资采取过于短视的观点。这种短视的损失厌恶情绪有助于解释美国股市表现的一个最显著的事实，即被称为股票溢价之谜的金融现象。历史上，人们观察到的股票回报率远高于政府债券（即存在显著的股本溢价），以至于这种高回报率表明了投资者的避险情绪惊人的高。尽管股票溢价的持续性对研究人员来说仍是一个谜，但短视的损失厌恶有助于解释为什么投资者在持有股票时可能表现得特别厌恶风险。

购买什么资产

心理账户，尤其是对项目的分类，对人们选择考虑的投资组合和投资组合的多样性也有影响。例如，个人可以将不同的投资分配给不同的心理账户，而不是将他们的投资组合作为一个整体来考虑。个人可能会把来自雇主的公司股票视为一个独特的、独立的心理账户，与他们持有的其他资金并不等同。他们可能会选择从与雇主相匹配的退休储蓄配置里，单独地为自己的退休储蓄选择资产配置。而且，他们可能无法重新分配已经投资的"旧资金"（当前累积的资产），尽管他们可以重新分配"新资金"（未来资金尚未投入）。

一组选择是放在一起（例如，一组投资选项处于一个投资组合中）还是单独呈现（例如，几个单独的投资机会），也会影响个人最终选择哪些选项。具体地说，人们有多元化的倾向，即在做出组合选择时（也就是当选择被放在一起时）比单独做选择时更倾向于多样化。例如，思考一下某个去购买三支酸奶的人。一个有多元化倾向的人在去超市买三支酸奶的时候，会更倾向于一次买三种不同风味的酸奶，而不是三次去超市买同一种风味的酸奶。另外的研究表明，这种多元化的倾向也延伸到了投资领域。贝纳茨和塞勒发现有证据表明，一些人表现出了极端的多元化倾向，他们称之为"1/n 试探法"：当有 n 只基金时，个人倾向于将其资源（他们资金的 1/n）平均分配给每只可投的基金。这种趋势表明，它们在资产类型之间的资源分配，将受到基金集合和数量的强烈影响。更普遍的是，人们对金钱或消费的选择和分配，取决于对所考虑的选项的主观分组。当面对分别显示为按资产类别分组的选项或按经济成分分组的选项时，个人可能会在同一组投资选项中以不同的方式分配资金。

结语和未来的研究

长期以来，消费者金融行为一直被用来衡量个人及其家庭的整体福祉。人们选择消费、借贷、储蓄和投资的原因和方式，以及他们为从事这些行为而制订的计划，不仅直接影响到他们的个人福祉，而且也影响到了他们在做出这些决定时所接触到的各种公司和金融机构。更复杂的是，人们经常需要从顾问、理财规划师和其他专家或者朋友、家人等非专家那里寻求建议，从而扩大了驱动消费者金融行为的潜在影响的集合。

在本章中，我们讨论了心理账户影响财务决策的几种方式。我们对心理账户的理解在很大程度上取决于认清是什么导致个体形成了其所采用的心理账户、相关的心理账户规则保持有效的条件，以及心理账户对结果的后续影响。尽管它很流行而且重要，但我们对心理账户的理解和其对财务福祉的影响之间仍有很大的差距。下面，我们将描述目前在知识方面的一些差距，并提出一些通向未来的有希望的途径。

心理账户的形成和演进

关于心理账户灵活性的研究主要集中在心理账户自我驱动的可塑性上，在这种情况下，人们可以灵活地对不明确的费用进行分类，或调节未分类的费用，以避开心理账户预算规则强加的自我控制。然而，现有的许多研究都考虑到给定的某些心理因素（例如，食物账户、娱乐账户或天然气账户），并且需要进行额外研究，以更好地了解人们如何选择账户，账户如何随着时间的推移和环境因素的变化而变化。例如，很少有人关注外部力量如何加强或削弱资金的分类。在心理账户有助于自我控制的情况下，心理账户的任何外部弱化都会引起潜在的严重关注。当心理账户的弱化伴随着财务成本时，这些担忧就更加挥之不去。

思考一下固定供款的退休储蓄计划，比如 401（k）计划。根据这些计划，税前供款直接从雇员的工资中扣除，存入 401（k）账户，并可用以投资。除了那些被指定为退休储蓄的资金，在 59 岁半之前从 401（k）账户提款通常会受到提前提款的金融处罚，以阻止从账户中取出资金。然而，最近的证据表明，鉴于这些退休储蓄计划的资金过早流失，这种独立的账户可能是不够的。虽然发生流失的一些渠道，如提前提款或提取 401（k）贷款，可能是流动性需求所致，但其他渠道的流失可能是由那些表面上无害的外部因素导致的。最值得注意的是，员工可以选择在离职时从退休账户中提取资金。怡安翰威特（Aon Hewitt）在对 180 多万员工进行的一项研究中发现，在上一年离职的员工中，有近 42% 的人选择将退休账户兑现，而不是留在当前计划中，或者将这些资金转存到个人退休账户（Individual Retirement Account，IRA）或新雇主的 401（k）计划中。尽管一些选择离职时套现的人可能是因为急需现金，但这种做法的普遍性表明，从工作岗位离开在一定程度上消除了这些资金的正式和非正式分离。当这些资金从401（k）账户被提出来后，很容易被花掉，因为这些钱现在可能被归为手头上的现金，而不是未来的退休储蓄。最近的研究探索了提高储蓄和存款专款专用有效性的干预措施，这些措施使用储蓄目标的视觉提示（在本例中是家庭子女的照片）以及将资金真正分装到密封的信封中来达到目标，这显著提高了参与者的储蓄率。综上所述，这些研究强调需要进一步研究哪些因素（包括内部和外部动机）能影响心理账户的有效性。

心理账户的相互作用

虽然有一些研究描述了不同个体特征对资金分类的影响，但有关这种关系的证据相对较少，对于过去的经验如何影响心理账户行为，人们知之甚少。对于家庭如何形成心理账户的关注，比对个人心理账户的形成的关注还要少，尤其是当同一家庭的不同家庭成员之间有潜在的不同偏好和分类过程时。一个家庭的财务福祉往往取决于家庭中多个成员对决策的信息输入。然而，迄今为止，大多数关于心理账户的研究都忽略了家庭内部决策是如何影响家庭心理账户的构建的，而是将注意力集中在个人决策上，或者将家庭视为一个单一的、统一的单位。虽然后一种假设可以大大减轻研究心理账户行为的复杂性，但它忽略了可能影响家庭结果的潜在的、重要的家庭内部动态。例如，一对已婚夫妇的家庭预算取决于夫妻双方的资金流入，它们在数目、时间和可靠性上可能是不同的，家庭消费资金的流出也是如此，可能会由夫妻双方共同或单独采购。潜在的家庭内部冲突不仅可能来自配偶间在资金流入和流出的差异，还可能来自个人的权衡、不同的优先项排序，以及家庭特定财务管理结构上的差异。在消费者理财领域，研究人员直到最近才开始将心理账户延伸到夫妻理财决策中。在最近的一项研究中，加宾斯基（Garbinsky）和格拉德斯通（Gladstone）探讨了夫妻在不同类型的金融账户中是否支出不同。他们发现，夫妻在使用共同账户（而不是单独账户）消费时更倾向于购买必需品，而不太可能购买奢侈品，并提供了证据表明，这些消费模式是由不同的需求驱动的，即在使用集合资金（共同账户）消费时，需要证明购买的合理性。这些研究结果强调，迫切需要进行更多的研究，以阐明家庭是如何形成和管理心理账户的。

心理账户和技术

另一个未被充分研究的领域是最新技术进步在金融服务业中的应用，以及这些技术可以如何帮助或阻碍心理账户。当家庭在不断变化的金融环境中进行理财规划时，新兴技术给消费者同时带来了挑战和机遇。例如，金融机构在支付和支出跟踪方面的最新进展，能让消费者不仅看到他们每个月花了多少钱，还可以看到他们花在外出就餐和零购上的支出各有多少。在预算领域，个人财务管理应用程序和个人预算软件可以充当财务汇总工具，让消费者把不同的金融账户联系起来，以帮助其跟踪在自行设定的预算类别内的支出和储蓄情况。事实上，目前一些银行机构允许客户开立多个储蓄账户，为每个账户指定不同的储蓄目标，这有效地为客户提供了能使心理账户行为更加明确的能力。在投资领域，自动化投资平台可以鼓励客户指定特定资金（例如，购买金额与下一整数美元金额之间的取整差额）用于投资。这些平台通常旨在吸引那些可能不会自己投资的人。技术进步改变了消费者所面临的金融环境，人们越来越需要研究消费者的金融行为将如何适应，以及我们对心理账户行为作用的理解将如何演变。

心理账户与福祉

最后，或许也最重要的是，迫切需要进一步研究心理账户及其相关行为是如何直接与总体财务福祉相联系的。虽然我们的回顾强调了心理账户在各种情况下对财务决策的影响，以及由此可能产生的潜在利益和缺陷，但在心理账户和经济结果之间建立起直接联系，特别是长期联系，仍将是一个持续的挑战。

第7章

有意选择的架构

迈克尔·J. 利尔施博士

那些为决策者设计环境的人就是选择设计师。作为一名理财规划专业人士，毫无疑问，你就是一名优秀的选择设计师：你收集关于客户的各种主题的个人信息，并将这些数据转化为有助于做出关键财务决策的信息。从你引出的对问题回应的方式，再到你提供选择的方式，你总是可以用深刻且可预测的方式影响你的客户。所以，与其问我你是不是一名选择设计师，不如问你是不是一名有意图的选择设计师。一个有意图的选择设计师的目标是确定他们所期望的结果，以及他们所服务的决策者所期望的结果。他们也试图理解他们所建构的、用于决策环境设计的方式，是否有助于促进这些结果的达成。人们有机会以某种方式持续评估架构，并调整架构使之与预期成果保持一致，同时提升其对决策者的价值。

理财规划专业人士也有机会与研究人员进行合作，反之亦然。研究人员可以带来他们在实验室环境中测试并验证过的理论知识，并在从业者的帮助下，在实际的决策环境中对其理论加以验证。你将在本章中看到采用这种方法的例子（例如，我在自己的工作中就和以前的博士生导师克雷格·麦肯齐教授一起合作过）。学者和从业者团体之间有目的地协作，也可以激励不同领域的学者走到一起。例如，社会环境（如家庭人际关系）、心理环境（如认知超载）、经济环境（如我们知道人们应该会做出的选择）和政策环境（如税法）之间的互动如何（不）鼓励人们去参与规划？这些类型的合作的出发点是，向客户呈现简单的、默认的、基于目标的框架的价值。把直观的框架，而不是计划本身，当作一个切入点，可以围绕复杂的问题创建有助于解决问题的结构。这有助于人们理解其所做的选择的价值，并克服其思维惯性。对这些方法类型的进一步探索，可以强化客户对其选择的架构和结果的体验。

在你阅读这一章时，我鼓励你思考一下你在为人们设计理财规划选项时所扮演的角色。如何才能改善服务环境，以便能帮助人们制定对他们至关重要的理财规划？对他们来说最重要的决定是什么？

成为一名有意图的选择设计师

想象一下，当在炎热的天气里跑了很长一段时间后，你遇到一个人，他给了你一杯水喝。你确实渴了。奇怪的是，杯里的水只有半杯。如果对方对你说杯子是半空的（而不是半满的），这会不会影响你喝水的决定？你由此能推断出什么？例如，这是不是说明前面已经有人先喝了（先前是满的）杯子里的水？或者你应该自己承担喝水的风险？如果又有人告诉你杯子里的水是半满的，你可以将这两种说法对比一下。这样说是不是会让你感觉更舒服一些？但这样说，就能说明这杯水被他人动过、喝过的可能性更小吗？

注意，信息的表达方式真的可能会改变你的决策。语言的表达方式可能影响你的一个原因是，你可能会认为，是把杯子描述成半满的还是半空的——在某种程度上（意识觉察之上或之下）——是在有意识地向你提供关于那杯水的信息。这是关于选项设计的一个非常基本的示例，信息提供者选择的描述（或构建）信息的方式可能会影响决策者的选择。在这种情况下，你可以将信息提供者视为选择设计师，而决策者则会受该设计方案的影响。

因此，选择设计可以广义地定义为，通过不同的选择设计对决策者产生预期的影响的方式。

　　构建选项只是选择设计师设计决策环境的一种方式。其他常见的设计元素涵盖从设置默认选项（即如果决策者什么都不做，则为决策者做出的选择）到呈现给决策者的选项的数量（即一个或多个）。和构造一样，默认选项和选项的数量对行为有可预测的影响。你应该能预见到，在很多情况下，人们倾向于不选择退出默认选项（无论好坏），当选择太多时，人们往往难以以各种方式做出决定。

　　既然选择设计师能影响决策，那他怎样才算有意图呢？我们应该假设设计决策环境的方式，应该告诉我们应该做什么和不该做什么吗？不幸的是，有证据表明选择设计师并没有我们所假设的这种意图。

　　为了把话说得更明白，我鼓励你作为一名金融专业人士和选择设计师，要回答以下四个基本问题，以评估你在实践中意向性的程度。

　　（1）你对决策环境加以设计，所要促进的最重要的一两个结果是什么？（例如，你是否试图让对方喝下那杯水？）

　　（2）当有人进入你的决策环境，你能详细描述从互动开始到互动结束的整个经历吗？（例如，你是如何描述那杯水的？）

　　（3）你所描述的过程有没有很好地促进实现你和决策者所希望的结果？（例如，那个口渴的人喝那杯水了吗？）

　　（4）随着时间的推移，你如何通过小的调整来接近你想要的结果，并改善决策环境？（例如，你能不能重新建构对一杯水的描述方式，使其更接近实现你和决策者所期望的结果？）

　　例如，你最想实现的最重要的成果是让你的客户实现目标（问题 1），你可能会想你该如何与你的客户互动来达成这一目的（问题 2）：你可能要有一个评估过程，收集关于风险偏好、目标、现金流、家庭环境和资产负债表等信息。收集到这些数据后，你就可以将其输入某种类型的理财规划软件，并生成能够显示你客户的目标是否可行的模拟报告。模拟报告创建完成后，你就可以安排一次客户会议来共同研读并讨论其结果，判断是否需要做一些权衡取舍（例如，调整资产组合、存更多的钱、少花钱、在资产负债表上重新分配资源、工作时间再长一些、给得更少点）。随着关系的发展，你可能也需要建立一个流程，以重新对计划进行评估和审视。

在考虑客户的决策环境时，要考虑它是否有助于客户实现目标（问题3），这很关键。在评估过程中，你会要求客户在多长时间内完成问卷？你的这些问题从设计上讲能否让客户给出真实的答案？你有没有借助技术手段收集实时的资产负债表和现金流数据？你所使用的模拟报告是否包含了最相关的必要信息，能帮助你的客户做出权衡，从而使他们如愿达到自己的目的？你有没有设计相关的流程，以帮助客户提前进行权衡取舍？你有没有持续跟进，让客户保持一种当责的心态？你有没有一个总是能够把相关的家庭成员（例如，配偶和伴侣）包含进来的系统？

通过切实检视你所设计的环境，你就能快速找到能改进你的方法的路径（问题4）。例如，你可能会注意到，你并没有真正使用所有从客户那里收集来的调查问卷中的数据，从而发现机会来为你和你的客户简化这个流程。通过少做无用功，就能减少你和你的客户在规划方面的惰性。或者你可能意识到，你没有给客户发一封后续的邮件，以确认他们做出的权衡。你可以想象到，让人们就储蓄选项正式地提前做出承诺，能帮助他们遵循其规划。

如果你能够识别出许多机会，成为一名有意图的选择设计师，那么你就加入了一场由科学家、商业领袖和决策者们领导的正在快速发展的运动。实际上，选项设计是一个新兴的概念，2008 年理查德·塞勒和卡斯·桑斯坦①在《助推》一书中首次将其引入主流。

所谓助推就是设计一个选择架构，以促进能产生理想结果的决策，同时也要让人们保持选择的自由。我们将在本章后面详细讨论雇员退休储蓄的例

---

① 美国芝加哥大学布斯商学院（University of Chicago Booth School of Business）教授理查德，被誉为行为金融学/经济学之父，是 2017 年诺贝尔经济学奖得主。行为金融学/经济学的核心是研究真实的人类是如何做出财务决策的。卡斯·桑斯坦是美国哈佛大学法学院教授，2009 年至 2012 年担任奥巴马政府白宫信息和监管事务办公室主任。

子。员工决定参加公司的 401（k）型退休计划的传统形式是主动选择参加。换句话说，如果员工不主动，他们就不会被纳入这一保险计划。或者，雇主也可以改变游戏规则，把该储蓄计划设置为默认加入。在这种情况下，即使员工什么都不做，他们也会为退休储蓄。由于雇员可以选择不参加该计划，也就是说他们依然有选择权。通过这种方式，"助推"可能会促进员工的退休储蓄（因为员工倾向于使用默认选项），同时保留了员工的选择权。

塞勒和桑斯坦的思想深受行为科学家卡尼曼和特沃斯基的影响。他们提出的证据表明，由于受到时间、认知局限性、信息等各种条件的限制，人们经常使用拇指规则或试探法来指导他们的决策。他们的见解是如此富有革命性，以至于卡尼曼和特沃斯基凭借在该领域的贡献获得了 2002 年的诺贝尔经济学奖。具体来说，他们发现如果人们使用试探法的话，就会以非常可预测的方式进行评估并最终做出决定。在某些情况下，试探法会引导人们做出好的决定，但也存在做出不好的决定的可能性。

例如，一种人们倾向于在许多情况下采用的试探法是损失厌恶这一概念，即人们宁愿避免损失某种东西（例如，损失 1000 美元），也不愿以同等的机会赢得同样的东西（例如，获得 1000 美元）。你可能听过"损失的痛苦比收获的喜悦更强烈"这一谚语，你和你的客户可能也曾经体验过这种感觉。

损失厌恶可能是人们倾向于维持现状的一个原因：放弃现状可能被视为一种损失。现在想象一下，一个雇员遇到了一个默认的选择——许多人认为是维持现状的选择，即不参加他们的退休计划。如果员工接受默认的选择，并且该选择符合他们的偏好，那么这可能就是一个良好的决策。然而，如果雇员接受了默认选项，但这并不符合他们的偏好，那么这可能就是一个糟糕的决定。我们将在本章后面看到，对这些人类拇指规则及其含义的了解可能是一个优秀的选择设计师的宝贵财富。

因为对人类的思考方式了解得很透，当设计决策环境时，选择设计师们首先至少应该把握以下两个原则（为详细阐述下列一些主题，请注意塞勒和桑斯坦的《助推》所给出的关于好的选择设计师的六条原则）。

原则一：人类有局限性

在做决策的时候，人们不可能仔细评估呈现在他们面前的每一个选项和取舍，因此人们会采取心理捷径（如试探法）做决策，这并不奇怪。既然认识到了这一点，选择设计师就应该仔细检查决策环境的信噪比。决策环境应该帮助决策者将注意力集中在信号上，或者与推动决策最相关的那些方面，而不是噪音或者不相关的方面，让噪音以及那些不相关的信息靠边站。换句话说，选择设计师希望信噪比高：有更多的信号、更少的噪音。

了解人们面临的决策数量也很重要。许多人每天要做成千上万的决定（如果这很难相信的话，想想我们每天吃饭都需要做几百个决策）。不幸的是，随着决策数量的增加，大多数人都会经历决策疲劳。研究人员已经指出，决策疲劳不仅会影响到人们所做选择的质量（例如，由于这会造成人们自我控制能力的减弱），也会影响人们其他方面的体验（如决策者的情绪）。美国前总统巴拉克·奥巴马就在他自己的生活中认识到了这个问题，他通过只穿灰色或蓝色的西装来建构他的选择，以减少需要做的决策的数量。作为一名理财规划方面的选择设计师，从你所提供的信息的相关性，到你要求客户所做的决策的数量，每件事情你都要审慎检视，这非常重要。

事实上，人类大脑能够以极高的精确度在当今世界错综复杂的环境中找到正确的方法。为了达到这个目的，同理心和对决策的有限性的认识，应该促使你用心创建任何一个决策环境。你可能会发现，如果你设计了一个承认人类局限性的环境，那么这个决策环境中的人们可能会注意到并欣赏它，这很令人鼓舞。如果你是一名有勇气的选择设计师，你甚至可以请决策者进行反馈，并进一步改进这一环境。

来自决策者的反馈可能比你想象的更富有创造性。人类似乎意识到，即使在年轻的时候，他们也有局限性——需要用聪明的办法来解决这个问题。在对四岁儿童的研究中，研究人员想看看儿童是否能做到对零食的延迟消费（例如一个棉花糖），以便有机会获得更多的零食。有些孩子马上就吃了，而另一些孩子则能够使用诸如遮住眼睛之类的策略来有意延迟自己的满足需求。但这不仅仅体现在儿童身上以及吃糖果这件事情上，许多成年人会就钱这种更重要的消费品来延迟自己的满足感。例如，你可能已经看到，人们会将他们的钱财分配到以下四个方面：投资、赠与、储蓄和消费（建立心理账户是人们常用的一种策略，它会促成有成效的和无成效的财务选择）。这种自我控制的策略非常受欢迎，你甚至可以去买儿童的存钱罐，正式使用这种精确的四"桶"理财法。从本质上说，这些"桶"能帮助人们为了自己和他人的未来而推迟消费（如预算）。我们凭直觉就能知道，它一定好用。最近兴起的基于目标的财富管理（goals-based wealth management，GBWM）可以说是这种自我控制策略的一种更复杂的形式，它明确地将储蓄和投资策略应用于不同目标（例如年度支出、退休、教育、遗产）。

这就好像人们意识到他们有两个相互竞争的自我——一个更冲动，更偏重于现在；而另一个更深思熟虑，更有计划性（参见塞勒关于两个相互竞争的自我——他称之为计划者和实干家——这一概念的精彩讨论）。事实上，理财规划存在的一个主要原因是它能帮助人们弥补对自我冲动实施自我控制的局限性。但是延迟消费的局限性不仅仅是由传统的自我控制问题造成的。例如，研究人员推测，年轻人难以储蓄更多的一个主要原因是他们很难想象自己未来会因此受到负面影响（年轻人发现很难想象未来不足为奇，因为他们没有这种经历）。研究人员既不会给出复杂的理财规划，也不会给出"如果他们能存下更多的钱，他们的未来会如何"的信息，而是采取了不那么烦琐的方法。他们向年轻人展示了他们自己的数字化化身。本质上，研究人员是在帮助年轻人以一种快捷的、扼要的、直觉的方式与未来的自己建立起联系（也许这很有趣）。事实上，这个简单的工具并不需要决策者付出太多的努力，但是仍能促使年轻人为他们的退休生活配置大量资金。其结果是，帮助那些时间、认知能力和信息都有限的人把重点放在愉快且简单，而不是痛苦且复杂的选择架构上。

原则二：人们会基于参考点来做决策

在做决策时，人们常常会基于一个参考点来评估潜在的结果。例如，以现在作为参考点，未来的决策是会带来收益还是损失。不同的人会以他们过去的经历、当前的情况、目标等因素为依据，形成不同的参考点。例如，对于 100 万美元净值的投资，一个拥有数亿美元的人与一个净资产为 200 万美元的人会有非常不同的想法。

当然，决策环境的设计方式也可以建立参考点，这对选择架构来说是至关重要的。我们在本章的开头用半杯水来说明这个问题：对这杯水的描述方式——半满的还是半空的——会影响决策者。本质上，描述就是设置参考点（即这个杯子相对来说是满的还是空的）。默认选项也可以说是为决策者建立了一个参考点：默认是维持现状的选择，任何偏离参考点的行动都可能被视为一种损失。

如果我不提这样一个关于人们的决策是如何被参考点（风险选择的框架效应）影响的最经典的例子，那我就犯了疏忽大意的毛病。特沃斯基和卡尼曼开发出了关于"风险选择框架"的经典示例（例如，在人类生活领域），基于我们的目的，我们将使用研究人员 X.T. 王（X. T. Wang）创建的这样一个场景。请考虑以下情况：

设想一下，你从一家刚刚申请破产的公司购买了价值 6000 美元的股票。该公司现在为你提供了两种选择来让你能够收回部分资金。（如果你选择选项 A，你将收回 2000 美元）。如果你选择选项 B，你将参与一个随机抽取的过程，有 1/3 的概率你能收回所有的钱，有 2/3 的概率你一分钱都拿不回来。

你更愿意接受哪个选项？

在王的研究中，有 91% 的实验被试选择了确定的选项 A。有趣的地方来了。现在，想象一个同样的场景，但又重新设计了 X 和 Y 选项：

如果选择 X 选项，你将失去 4000 美元。

如果选择 Y 选项，你将参与一个随机抽取的过程，有 2/3 的概率你会损失所有的钱，1/3 的概率你不会损失任何钱。

你更倾向哪个选项？

对于 X 和 Y 选项，只有 66% 的实验被试选择了确定的事情（X 选项）。请注意，从财务结果看，选择 A 和选项 X 是一样的（在这两种情况下，你都确定能收回 2000 美元），选项 B 和选项 Y（在这两种情况下，你都有 1/3 的机会收回 6000 美元，有 2/3 的机会收回 0 美元）也是如此。所以这两组选项其实是一样的，只是角度不同。选项 A 和 B 是用收益来描述风险选择，而选项 X 和 Y 用损失来描述。当选择从损失（而不是收益）的角度来描述时，选择确定的事情的人更少。这一事实说明，与谋取收益相比，谋求减少损失的人们更倾向于冒险。另一种说法是，与损失相比，人们对收益的风险厌恶程度相对较低。如果你对用得失来衡量风险选择的重要性持怀疑态度，那你可以在多种现实世界的情况中找到这种倾向，包括投资。例如，投资者更有可能卖出上涨的股票，却持有下跌的股票（处置效应）。有趣的是，税收政策（也是选择架构的一种形式）实际上会导致处置效应在 12 月时消失，这可能是由于此时出售赔钱股票和持有挣钱股票能带来税收优惠。

了解人们的参考点以及参考点如何影响决策，可以帮助选择设计师有意识地设计出能促使决策与期望的结果相一致的决策环境。如果理财规划的选择设计师要直接应用这一概念，可以考虑禀赋效应，由于这种效应，人们会仅仅因为拥有某些事物就赋予它们更高的价值。作为一名理财规划专业人员，在帮助客户建立资产负债表时，要明白仅仅是所有权的参考点就可能导致客户过高估计其家庭、车辆、船只乃至他们的投资的价值，这一点很重要：在让客户说明这些条目的价值时，可能导致他们过高估计其所拥有的，用以实现其目标的资源。运用一个数据驱动的第三方流程（例如，Zillow 对住宅的估算）来构建资产负债表，可以更准确地反映资产的真实价值。

在结束参考点这个话题之前，切记要注意，当涉及人们使用的参考点时，保持中立是有益的。保持客观可以增加决策者真实地向你展示他们的参考点的机会，这可以让你做出符合预期的结果的决策。

为了说明这一点，我经常向一群人提出以下问题："你们是愿意现在就从我这里得到 20 美元，还是通过抛硬币以均等的机会得到 0 美元（正面）或 100 美元（反面）？"选择确定收益的人通常占少数。这些人往往会说，得到 20 美元对他们来说有意义，他们不想让煮熟的鸭子飞走。如果这些人是我的客户，我认为这是一个非常好的信息。然而，这群人之中的冒险者通常都能很快地做出判断，并且清楚地表明，抛硬币才是更好的选择。我提醒这些人，如果不知道他们的具体目标、某一金额对他们的重要性、他们厌恶损失的程度等，就不可能知道哪个决定是错的，哪个是对的。我继续向他们提出一个新的选择来说明这一点："你是愿意直接从我这里得到 200 万美元，还是抛硬币以均等机会得到 0 美元（正面）或 1000 万美元（反面）？"在这种情况下，大多数人会选择获得确定的收益。虽然损失 20 美元对前面选择冒险的人来说并不算什么，但损失 200 万美元就是一件大事了。有趣的是，仍然会有一两个人会选择抛硬币撞运气——即使赌注已经这么高了。如果这些人是我的客户，这也是很好的信息。我总是向这些人强调，根据他们的生活背景和偏好，坚持冒险的选择对这些人来说可能是完全正确的。认为同一参考点对每个人都有相同的意义的假设是错误的。

选择设计师的机会

通过把自己当作一名优秀的选择设计师，你就有了一个绝佳的机会，来（重新）展示你的价值。特别是，当你明确了想要的结果以及现有的经验，你就更容易确定你的意图和现有架构所能促进的结果之间的一切不匹配。这样一来，你就可以立即开始重新设计能与你（和你的客户）想要实现的目标更匹配的选择架构了。

这不仅能为你和你的客户创造价值，也有可能使你的实践与众不同。为什么呢？客户想要的结果未必千篇一律。换句话说，不同类型的客户会有不同的需求、关注点和目标。重新思考你为什么要做现在正在做的事情，你的客户为什么会与你合作，可以使你决策环境的那些独特方面生动起来，而这恰好是你应当向现有客户和将来的客户强调的。

　　为了把这一点讲清楚，可以想象一下你和你的客户的首要关注点是通过一个正式的理财规划来达到客户的目标。如果是这样的话，那么将市场和投资业绩作为与客户互相交流的基础，并让客户主动要求重新审视自己的规划，可能还不是一个理想的架构；相反，你和你的客户可能希望预先订下按季度或年度定期交流的日程安排，并且把检讨客户的计划当作其中默认的一部分工作。在这样的评估会议上，在讨论账户或投资组合的细节之前，先讨论计划可能也是很重要的，所以投资业绩要取决于你的客户想要达成的目标。通过人力或技术的相互作用，并围绕接下来的步骤（例如，减少支出、储蓄/投资更多资金和建立有税收优势的财富结构）设计一个正式的后续行动可能是计划成功的关键。

　　然而，如果你和你的客户关注的是出色的投资业绩，那么你可能会构建一个完全不同的方法。你可能想要建立一个正式的流程来预先保证绩效基准，这将有助于衡量绩效水平的高低，以及你和你的客户将遵循的交易和投资指导方针（即投资策略）。你可能还会建立起与客户定期进行简短交流的"打钩审查会"机制，而不是把重点放在以理财规划为中心的季度或年度评估会议上。这样的联系机制可以确保你不会错过你或你的客户可能感兴趣的任何东西。此外，你可以考虑主动而不是被动地向客户发送最新的市场信息，并按照其需求提供了解投资业绩的途径（除了导致业绩不佳或出色的原因之外）。

　　当然，在这两种情况下，从设计的角度来看，还有很多事情可以做。关键的一点是，以所期待的结果为中心的有意图地选择架构，不仅有增加了这些结果出现的可能性，还能实实在在地改变客户体验的本质和你的价值：客户不希望让你来做理财规划，可能是因为对某个理财规划架构不满意，但是对投资业绩出色的架构感到满意；反过来，对那些希望请你来做理财规划的客户来说，情况也是如此。当然，你可以关注多个期望的结果。例如，你可以同时关注客户目标和投资业绩。然而，请回想一下人类决策的局限性：拥有多个焦点可能会产生许多负面影响，并让决策者花费太多时间，从而导致他们压力过大或产生困惑（例如，你和你的客户的打算是什么，是基于目标还是基于市场基准）。就像金融之外的其他领域中的架构一样，想想那些办公室和住宅，它们可以让人们以各种各样的理由分隔工作和生活空间——聚焦而不是设计太过宽泛的体验是有价值的。

有意选择的架构的案例：退休储蓄

成为一名有意图的选择设计师并非易事。然而，只要做好了，它可能就会非常有效。事实上，营销人员在相当长的一段时间里，一直都是有自觉意图的选择设计师，并很好地发挥了他们的作用。例如，你可能已经注意到，糖果和杂志几乎总是很显眼地摆放在杂货店的每个结账通道上：糖果放在孩子们容易够着的高度，杂志放在成人容易够着的高度；或当你被要求去验证一个接收某公司未来营销信息的选择时，数字盒子会在网上被预先检查；网店在向你推荐可以在购物时捎带购买的商品时，推销信息总是惊人地简单和准确，对此你肯定既熟悉又惊讶。

然而，从提高器官捐献率到改善退休储蓄决定，选择设计师对人类关键决策的影响程度直到最近才成为研究对象。过去10年的研究成果在如此短的时间内产生了如此深远的影响，以至于世界各国政府（包括美国和英国）都建立了行为研究中心来研究选择的架构以及它是如何影响人们的决策的。

在现实世界中，有意图的选择设计师发挥影响的最著名的例子发生在雇员退休计划领域——这一背景与理财规划师及其成员构成极为相关。由于你们中的许多人要帮助客户实现其退休目标，我希望你们能够在自己的实践中参考这个例子，并从中获得灵感。你的客户真正想与你合作以实现什么样的目标呢？你如何对你的决策环境做出简单而有效的改变来帮助他们呢？

如你所知，在过去的几十年里，美国公司一直在稳步地从固定收益计划（如养老金计划）向固定缴款计划［如401（k）之类的计划］转变。员工为未来存钱所做的选择不仅对个人有影响，而且对更广泛的社会经济层面上的美国人也有影响。这意味着，向员工提供信息和选择的方式——关于是否参与计划、贡献多少，以及是否随时间增加贡献——对我们所有人都很重要。

最有趣的是，正如我们前面提到的，多年来，计划设计关注的是一种可选择地参与计划的形式，即如果员工想要参与他们公司的固定缴款计划，那么他们需要主动选择参与。这样做的原因有很多，从人们认为如果有人想要参与这个计划，他们就会选择加入（如果员工真的愿意为退休投资的话，他们怎么会什么也不做呢），到将雇主、规划保荐人作为受托者的监管环境［例如，如果企业自动为员工登记参加 401（k）计划，它们是否会受到法律保护］都在其中。

作为选择设计师，让我们接受最基本的假设并挑战它：当员工面临选择加入的决策时，他们做出的选择是否反映了他们的真实倾向？为了检验这个问题的答案，我们有必要描述一下，当雇员首次有资格参加养老金固定缴款计划，尤其是 401（k）计划时，面临的主要加入选项。当然，最初的选择是参与（或不参与）。但事情还不止于此，参与的选择还包括与初始缴费的递延提高率（我现在应该出资多少）和投资选择（此时此刻哪些投资适合我）相关的决策。不要忘记，这些选择也会随着时间的推移而演变，因为当人们接近退休时，他们的财务状况也会改变。

不用说，想要参与这个计划的员工有很多事情要考虑。烦琐的参保手续本身（例如各种文件表格），尤其是对一个日常工作忙碌的非金融专业人士来说，就有可能让人很受累，以至于他们放弃参保。毫无疑问，我们在人生的某个时刻都有过这样的经历。好好想想是不是发生过这样的事情，你想做出某种选择，但总是有由于某种原因（当前的或未来的）所引起的麻烦事让你望而却步（如信托和遗产规划）。请记住我们选择架构设计的首要原则——人类有局限性。然而，有趣的是，研究表明，当面临默认选项时，麻烦费事本身并不能解释人们的惰性。你也许还记得，可能还会有其他因素在起作用，比如感觉默认选项代表了维持现状的选择，而放弃维持现状的选择可能被视为一种损失。由于人们通常是厌恶损失的，这也可能是人们选择默认选项的原因之一。如果把这个想法再深入一点，雇员甚至可能会觉得默认选项可能是来自计划发起人的某种"隐含推荐"：如果雇主认为所有雇员都应该考虑参加该计划，那么他们就会为所有雇员自动登记参加；如果他们没有以这种方式设计登记流程，那雇员可能认为雇主不推荐选择该计划。请记住我们设计选择架构的第二个原则——人们会使用参考点来做决策。的确，在某些情况下，人们认为默认选择（自动登记与不登记）的计划意味着这是公司向其员工推荐的行动方案。

考虑到为退休攒更多的钱可能是很多员工想做的一件好事，作为一名选择设计师，你该如何重新思考保险方案的设计以促进达成预期的结果呢？

保险计划参与、缴费的递延提高率和默认投资选项

如果美国工人的退休储蓄对个人和宏观上的成功——无论是在质量上（如幸福）还是在数量上（如经济）——都至关重要，那么，我们似乎有理由假设，提高计划的参与度将是选择设计师的核心考虑。当试图提高计划参与度时，选择设计师可能会关注登记参加选项，因为参加是员工面临的第一个决定。如何才能最有效地消除惰性，向员工提供信息，告诉他们参加保险计划是一个不错的选择？改变默认值是一个好的开始。与选择才能加入计划不同，你可以把它设计成选择才能退出，否则就会自动加入。比如，如果一名员工不想参加公司的养老金固定缴款计划，那么他需要主动选择不参加。通过这种方式，选择设计师就能有意识地以一种可预见的方式使用默认选项的影响，促使员工的行为符合自己所期望的结果。事实上，当选择设计师将参与计划作为默认值时，参与率通常会大幅提高。如果你对此表示怀疑，你可以参考马德里恩和谢伊的一项开创性研究发现，默认自动登记几乎能使新员工的保险计划登记参与率翻一番。今天，选择后退出而不是选择后加入401（k）计划，被认为是可靠地增加员工参与的最有效的方法之一。

然而，自动登记参加也带来了一些问题。首先，要让一名雇员自动登记参加，就需要设置一个默认的缴费的递延提高率。理论上，默认的缴费的递延提高率可以是一名员工符合条件的劳动报酬的0%～100%（最终，雇员的供款上限为每年自选的供款上限）。因为我们知道，人们倾向于使用默认

值，我们希望不要将默认值设置得过低或过高。将默认值设置得过低实际上可能会损害整体的储蓄水平，因为那些本来会主动选择参加的员工也可能会选择这个默认的缴费的递延提高率，这导致他们的实际储蓄水平低于他们设想的储蓄水平，或者也可能造成员工整体的退休储蓄率不足；相反，设置过高的默认值则可能会降低参与率，因为员工可能会因为担心自己需要更多地储蓄或觉得储蓄水平过高而选择退出，这会让问题变得更加复杂。虽然可以很有把握地说，起码大多数（如果不是绝大多数的话）雇员应该以某一缴费水平参加他们的 401（k）计划，但是他们究竟应该以多高的缴费水平参加还是一个可以进行开放式讨论的问题。例如，作为一名保险计划的发起人，你可能会积极地想要避免雇员推迟向他们现在确实需要的 401（k）养老计划投入现金（比如，他们可能需要用来支付账单的钱）。为支付账单而推迟缴保险费可能会导致雇员不得不支付罚款，或需要借钱缴费。解决这个问题的一种方法是，将默认的缴费的递延提高率设置为相对较低的水平（例如 3%）或使默认的缴费的递延提高率等于雇员能为此安排的最大金额（这样雇员就不会把为退休储蓄的钱当成应急备用金了）。

那么未来的缴费的递延提高率该如何定呢？如果员工倾向于使用默认的缴费的递延提高率，那么随着时间的推移，你如何来促使员工提升储蓄水平呢？理查德·塞勒和什洛莫·贝纳茨——我们一生中最重要的两位选择设计师——提出了一个非常聪明的解决方案，即"为明天多存点钱"（Save More Tomorrow，SMT）。在 SMT 方案下，员工预先承诺在未来提高他们的缴费的递延提高率，这样最初的缴费的递延提高率就不是一定管终生的了。实际上，他们的储蓄率会随着时间的推移而上升，例如，与加薪同步上升。这可以使原本设置在较低水平（如 3%）的默认储蓄率逐步上升到能够在雇员退休后成功地替代其收入的水平（如 10%）。塞勒和贝纳茨的论断是，让员工决定把未来的收入拿出来会比拿出现在的收入更容易接受。你也可以这样想，承诺以后少花钱可能比承诺现在少花钱容易得多。此外，如果增加储蓄恰好与工资增长同时发生，就可以减少损失厌恶的影响（因为增加的储蓄被增长的收入抵销了）。最后，提前正式承诺提高缴费的递延提高率，还可以有效地利用人们的思维惰性，这类似于人们因为懒得费事去主动退出默认的保险计划，所以就选择接受。换句话说，一旦员工预先承诺，惰性会使他们不会轻易改变在未来增加储蓄的想法。事实上，第一家实现 SMT 方案应用的公司在大约三年内将员工的储蓄率提高了两倍。一个更通用的 SMT 版本是以自动升级的形式出现的，其默认的缴费的递延提高率（如 3%）每年会自动增加一个确定的比例（如 1%），直至一个预定的上限（如 10%）。贝纳茨和塞勒估计自动升级方案使员工的年储蓄水平增加了 70 多亿美元。

逐年增加退休储蓄不局限于采用缴款率自动递延提高的方法。与预先承诺决策很相像的是，关于储蓄的信息如何构建似乎也很重要。在与行为研究协会的乔迪·第桑佐（Jodi DiCenzo）的合作中，麦肯齐和我发现，当向一家财富 100 强公司的员工提供了有关他们未来可以节省多少钱的信息后，他们存钱的愿望因此提高了。事实上，这种类型的信息展示非常有效，你可能已经注意到对未来账户价值的预测经常出现在 401（k）报表上。它之所以如此有效，是因为它的直观性：估算资金增值并非易事。事实上，人们总是倾向于以线性的方式来估计资金的增值，因此他们往往大大低估了如果现在进行投资，未来拥有的资金会有多大。因此，以参加 401（k）计划未来可能会有多少钱来规划他们的决策，对于促使他们做出现在增加储蓄的决策至关重要。例如，在另一项研究中，麦肯齐和我询问了一些人，如果以每年 5% 的复利计算，以 40 年为期，每月储蓄 400 美元，他们最终会有多少钱。最初的答案是 20 万美元左右，但真正的答案是超过 60 万美元。作为一名选择设计师，认识到那些金融专业人士认为很基本的金融概念，实际上对普通人来说并不普通，是一项重要的洞察力。然而，由于受到知识诅咒的影响，这反而成了选择设计师们面临的主要挑战之一：如果选择设计师们知道一些事情，他们可能会假设决策者也有同等程度的认知。然而，这种假设是有缺陷的。回想一下当你还没有成为金融专业人士的时候，你了解货币随时间的增殖的复杂性吗？你甚至可以自问，你知道蒙特卡罗模拟是什么意思吗？

关于参加保险计划的问题，不仅要考虑缴费的递延提高率，还需要考虑投资选择：保险计划参与者的退休储蓄将自动转到什么投资项目上？与参加保险计划和提高递延缴费率一样，默认选项可能会扮演重要角色，但由于潜在的投资选项太多，默认选项的复杂性也在增加。究竟应该把哪个选项列为默认选项呢？要感谢美国监管机构 2006 年通过的《退休金保障法案》[通过修订《雇员退休收入保障法案》（ERISA）而成] 列出了合格的默认投资选项（Qualified Default Investment Alternatives，QDIA），例如，生命周期 / 目标日期基金、平衡基金或专业管理账户。QDIA 的主要目标是关注多样化，以使投资损失的风险最小化。例如，在目标日期基金中，当投资者临近退休年龄时，多元化投资组合会将其投资组合沿着下滑的轨迹进行调整，把资金更多地投在现金类 / 固定投资收益的投资组合上，不再投资股票类资产。这样的话，即使投资者什么都不做，其目标也会随着投资者余下的可投资时段越来越短，而将投资转向风险更可控的投资组合。

默认投资选项可能会让人质疑选择设计师是不是在投资者的决策中扮演了过于重要的角色：保险计划应该为人们做出投资决策吗？要深入地思考这个问题，最重要的一点是要知道，当让员工自行选择自己的投资方案时，他们明显会遇到极大的困难。例如，当一个保险计划内包含的投资选项数量增加时，计划的参与度就会降低。这个结果对许多人来说可能是直观的，它与选择越多越好这一传统的经济学观点背道而驰。在这种情况下，更多实际上等于更少。事实上，研究人员已经证明，虽然人们喜欢有更多的选择，但更多的选择会导致更少的决策——这很可能是压力或所谓的选择超载导致的。当参与者选择投资时，他们可能会（错误地）运用拇指规则，比如将他们的退休储蓄平均分配给所有不同的可选投资项目。他们既没有专门的知识，也无法判断就他们的情况而言什么才是最好的，那你还能指望这些雇员怎样做呢？

考虑到这些事实，应该向保险计划参与者提供的选项数量，对于选择设计师来说是一个难题。他们知道人们渴望选择，但过多的选择可能不利于人们做出正确的决策。因此，选择设计师对选项的设计很快就转向了道德领域，他们要考虑是参与率还是决策者的感觉更有意义。这就是正式地定义意图对于选择设计师如此重要的原因。如果期望的结果是提高美国雇员的参与率，那么通过减少选项来促进决策似乎是理想的决策环境。然而，如果期望的结果是提升雇员们对他们退休计划中的选项数量的主动掌控感，那么更多的选项可能更好。

意图可以说是选择设计师背后最关键的因素，这一点再怎么强调都不为过。特别是从伦理的角度来看，选择设计师真正强大的能力在于他能正式地说清楚决策环境中选项设计背后的根本道理。这不仅能帮助决策者确定选择设计师是否在促进其做出符合自身意图的决策，还有助于避免关于所选择的设计师是好是坏的争论，因为意图是完全透明的。事实上，带有不良意图的选择设计师已经被证明是低效的。例如，在我们的一个实验中，麦肯齐和我发现，当决策者对选择设计师持不信任态度时，他们倾向于拒绝默认选项。另一种说法是，满腹狐疑的或持不信任态度的决策者会使选择设计师的努力无效，甚至会导致意外的结果。

从意识到行动

作为一名选择设计师，你可以选择有意图地或无意图地行事。如果你选择有意图地行事，我们前面描述的两个原则——人类有局限性和基于参考点做决策，可以帮助你以下方式评估你的选择架构。

能否尽可能简单地达到预期的结果呢？这要考虑客户的需求、关注点和目标。许多对理财规划感兴趣的客户都试图解决一些基本问题（比如我的钱够吗）。你的决策环境是否可以帮助他们回答这些问题，并帮助他们做出正确的权衡取舍。例如，如果他们没有足够的钱，也许他们应该少花钱或延长工时去多赚点；如果他们的钱恰好够，你可以帮助他们制定预算并坚持按预算办事或用好"分桶"的投资策略；如果他们的钱足够多，你可以鼓励他们参与更复杂的信托和财产规划。但是，你是否能立即排除杂音，回答关于他们能否达成目标的基本问题呢？或者你是否会从他们资产负债表的细节、税务对其投资策略的影响、其他可以考虑的投资选择，或者他们的投资业绩这样的话题开始讨论？除了你想帮助你的客户回答的问题之外，看看你的整体过程的复杂程度，即检视你所问的问题、你使用的规划模拟报告、当你的客户上线查看目标进展状况时所能看到的情况。试着只保留最简要的问题，精简你所提供的模拟报告数量，并确保当你的客户登录时看到的是最有用的信息，这将帮助他们在找不到你的时候也能进行决策。

你是否充分利用了工具和技术？从根本上来说，能助力理财规划的工具和技术可以被视为决策辅助工具。这些决策辅助工具正以惊人的速度被大批量用于很多场合中，并对人们的决策产生了巨大影响。想想那些理财规划软件或网上那些可用的辅助工具，是否已被你和你的客户用来促成你们所期望达成的结果？在理想情况下，可以利用工具和技术来强化你所提出的建议。例如，当你和你的客户一起讨论为其设计的理财规划时，你可以搭建一个环境，在这个环境里，你可与客户共享一个屏幕，即对数据元素进行实时改变以显现各种权衡取舍的结果，这可能非常有说服力；或在每次客户会议结束后立即使用语音技术将其转化成书面记录（就像医生做的那样），这样做不仅效率高，而且可以帮助你记清楚会见中定下的那些关键的行动项目。

你的默认流程是什么？当你概述你与客户打交道的方法时，你会发现你为每个人做的事情都略有不同。虽然定制化的沟通可能是一个有价值的服务元素，但是它很难以一种支持可重复性（可以减少疏漏的可能性）和促进质量评估（应用标准流程有助于确定什么有效，什么无效）的方式进行扩展应用。例如，你可以应用一个默认设置，即在与每个客户会见之前都向其发送一个标准议程——除非客户明确表示他们不想要或不需要这样一个程序。当然，程序总是可以根据客户的独特需求进行调整的，但是这个默认设置可以作为整个会面所涵盖的内容的一个核心基础。这样的基础可能会对你的客户体验产生巨大的后续影响，比如它可能会帮助你和你的客户为会见做更好的准备，安排最具成效的话题顺序，优先处理最重要的决策，并在会见结束后为你与客户的后续交流建立框架。

你是否善解人意，不带偏见？你遇到的客户都有着不同的经历和背景。这不仅影响着他们用以评估选择的参考点，还影响着他们用于决策的其他试探法。这些试探法是不完善的，可能会导致偏见或可预见的错误，从对投资决策的过度自信（可能导致过度交易）到冲动的投资选择（金融专业人士可以帮忙防止）。作为一名理财规划专家，理解客户的人性有助于你客观地评估什么样的选择架构对他们最有价值。例如，对于理财规划的过程，也许有客户会自认为知道很多，事实并非如此。与其指出他们在知识上的不足，不如构建起一个决策环境，有意识地将其他决策者（如家庭成员）纳入其中，从而为更现实、更慎重、更具协作性、更成功的投资决策打开大门。

你会寻求反馈吗？显然，建立选择架构不仅仅是选择设计师的事情。它还需要你与决策者进行协作，并在选择设计师设计的决策环境中运行。在理财规划领域，你可以做出的可能的设计决策需要明确地考虑你所服务的决策者，反馈因此变得更加关键——无论是关于意图、经验还是结果。询问每个客户你需要如何对你们的合作方式进行至少一次改进，并考虑将其作为你的选择架构的默认部分，这要以增强他们的体验或结果为目标。你要专注于设计一个环境，帮你的客户达成所愿，这样一个简单的改变可以加强你作为一个有意图的选择设计师的价值。

虽然本章主要关注理财规划从业者和他们的客户，同时也引用了行为金融学、经济学、心理学、法律等领域的研究人员的观点。我希望，所提供的信息和观点能启发从业者和学者之间的对话，以回答理财规划选择架构中的一些关键问题。一个可以从广泛合作中受益的问题是，在理财规划过程中技术和人之间最有效的结合应该在哪个方面？这需要在组织、实践和客户层面进行探索和试验。确定能最有效地利用技术来改善员工、顾问及其客户的体验和结果的选择架构是至关重要的。随着我们持续进入日益数字化的决策环境中，从经济学到心理学再到计算机科学等领域的各种学术理论和研究，都可以在这里产生持续的洞见。

在所谓的客户时代，有意图的选择设计师得到了一个特别的机会。虽然有很多东西需要评估和考虑，但请记住，促进缓慢、渐进的改变——无论多么小——可能会对你所服务的决策者的结果产生巨大而持久的影响。

第 8 章

认知、分心和理财规划客户

尼尔斯·奥尔森（Nils Olsen）

瓦妮莎·G. 佩里（Vanessa G. Perry）

金卓（Zhuo Jin）

美国乔治·华盛顿大学

对于情绪在理财规划和理财决策中的深远影响，学者、政策制定者和理财规划专业人士都在大众媒体上做过充分的论述。例如，《美国新闻与世界报道》（*U.S. News and World Report*）最近的一篇文章就描述了千禧一代投资者由于受最近一次经济衰退的影响，产生了恐惧和对风险的规避情绪，以及这些情绪反应给他们的财务投资组合所造成的巨大损失。

一位理财博客作者提到了一个关于恐惧情绪的案例：

没有一个理财规划师想在讲述他们的业务时把潜在客户吓跑。（希尔，2017 年 8 月 17 日）

作者进一步描述了理财客户的冷漠，或者也可能是矛盾心理：

你看，人们大多不关心理财规划。他们多半也不关心理财目标。他们当

然更不关心你有多关心这些事情。（希尔，2017 年 8 月 19 日）

对后果的恐惧、不安和焦虑会导致人们在理财规划决策过程中尽量避免主观性，但不免又增加了主观性。理财规划师的责任是帮助客户控制、保护自身，使其免受非理性的情绪化反应的影响。心理学和行为经济学的研究已经发现，在许多情况下，情绪对决策质量的影响不存在文化以及人口统计学特征的差异，甚至也无关知识水平的高低。事实上，新手和专家都容易受到情绪对理财决策的破坏性影响。

本章将以过去的决策心理学研究成果为基础，概述情绪、认知过程和认知资源可得性对理财客户决策过程的影响。那么如何才能帮助理财规划师识别出与客户进行这些讨论的最佳环境，并加以有效利用呢？

对心态的影响

许多理财规划专业人士面临的问题是，当与客户面谈时，可能还没有形成一个进行长期理财决策的最佳心态。洛温斯坦对心态的定义是，指影响跨期选择的心理参考点。跨期选择是理财规划工作的特征，例如，客户被要求考虑长期目标，评估替代方案，并在过程中考虑后果，在一定的时间跨度内，这些过程会受到情景性的、持久性的认知和情感因素的影响。这些因素包括个体特征（如认知加工和情绪的类型），以及环境产生的影响（如信息超载和认知资源消耗），如图 8–1 所示。

研究人员探索出了将认知信息处理过程分为两个系统的方法——系统 1 和系统 2。系统 1 思维的特征是迅速的、自动的、生来就会的、靠直觉的，并且受自我控制的程度较低；而系统 2 往往是理性的、基于逻辑的、需要努力的、受控制的、需要复杂计算和审慎处理的。相应地，当一个人开始形成一套理财规划技能时，他可能会从一种费力的方法（系统 2）开始；当理财规划技能组合已经调整好时，可能会向具备了经过充分训练的技能的自动化版本（系统 1）发展。随着工作的进展，他们可能需要在系统 1 和系统 2 之间进行切换，以保持最佳的信息处理水平。

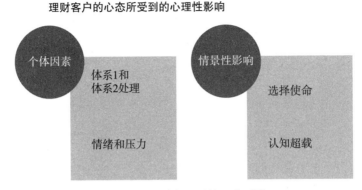

理财客户的心态所受到的心理性影响

图 8-1 认知过程：系统 1 和系统 2

按照这些思路，在做决策时，靠直觉的决策者和深思熟虑的决策者会去访问不同的信息来源。在特定情况下，靠直觉的个体（相对于深思熟虑的个体）更容易受到与情感信息相关的偏见的影响。而深思熟虑的（与靠直觉的个体相反）决策者倾向于采用更多的客观信息，也会去做更多耗费时间的认知性工作。

根据对 140 名企业家和管理合作伙伴进行的互联网调查，结果显示，走上成功之路（与试验、冒险和创新有关）与靠直觉（系统 1）的决策密切相关，而走好成功之路与靠直觉的决策（系统 1）和基于努力的决策（系统 2）都密切相关。所有这些都会对个人在理财规划投资组合中所承担的风险产生很大的影响。

依靠直觉处理（系统 1）

当涉及理财规划时，很明显大部分的分析和规划都是面向未来的目标和数据的。在形成关于面向未来事件的决策方面，研究人员认为，在某些情况下使用定量（数学）方法和模型可能不是最好的办法，因为预测未来事件会面临一定的挑战。因此，建议人们在预测未来的事件、结果和数据时可考虑依靠直觉进行评估，或者至少在基于努力的（定量的）评估基础上增加直觉评估。

快捷而又简练的试探法是一种认知捷径。在某些情况下，仅靠较少的信息和计算就可以实现更高的准确性和更高的绩效水平。

深思熟虑处理（系统 2）

有人在一项期权定价实验中发现，与训练有素的专业交易员（德国银行）相比，经验欠缺的德国波大学生（德国波恩大学）更倾向于基于概率的期权定价。也就是说，有经验的交易者更倾向于依赖直觉，这就解释了他们为什么不会在概率分布的处理上多费心思。另外，学生由于缺少实际经验，经过早期的学术训练之后，他们更有可能依据金融数据的实际概率细节做出颇费思量的决策，而不是凭直觉做决策。

这一发现表明，当一个人在理财规划领域发展出真正的专长和高水平的专业技能后，他更可能采取直觉的（而非分析的）方法。受此影响，一个人在职业生涯的不同阶段会期望得到不同类型的培训。

情绪、压力和身体接触

情绪

情绪对理财决策的影响已被心理学家和行为经济学家充分证明。强烈的情绪能够有力地改变人们做决策的方式——有时会导致次优的认知处理和对试探法的过度依赖。例如，安德雷德（Andrade）和霍（Ho）表明，个体实际上可以通过"伪装情绪"（向外人展示、传递自己此刻未必正在体验的内心情绪）来改善财务结果。安德雷德和霍以一些诸如独裁者和最后通牒游戏为素材，研究了人们对情绪的"刻意运用"问题。通常，在这些游戏中，发起者是第一个收到一笔钱的人，但他得到的警告是，必须决定如何与接收者把这笔钱分好，否则就会失去这笔钱。在这种情况下，接收者可以接受提议（提议者和接收者各自都可以拿到由提议者一开始建议的金额）或拒绝该提议（提议者和接收者都拿不到一分钱）。在安德雷德和霍的研究中，接收者会故意向与自己一组的提议者传达愤怒的回应，以实现自己经济收益的最大化。当提议者相信接收者的愤怒是真的时，他们就倾向于根据接收者的愤怒程度而分给他更多的钱。然而，当提议者感到接收者可能是在虚张声势时，就会倾向于忽略与其配对的接收者的情感表现。此外，那些表现出不自然的愤怒水平的人，要比那些表现出不自然的期望水平的人更有可能影响他们的伙伴的行为，因为愤怒被认为与冲动性、非理性和报复性的行为（即更不可能伪装）相关。

安德雷德和艾瑞里通过最后通牒和独裁者游戏，探究了短暂情绪对决策的影响。在第一个最后通牒游戏中，在做出拒绝或接受不公平待遇的决定之前，接收者会被灌输快乐或愤怒的情绪。结果表明，生气的人（相对于高兴的人）更有可能拒绝不公平的提议——这一发现与偶然情绪对即时决策的预期影响相一致。并且，在第二轮博弈中，曾经愤怒过的提议者（与曾经快乐过的一方相反）会向配对的接收者给出更公平的提议（平均而言），这支持了偶然的情绪也会对未来决策产生持久影响的论断。研究者们发现，这种情绪的持久影响力在那些曾在偶然愤怒的情况下拒绝过不公平待遇的人身上，表现得更为明显；并且，当实际的提议者和接收者被包含进来时，那些愤怒的参与者（与快乐的参与者相比）随着时间的推移会变成更公平的提议者，最终赚的钱也会更少。所有这些都表明，一个人的情绪类型及其一致性会影响他对另一个人的行为，以及他的财务结果。

李（Lee）和安德雷德发现，恐惧会显著影响冒险行为。具体来说，当一项任务被设定为股票投资决策时，偶然的恐惧（相对于控制）倾向于增加风险厌恶行为。由于这种恐惧还可以被解释为一种兴奋状态（即同样的心率水平），因此当你把做决定的任务描述成一场激动人心的赌博游戏时，恐惧又会倾向于助长风险行为。

希弗（Shiv）等人发现，那些大脑情绪中心区域的神经系统有功能障碍的人（与那些没有这种功能障碍的人相比），更倾向于优化他们的决策，并获得更大的经济回报。有趣的是，那些没有情绪性神经功能障碍的人在面对眼前的投资机会时，会变得更加保守（甚至不愿意参与）。也有人提出，自我表达可能会影响一个人的财务决策。也就是说，在某些情况下，人们会出于强化自我表达能力的动机而放弃财务成果（焦点目标），转而投资股票（例如苹果公司）。奇怪的是，当人们直视选择背景目标（例如自我表达）的影响时，事情对他们来说也就更明显了，这会导致人们重新调整他们的焦点（财务）目标。

基斯林（Kiessling）等人发现，新手投资者的情感自仿射（affective self-affinity, ASA）与他们的财务决策之间存在重要的联系。具体地说，就是投资者更倾向于在一个特定的类别中确定自己的身份。针对特定类别的ASA也有类似的增加趋势。也就是说，投资者可能出于情感动机而投资某些他们感觉与之有情感联系的股票——其收益率超过了经典的金融投资基准收益率。当投资者认同个人、团体、公司甚至某种理念时，他们基于情感的动机（通过ASA）可能会成为财务决策的关键驱动力。

科恩（Cohen）和安德雷德发现，为了战略性地把情绪当作完成认知任务（包括理财任务）的有利因素加以利用，人们可以有意识地使用情绪调节策略来改善投资表现。具体来说，当面对冲动购物的机会时，人们会有意识地去寻找积极的、与心境协调的刺激物（如快乐的歌曲）以缓解负面情绪；而当面对分析性任务时，人们倾向于寻找消极的、与心境情绪一致的刺激物（如悲伤的歌曲）；当人们接受了创造性的挑战后，他们经常会努力避免负面影响。

对于理财规划以及许多其他专业领域来说，可以从一个关于情绪和绩效的研究中得出的现成结论是，在做财务决策以及其他决策之前，没有必要摒除情感的影响，接受、乐享这种情感性反应是有好处的，这与要求人们在决策中排除情感影响的建议恰好相反。在人类的生存和繁荣都依赖技术的今天，因为人脑中有专司情感的部分，所以人们能够以软件、应用以及其他进步技术难以预料的方式进行工作。

压力

压力会显著影响风险承担和决策偏见，例如在收益领域的实验中，个人在严重压力下倾向于做出更少的风险决策；然而，在损失领域的实验中（以及在严重压力下），个体倾向于做出风险更大的决策。此外，高压力会导致风险决策偏见的连锁反应。通过这种方式，个体趋向于在收益环境中规避风险，在损失环境中甘冒风险。

前景理论的应用——损失看起来比相应的收益更大——从个人在住房、公司和其他金融市场的行为方式中可以立即看出来。讽刺的是，即便事实上没有风险，人们反而甘冒错失巨大收益的风险，就是说许多人会因为不愿承担任何类型的损失而丧失潜在的机会。

身体接触

当我们研究与身体接触的好处相关的数据时，也可以开始琢磨一下其可能的应用，这不仅可应用于金融投资领域，也可以用在医疗保健等领域。例如，有数据显示，身体接触实际上可以改善生理结果，如降低皮质醇、焦虑和血压水平，以及增加内啡肽和催产素——一种与安全和信任感有关的激素。

例如，有研究表明，即使是轻微的身体接触也会对一个人在理财行为上的冒险行为产生影响。具体来说，当面对虚拟或者真实的金钱奖励时，女性被试与一个男人肩膀的微妙触摸，就会让这两个人愿意承担更多的理财风险。

选择与认知超载

不对称优势

当涉及在不同的选项之间选择时，选择环境对理财规划来说就很重要了。具体来说，如果一个人有两个选择，但二者都没有显性优势（二者无差异）——若再加上第三个选择（即诱惑性选项），且它和前两者之一很像（但稍微差一点），此时，大多数人最终会在两个最相似的选项中选择较好的那个。这种现象违反了规律性原则，因为传统上许多人会认为，随着选择集合中可选项数量的增加，任何选项被选择的概率都应该减少。然而，当某个选项不对称地优于另一个选项时（即它与某一个选项相似，只是在某种程度上稍好一些，但与其他选项相比较，情况并非如此），那么优势选项被选择的概率实际上是趋向于增加的（即，即使在 B 可能是最佳选择的情况下，三个选项中的选项 A 如果与选项 C 相似，但稍好于选项 C，那么选项 A 也更有可能被选择）。

综上所述，我们可以看到，在理财规划领域，当涉及选择环境时，存在一个最有效点。也就是说，当理财规划师与客户打交道时，毫无疑问，提供一种选择就太少了（许多客户可能会对这种选择的缺乏做出反应）。此外，提出两个相当等效的选项也可能会造成不必要的认知压力。更理想的情况是，给出一个"三件套"：除了两个相当等效的选项之外，再给出第三个与前两个选项之一非常相似（但又略次之）的选项——既高度相似，但又略差一点，那么选择者就更有可能对这两个最相似选项进行比较，并感知其差异（而两个截然不同的选择，实际上会创造一个更复杂的认知环境，而这个环境本身并没有吸引力）。

少即是多

延加和莱珀发现，尽管被试似乎很享受从众多巧克力品种中进行选择这一过程（$n = 30$ 与 $n = 6$），但这些拥有众多选择的被试，也表示他们对自己的选择不太满意，更多的是后悔。此外，当用果酱来测试这一效应时，尽管在高选择环境下（有 24 种果酱）的客户对果酱的兴致更高，但实际却是在选择较少的情况下（有 6 种果酱）更有可能购买。可以假定，更多的选择实际上既会吸引也会推开那些潜在客户，好事过头，反成坏事。

这个发现在理财规划上最直接的应用就是，在提供选项时要仔细考虑对象的选择背景。也就是说，提供少量的理财选项（而不是看似无穷无尽的一堆选择）可能会为理财规划师和客户带来最佳结果。

对数据的视觉描绘

杜克洛斯（Duclos）探索了人们对数据的可视化显示进行认知性处理以预测金融趋势（如股票市场）的方式。眼动跟踪技术有助于显示股票价格在收盘时呈现上行轨迹，从而导致未来投资增长（以及目前进行较小规模投资）的影响，这种现象被称为末端锚定。有趣的是，当股票上涨趋势通过视觉（图表）而不是数字来传达时，个体更有可能投资他们知之甚少的组织。

损失和收益

卡尼曼和特沃斯基研究了与收益和损失（相对于总体资产）相关的价值函数，并通过数据来支持损失往往大于相应的收益（如失去 100 美元导致的沮丧比得到 100 美元带来的欢欣更强烈）的观点。此外，过分强调低概率事件，实际上可能导致个人在赌博和 / 或保险领域做出不太理想的决策。这一发现在金融投资领域的表现是，当金融投资的价值增加时，人们倾向于过早地出售这些投资（在盈利状态下的风险厌恶）；而当投资价值降低时，人们又倾向于过久地持有这些投资（在损失背景下的甘冒风险）。

认知资源耗竭

人们通常认为，一个老练的决策者在做决定之前，会花时间、注意力和精力对所有可能的选项进行彻底的研究和评估，在理财规划领域更是如此。有数据表明，当付出了额外的精力——与信息处理有关的大量的认知或情感投入（例如恐惧、不确定的信息、心理压力）——就可能导致认知资源（自我）耗竭。自我耗竭会影响人们对事件的解释或处理，从而降低一个人的认知能力，导致其难以做出高质量决策。先前许多关于认知资源耗竭的研究表明，自我控制是谨慎决策的一个必要特征，但它是一种有限资源，会随着时间的推移而耗竭，这会使认知处理所需的资源难以得到保障——即使那些不相关的任务，也会受此影响。事实上，很少有研究指出，如何来抵消或减少这些有害（自我耗竭）影响，以提高一个人在理财规划领域的认知处理和决策的质量。鲍迈斯特（Baumeister）等人为"自我控制是一种易损耗的、有限的资源"的论断提供了经验支持。例如，当被试被告知他们只能吃萝卜（这是一个相对来说不太受欢迎的食物选项）时，认知资源就会被这种自我控制行为消耗，相对于那些被告知可以吃他们更想吃的食物（巧克力）的被试，在拼图游戏中过早放弃的次数就更多一些。

在另一项研究中，相较于在低选择的情景下发表态度一致演讲的被试，那些在高选择情景下唱反调的被试在随后的智力拼图任务中出现了毅力下降问题。结果同时表明，那些在高选择的情景下发表态度一致演讲的被试在拼图任务上的表现也有所下降。这就是一个由于需要在决策中消耗意志力而导致人的自我控制能力降低的过程。在一项相关研究中，有数据显示，那些被要求隐藏（主动压抑）情绪的被试，在字谜游戏中的表现比那些可以自由表达情绪的被试要差。

穆霍帕迪耶（Mukhopadhyay）和乔哈尔（Johar）展示了消费者的自我控制观念是如何影响他们的目标导向行为的。当被试被引导去相信自我控制是可以调节的并且是无限的时，他们倾向于做出更多的行为决定；当被试被告知自控能力是一种有限资源时，这些人就会做出更少的决定，并且如果自我效能感较低的话，也就不太容易坚持自己的决定。

沃斯（Vohs）和费伯（Faber）通过三个实验，研究了自我控制和冲动购买之间的关系，发现那些由于要完成不同任务而导致认知能力下降的被试——尤其是那些原本冲动购买倾向就高的人——倾向于花更多的钱进行冲动购物。同样，当自我消耗发生时，一个人会更倾向于依赖试探法（认知捷径），这会让他们更容易受社会影响尝试的影响。

沃斯及其同事证明，如果一个人需要做出一系列选择［即一个人的自我调节（自我控制）系统正在出力］，那么随后其自我控制能力就会削弱。相对于那些不需要做选择的情况，那些在任务中被要求做出选择的人倾向于在可以解决的任务和难以解决的任务上都花费更少的时间，并且在解决数学问题时错误率会更高。

此外，当这些假扮的购物者被给予不同数量的选择时，给出的选择数量越多，他们所犯的数学错误就越多，他们做这些数学题时的持久性就越弱。

他们还发现，当被试被要求完成一个基于视频的任务时，如果故意设置一个技术（视频设备）问题（作为脚本的一部分），那么，被试面对的选择越多，他们报告这个视频设备故障的可能性就越小。

佩里和李发现，为买房而做出认知努力的经历会导致认知资源耗竭，这种状态最终会影响人们对抵押贷款融资的选择。也就是说，消耗程度高的个人（相对于对照组）更有可能选择高风险的抵押贷款，即使是在控制了先验性的金融知识的情况下也是如此。讽刺的是，那些旨在提高买房技能的行为（做适当的研究，检视每个选项），实际上会导致次优的结果。而令人欣慰的是，有数据支持提高自我意识有助于减少自我耗竭的观点，尤其是当基础损耗水平特别高的时候。也有数据支持这样的观点，即聪明地（策略性的安排）短暂休整，实际上可以帮助一个人补充（重置）自我控制能力，自我调节可以随着时间的推移通过实践而得到改善。

此处，理财规划的要点是，通常建议人们在启动任何财务决策之前，都要尽可能地多做准备，并对理财决策选项进行全面分析。有数据表明，这些行动既会降低一个人在随后的任务中的自我控制能力，也会影响一个人的金融结果。

在快节奏的世界中放慢思考

由于理财规划师的报酬通常是按季度领取的，所以许多人倾向于关注短期目标，而不是长期回报——考虑到那些指导我们众多理财决策的技术方法的数量，这种短期思维尤为突出。技术在我们对许多决策的管理中扮演着重要角色。正是这些算法、应用程序（App）帮我们把所有事情变成了自动的和可视的，从我们吃什么到我们如何做生意，概莫能外。讽刺的是，这让我们人类更不善于靠着耗费自己的脑细胞去做最佳决策了。

具体地说，当我们失去了独立决策的能力，我们就更容易被操控和影响。

考虑人们有短期思维的趋势，以及过度依赖试探法（系统 1）的思维，一些人呼吁在金融领域中引入策略性叫停的做法。具体如下：

一个值得提出的更普遍的问题是，市场是否会受益于较长时间的暂停，即在交易日中规定暂停时间，以鼓励投资者在采取行动前进行思考和斟酌。

通过在金融市场中（也可能是当一个人在做自己的理财规划时）引入策略性的延迟，一个人可以进行适当的、慎重的思考。例如，UNX（2005年至 2007 年）这家高频交易公司就曾采取过有意停顿的举措，该公司的做法如下："……该公司的交易主管会让流程略微迟缓一些，时间大概是几十毫秒。"

还有一种被称作熔断机制的更长时间的停顿，也已经被引入金融市场。具体如下：

美国证券交易委员会采取了一项试点计划，如果标准普尔 500 指数中的任何股票价格在 5 分钟内下跌 10% 或更多，就暂停 5 分钟交易。

话虽如此，然而在检视试探法和偏见对我们处理信息方式的影响时，很少有人比诺贝尔经济学奖获得者丹尼尔·卡尼曼的贡献更大。虽然不可能在财务决策中完全避免试探法和偏见，但有一点是明确的，即通过将时间、精力和其他资源投入到努力处理信息上，一个人就可以在以减少试探法为基础的自动思维方面，以及在对高度动态化的财务数据进行过度简化方面迈出第一步。

对理财规划专业人员的意义

　　理财规划专业人员面临的主要挑战之一是，当客户能够在不受情绪或信息干扰的情况下做出明智的决策时，如何向其提供咨询和建议，以对其决策施加影响。针对系统局限性对财务决策的影响以及来自个人和情景的约束效应，以往有关认知心理学和行为决策的研究已经提供了很多证据。例如，我们知道，理财规划人员更倾向于推介系统 2 的方法，来鼓励客户处理与投资选择和经济相关事实有关联的信息。同时，客户也需要依赖这两个系统（1 和 2）来评估和预测未来可能出现的情况，比如退休、家庭状况变化等。这样一来，系统 2 的处理要由系统 1 提供信息，同时也整合了情绪，还要依赖于个体应对不确定性、焦虑和压力的机制。这些系统要比传统智慧的看法复杂得多，传统智慧的看法是，决策要么是理性的，要么是感性的；恰恰相反，这些处理系统既需要认知输入，也需要情感输入，而且二者是相互依赖的。此外，这些差异还影响到理财规划师提供的信息类型，特别是在沟通中使用的语言和框架，因为直觉处理者和深思熟虑处理者在解释上存在差异。克服心态挑战的一个关键是理解这些影响。

　　我们也从以前的研究中得知，偶然的情绪会对未来的决策产生持久的影响，而负面情绪（如愤怒或恐惧）以及情绪反应的一致性，随着时间的推移，都会影响到理财决策，尤其是风险承担。因此，为了克服这些偏见，理财规划师需要开发多种方法来构建他们要传达给客户的信息，具体取决于客户此时的情绪类型。比如，理财规划专业人士可能会考虑使用与赌博和投资相关的语言作为例子，并且应该认识到在向客户传达信息时，决策中的消极偏见。也就是说，损失看起来会比收益影响更大。

　　以前的研究表明，选项的数量、选项呈现的顺序和信息的视觉呈现会影响到处理和选择。这些研究结果对理财规划有重要意义。客户希望得到选项，但是太多的选项以及选项之间的高度相似可能会阻碍决策过程。不对称支配效应的证据表明，决策者会耗费认知资源来评估不同选项之间的差异——有时会因此无法确定最优选项。此外，由于系统 1 和系统 2 处理方式的差异，客户对图表、图形和其他可视数据显示的响应可能会有所不同。例如，在一项研究中，当为投资者提供的是关于公司股票走势的图表时，他对其他因素的依赖就会减少，虽然这些关于公司的信息也非常有价值。

也许关于认知处理局限性最具警示意义的证据，可以从认知资源（即自我）耗竭的文献中得出。理财规划需要在充满风险和不确定性的情况下做出积极的、耗费认知资源的、往往也是情绪化的决策。这些活动需要客户耗费有限的认知资源，而且常常受到时间的限制。研究表明，在这样的决策条件下，一旦认知资源被耗尽，后续就不再可用了。这表明，连续的决策，尤其是那些影响力逐渐提升的决策，可能会难以达到最佳的结果。原因很简单，决策者的精力耗尽了，对后面的决策无法做到像对前面的决策那样认真而专注。

因此，基于现有证据，理财规划师就有机会积极地管理选项组和选择时机以及决策环境本身，以最大限度地为他们的客户提供规划经验和财务成果。未来的研究可能会采用侧重于模拟环境的方法，这将给研究人员提供实验控制（排除潜在的混淆、第三方变量）和现实应用（考虑到目前在许多金融、航空和外科模拟器方面的发现的外部有效性）。通过进一步研究可以梳理出对理财规划师本人的认知和情感反应，以及对其公司的反应是如何影响决策的。此外，检查清单和数据认知捆绑的潜在好处可能是会收获颇丰。最后，考虑到深思熟虑处理（系统 2）和依靠直觉处理（系统 1）的明显好处，未来的研究人员可能会探索测量混合使用系统 1 和系统 2 对认知和性能的潜在好处的方法。

研究人员要考虑的最后一个因素可能是追踪千禧一代的投资行为。在技术全面发展的大背景下，千禧一代表现出的行为特征是文化的分块化（源于互联网的碎片性）、对现有组织的高度怀疑、数字化的生活方式，以及保守的投资行为。理财规划师可以探讨，这只是暂时趋势，还是代际归属和财务健康之间的重要联系。事实可能是，千禧一代正在给金融世界打上自己独特的印记，或者随着时间的推移，许多 20 岁出头的年轻人已经表现出了这种特质。

　　无论如何，理财规划师收集尽可能多的关于潜在客户的数据是非常重要的。在这场数字革命中，人们有太多的金融服务（在线、面对面、软件）选项，所以服务提供商需要不断地争夺他们宝贵的注意力——当然，还有投资。

第 9 章

人格与理财行为

萨拉·D. 阿塞贝多（Sarah D. Asebedo）博士

国际金融理财师，美国得克萨斯理工大学

在动荡的市场中，从业者非常清楚他们有希望从哪些客户那里听到反馈，因为他们往往通过以往的经验发展出了第六感，知道他们的客户是谁，以及这些客户可能会如何行事和应对某些情况。对股市波动性的反应，可以看作客户风险承受能力的一个函数，然而，通常会出现的行为模式会提醒我们，这类客户行为的根源要深得多。虽然理解、管理和应对客户行为通常被称为理财规划的艺术，可以慢慢学习和发展，但也有越来越多的科学研究表明，人们的行为倾向可以通过其基本的人格特征进行准确预测。这项研究使得从业者能够更有效地预测客户的行为，以及他们作为理财规划师应该如何应对这种行为。承受压力和担忧、来自同一客户的频繁的电话和电子邮件、超支的客户，以及支出偏低的客户，这些都是可以通过人格特质加以解释的客户特征，也是本章的重点内容。

美国心理学会将人格定义为"思维、感觉和行为特征模式的个体差异"。换句话说，人格是个体对各种情况和生活事件做出认知、情感和行为反应的内在倾向。研究已经证明，通过人格特质能够准确预测日常行为（例如社交互动、沟通风格、情绪、地点和语言使用），越来越多的研究证据表明，各种财务行为都可以追溯到人格特质。此外，虽然人格特质在整个生命过程中会保持相对稳定，但研究表明，人格特质可以而且确实会随着时间的推移而逐渐改变。性格的变化往往发生在成年早期，但在迈入中老年后，仍可能持续变化。这说明人的人格的某些方面是可以改变的（在某种程度上），可用来培养其所需的理财行为。例如，客户可以管理和减少他们的负面情绪，强化正面情绪，提高自我控制能力，这样他们就可以执行自己的储蓄计划。

人格的一致性（某种程度上还是可塑的）为客户心理学的研究和实践提供了一个有价值的领域。研究表明，人格可以解释财务行为，理财规划师可以利用这些知识来了解客户的行为倾向。这种理解为定制化的理财建议铺平了道路，有助于服务那些有潜在负面人格特征（如压力、忧虑、缺乏自控力等）的人，这些特征会阻碍客户财务目标的实现。这一章的目的是，对人格以及如何利用它为金融规划的研究和实践提供信息进行讨论。本章的内容将涵盖人格的基本模型、理论和研究，为将人格纳入理财规划的研究和实践提供依据。

人格模型

大五理论

在现有的关于人格的几种理论中，人们在人格心理学领域已经达成了普遍共识，即广泛的人格特征，通常被称为大五人格，构成了人格的基本基础。这五大领域是开放性（openness to experience）、尽责性（conscientiousness）、外向性（extraversion）、亲和性（agreeableness）和神经质（neuroticism）。每个领域又包含更多的具体特质，这被称为方面性特征（facet）。表 9–1 列出了对这些方面性特征的总结。

每个领域和相关方面的特征也可以用一组相关形容词来描述。例如，神经质的焦虑方面与焦虑、恐惧、担忧、压力和紧张等形容词有关。《NEO 人格问卷修订本》(*NEO PI-R™*) 和《大五人格量表简化版专业手册》(*NEO-FFI Professional Manual*) 中都列出了关于每个领域和方面性特征的相关形容词的完整列表。

表 9–1　　　　　　　　大五人格特质的方面性特征列表

领域	方面性特征
开放性	幻想、审美、感觉、行动、想法、价值
尽责性	竞争力、命令、责任感、努力取得成就、自律、深思熟虑
外向性	温暖、合群性、魄力、行动、寻求刺激、正面情感
亲和性	信任、坦率、利他、顺从、谦虚、软心肠
神经质	焦虑、愤怒、敌意、沮丧、自觉、冲动、虚弱

HEXACO 人格结构模型

在 HEXACO 人格量表中，除了大五人格特质外，诚实 – 谦逊被认为是第六个人格因素。阿什顿 (Ashton) 和李认为诚实 – 谦逊是一种独特的人格特质，应该与标准的大五人格特质分开衡量。诚实 – 谦逊的特点是诚实、公平、真诚、谦逊、不贪婪。总而言之，HEXACO 模型包含了这样六个人格特征：诚实 – 谦逊 (H)、富有情感 (E)、外向 (X)、亲和 (A)、尽责 (C) 和开放 (O)。诚实 – 谦逊的特质使 HEXACO 模式区别于大五模式。

人格和理财行为之间的关系

作为一种人格模型，大五人格特质一直是财务行为研究的重点。不断积累的研究文献为大五人格特质和财务行为之间的重要联系提供了证据。因此，本节将根据大五人格特质对这些关系进行讨论。

开放性

科斯塔（Costa）和麦克雷（McCrae）指出，具有高度开放性特征的个体具有积极的想象力，偏好多样性，求知欲强，会持有非传统的价值观，并会追求能丰富生活经验的活动；开放的个体也能与他们的内心感受相协调，能体验到强烈的积极和消极情绪。而那些与他们相比不那么开放的个体，往往更喜欢熟悉的事物，行为比较传统，观点比较保守，并展现出更克制的情绪反应。

开放性和理财行为之间的联系有些复杂，但更强烈地指向其对理财行为的破坏性影响。特罗伊西（Troisi）、克里斯托弗（Christopher）和马雷克（Marek）认为，那些具有高度开放性的人会更重视体验（如知识和记忆），也不那么物质化；然而，他们在理财行为上也没那么谨慎。这一发现得到了相关证据的支持，研究表明，开放性特征与冲动性购买行为相关。同样，由于其对财务自我效能的信念较低，更高的开放性特征与较低的净资产变化间接相关。维尼凯宁（Viinikainen）和库科（Kokko）指出了一个令人担忧的发现，即更高的开放性与更频繁的失业期和更长的累积失业期相关。这些结果表明，更高的开放性特征可能会破坏预期的理财行为；然而，研究还表明，这一特征与长期储蓄和投资意图以及更高的持股可能性相关。

如何与开放性强的客户合作

根据科斯塔和麦克雷对开放性特征的描述，高开放性的个体可能会发现，理财规划过程中对目标的设定部分是愉快和有回报的；他们也可能会发现一些流于自然的生活规划方法，因为更关注生活体验，所以是他们人格中的固有组成部分。然而，综合性的研究结果表明，高开放性的个体在寻求提升生活体验的过程中，可能会与财务状况的日常管理目标产生重大冲突。因此，他们在实现财务目标方面可能会遇到更大的困难。然而，从投资的角度来看，高开放性的个体对他们的投资组合会有一个长期的定位，并且愿意持有股票，这对实现大多数财务目标来说都是有必要的。此外，与高开放性客户合作的理财规划师，需要熟练地管理他们可能经历的积极和消极的情绪波动。研究表明，消极情绪（如恐惧和担忧）会破坏理财目标和理财行为，而积极情绪则被证明有助于促进那些有利于理财成功的行动（如储蓄）。然而，过于积极的情绪（如过度乐观），则可能导致做出风险较大的理财决策。因此，在理财规划过程中，可能需要为他们当好参谋，以帮助他们顺利走过情绪体验的高峰和低谷，最终实现理财目标。总之，高开放性的个体可以从与理财规划师的合作中受益匪浅；然而，为他们服务对理财规划师来说也是艰巨的挑战。

尽责性

科斯塔和麦克雷将尽责的个体描述为有目标、意志坚强、做事有计划、有条理、以任务为导向的和有决心的人。他们也非常准时、可靠、一丝不苟。尽责的人往往善于在计划、组织和实现任务的过程中发挥积极作用，并由此实现自我控制。科斯塔和麦克雷指出，尽责的人往往会取得高水平的学术和职业成功。虽然尽责这一特质总体上是正面的，但在这一特质上得分高的个体也会表现出工作狂、强迫性和过于精打细算的行为。那些在责任感上得分较低的人则往往比较悠闲，得过且过，并且"在追求目标实现的过程中表现得比较懒散"。

尽责性和理财行为之间的联系是非常积极的。认真负责的特质与较高的终生收入、较高的财富和较高的净值相关。这种与更丰富的金融资源的联系，部分可能是源于其更谨慎的金融行为。约翰·莫文（John Mowen）发现，有责任心的人更有价值意识；他们会寻找便宜货，有节制地生活，比较节俭。维尔普兰肯（Verplanken）和赫拉巴迪（Herabadi）发现，尽责这一特征与冲动购买倾向呈负相关；同样，莫文和斯皮尔斯（Spears）发现，尽责特质的得分越高，强迫性购买行为就越不明显。此外，尽责也与更长远的眼光正相关，这更有利于人们做好退休计划，坚持储蓄行为。阿塞贝多发现，由于更高的财务自我效能信念，尽责的个体在净资产方面会有更大的增长。

如何与尽责的客户合作

不难看出，尽责的人是潜在的优质理财客户。尽责的客户更有可能在与理财规划师接触较少的情况下接受并落实理财建议，因为他们本就倾向于重视计划、组织和完成任务。他们也更有可能在理财规划中发挥积极作用，提供有助于进行分析的文件并提供建议。此外，研究表明，他们善于储蓄和积累财富，从而自然形成一个投资组合，可以由理财规划师进行管理。尽管有这些积极的特点，但在理财规划过程中与高度尽责的客户合作时，也可能会面对一些非传统性的（却很重要的）挑战。例如，尽责的客户在花钱方面可能非常谨慎，以至于他们在退休后无法有效地使用他们的财富。此外，在他们努力挣钱积累财富的岁月中，可能会放弃太多的生活体验。理财规划师的一项重要任务是，帮助那些高度尽责的客户在整个生活过程中，在储蓄和消费之间取得平衡，从而使其生活更加丰富。总体而言，认真负责、财务状况良好的客户，可能会从理财规划的积极心理学方法中获益，这种方法有助于让他们把聚财与生活福祉平衡起来。

外向性

外向性常常被等同于社交能力，然而偏爱与他人相处只是外向性个体的特征之一。科斯塔和麦克雷认为，外向者也有自信、积极、健谈、乐观、精力充沛、开朗和乐观的一面。那些在外向特质上得分较低的人会被归类为内向者。然而，内向的概念应该是没有外向的特征，而不是有与外向相反的特征。例如，科斯塔和麦克雷讨论说，内向的人不是不友好，而是比较保守；内向的人不是害羞，而是喜欢独处。

总的来说，外向性和理财行为之间的联系是积极的；然而，相反的结果也已经被注意到了。尼胡斯（Nyhus）和韦伯利（Webley）发现，内向（科斯塔和麦克雷认为是缺乏外向性）与储蓄增加和借贷行为的减少相关。换言之，更高的外向得分将与更少的储蓄和更多的债务相关。能够支持这一观点的是维尔普兰肯和赫拉巴迪的发现：外向性与更强烈的冲动性购买倾向相关。另外，外向性也与劳动力市场中较高的年收入呈正相关，这可能是因为外向性个人所从事的职业，其收入通常高于内向性的人所从事的职业。他们认为外向性特征与那些更富进取性的职业类型密切相关。科斯塔和麦克雷指出，"销售人员（销售往往是一个收入较高的职业）是我们文化中典型的具有外向性的人"。此外，外向与更高的净值水平相关。同样地，阿塞贝多发现，由于财务上更高的自我效能信念，外向性与净资产的更大变化相关。最后，维尼凯宁和库科发现，外向性与累积失业率降低和失业期缩短相关。

如何与外向的客户合作

研究表明，总的来说，外向的客户有可能表现出一些冲动和轻率的理财行为。这种行为的部分原因可能是外向者与人相处的自然欲望会使其控制支出变得更加困难。尽管有这些不那么谨慎的理财特征，但外向者似乎可以因此而赚取更高的收入，并通过储蓄和/或更高的风险承受能力及股票配置，将其收入转化为会随着时间推移而增加的财富净值。尽管没有发现外向性和个体风险承受能力之间的显著关系，但有证据表明，外向性个体更愿意接受理财风险。因此，风险容忍度和投资组合的合理配置，可以在外向者的财务成功中发挥作用。此外，也可能是由于外向性个体中有着强烈的积极情绪，所以积极的财务结果总会伴随着积极情绪而来。理财规划师可能会觉得在日常的财务管理中，与外向性的客户合作会很有挑战性；然而，理财规划师在帮助收入较高的外向性客户将收入转化为长期财富方面可以发挥重要作用。

亲和性

亲和特质与利他主义、同情和乐于助人有关。和蔼可亲的人相信，其他人也会回报同样的善意，而不太可能对自己的利益和目标锱铢必较。科斯塔和麦克雷将亲和性描述为一种在社会和心理上都被普遍认为更可取的特质；然而，高亲和性的人格特质与依赖性人格障碍是相关的。在亲和性这一特质上得分较低的个体，往往更具对抗性，更加以自我为中心，更多疑和更富竞争性。极度不亲和往往与自恋、反社会和偏执型人格障碍有关。总的来说，亲和的人往往在社会上很受欢迎，但更可能会为了他人和人际关系而牺牲自己的目标。

令人遗憾的是，亲和性与不太理想的理财行为和结果相关。亲和性与较低的财富净值和金融财富水平、较低的风险/回报投资和较高的强迫性购买行为有关。亲和的人更容易借钱。同样地，阿塞贝多发现，由于财务自我效能信念较弱，亲和的人的净资产变化较小，这些结果在一定程度上可能是由于亲和的人买股票的概率较低。然而，积极的一面是，维尼凯宁和库科发现，亲和的人累积失业率较低。研究发现，与亲和性相关的特征也与多留遗产的动机相关，这与人格亲和者的仁慈本性是一致的。

如何与亲和的客户合作

亲和的客户给理财规划师提出了一系列独特的挑战。研究表明，一个亲和的人的乐于助人、富有同情心和利他主义的自然倾向，会导致负面的经济后果。亲和的客户可能会受到诱惑，将他们的钱财花在别人身上，却牺牲了他们自己的财务目标。例如，亲和的人很难拒绝来自朋友、家人或慈善组织的求助。如果这种大方的馈赠行为变得不可持续，就可能会导致负面的理财结果。因此，亲和的客户可能更难以完成储蓄计划，或者在投资组合撤出（portfolio withdrawals）方面遇到困难。

此外，阿塞贝多发现，亲和性特质与较低水平的积极影响和较高水平的消极影响相关。因此，在整个理财规划过程中，亲和的客户可能更容易受到压力和失败的影响，因为他们总想面面俱到，既想帮助他人，又想达成自己的理财目标。如前所述，消极情绪会阻碍理财目标的实现，而积极情绪会促进更高的自我效能感和谨慎的财务行为。因此，对亲和的客户可以用积极心理学的方法为其进行理财规划，帮助他们管理和培养幸福感。此外，当面对亲和的客户时，理财规划师要重视理财规划基础，这可能会很有用。例如，建立预算，在支出、储蓄和捐赠方面提供明确的界限，这可能有助于亲和的客户处理好来自家人、朋友或慈善组织的请求。在极端情况下，理财规划师可以充当客户的中间人。例如，客户可以告诉朋友或家庭成员，在请求资金援助时要与其理财规划师交谈。

总的来说，与亲和的客户合作要求理财规划师熟练掌握沟通技巧和管理客户情绪状态的能力。此外，理财规划师可能还需要帮助解决客户与家人或朋友之间的金钱纠纷；如果客户是一对夫妇，则可能需要为他们婚姻关系中的金钱纠纷提供冲突解决方案。阿塞贝多提供了一个来自仲裁行业的冲突解决框架，该框架基于原则性谈判技术和冲突理论，理财规划师可以使用该框架帮助客户解决资金争议。最后，尽管亲和的性格可能会给客户和理财规划师带来一些障碍，但在退休阶段，这种性格特质已被证明是有利的，因为亲和的人在退休后预期会有较高的生活满意度和积极体验。因此，有着亲和性格的人，更容易适应和过渡到生活环境中。

神经质

科斯塔和麦克雷将神经质描述为大五人格特质中最常见的一个。神经质这一特征的标志是，持久地受负面情绪（如恐惧、悲伤、尴尬、愤怒、内疚、沮丧、嫉妒、小心眼、抑郁、孤独和厌恶）影响的倾向。那些在神经质特质上得分低的人情绪倾向于保持稳定；若神经质特质上得分高，则表明情绪不稳定。科斯塔和麦克雷还强调，神经质包括适应和调整，低神经质与适应或调整能力较强相关，高神经质则与适应不良和缺乏适应能力相关。科斯塔和麦克雷将这一特征归因于负面情绪的存在，这种情绪会阻碍适应以及调整的过程。此外，高神经质的人还有一种倾向就是，他们总有不切实际的想法，缺乏自我控制能力，应对压力的能力较差。而那些神经质特质上得分较低的人，即使在面对压力的情况下，也倾向于表现得放松、镇定和平静。

神经质与糟糕的理财行为和结果联系在一起太正常了。如前所述，消极情绪是神经质这一性格特质的核心，它已被证明会损害理财目标达成、理财行为和对理财自我效能的信念。神经质也与单身、较长的失业期以及强迫性和冲动性购买行为直接相关。虽然有神经质倾向的人拥有股票的可能性更大，但随着时间的推移，他们的财富净值变化较小。情绪稳定的个体（与神经质相反）则表现出较少的强迫性购买行为，并且其终生的收入水平也较高。

如何与神经质的客户合作

服务有神经质倾向的客户为理财规划师带来了巨大挑战。这一挑战就是，当受到消极情绪的普遍影响时，他们在适应和调整方面可能会遇到困难。理财规划是伴随着客户人生旅程的一个动态的服务过程，在此期间，他们会经历许多变化和过渡。科斯塔和麦克雷对神经质的描述表明，神经质的客户在因时而化和适应性调整方面面临着挑战。因此，理财规划师必须善于通过改变和转变，来为这样的客户提供咨询和指导。同样，积极的心理学方法可以有效地帮助有神经质倾向的客户管理他们的消极情绪，以便能够更好地适应整个理财计划过程中其生活所发生的变化。需要注意的是，如果客户看上去陷入了消极状态，而理财规划师又无法帮助他们走出来，那就有必要让心理健康专业人员（如财务治疗师、心理学家或婚姻家庭治疗师）来接手处理。

通过理论把人格与理财行为联系起来

人格特质理论上可以通过一个出现相对较晚、名为动机和人格的元理论模型（Meta-Theoretic Model of Motivation and Personality）的创新性框架与理财行为（在本节也被称为消费者行为）联系起来。该模型又称 3M 模型，是由莫文开发的，旨在将人格心理学和消费者行为结合起来加以研究。这个可测试的元理论结合了控制理论、进化心理学，以及人格的层次分析法，用以解释消费者的动机和行为。莫文观察到，鉴于广义的性格特征（例如大五人格特质）和行为之间通常存在微弱的直接关系，消费者行为文献中对广义性格特征的调查出现了偏差。莫文认为，通过同时把广义的和狭义的特征结合起来研究，就可以更全面地理解消费者的行为。因此，他开发了 3M 模型来解释如何把不同层次的人格特征结合起来解释消费者的行为。

莫文将人格定义如下："是一组层次相关的内在心理结构，揭示了时间的一致性，并与情景相结合，影响个人的感觉、思想、意图和行为。"3M 模型假定有以下四个层次的特征来解释消费者的行为：基本特征、复合特征、情景特征和表面特征。基本特征构成了 3M 模型的基础，并被认为是基本的、"来自遗传学和早期学习历史的个体潜在倾向"。大五人格特质是莫文提出的八个基本特质之一。每个人的人格都是这些基本特征的独特组合，这些基本层次上的独特组合与个人的文化背景和学习历史相互作用，又形成了复合特征。

复合特征数量众多，研究者必须利用现有的文献和理论来确定哪些复合特征与其研究问题相关。复合特征应符合某些心理测量特性，以便在 3M 框架内有效发挥作用，这些特征如下：（1）量表是一维的；（2）量表展现出强大的内部可靠性［即克隆巴赫系数（Cronbach's alpha）为 0.75 或更高］；（3）它们可以被至少两个基本特征用 0.25 或更大的 r 平方进行显著的解释；（4）它们可以解释层次模型中高于或超过基本特征的情景特征的方差。莫文提供了符合这些标准的复合特征的例子，包括一般的自我效能信念、竞争力和任务导向等。

基本特征和复合特征与情景力相结合，就产生了特定领域的自我效能（如财务自我效能、关系自我效能、健康自我效能等）、价值意识和健康动机等情景特质。最后，基本的、复合的和情景的特征相互作用产生表面特征，表面特征是可以测量和观察到的特定的具体行为。莫温为 3M 模型在解释以下五个表面特征方面的有效性方面提供了证据：强迫购买、运动参与、健康的饮食生活方式、讨价还价的倾向和节俭。

尽管 3M 模型很实用，但在理财规划研究和实践中，它还未被广泛用于将人格特征和其他心理特征与理财行为联系起来，然而，一些相关的研究已经使用 3M 模型完成了。例如，3M 模型被用来解释网上购物、财务自我效能感和储蓄行为、财务满意度、赌博的倾向、强迫性购买、股票市场投资者和赌徒的比较，以及退休的财务准备。研究人员应该考虑利用 3M 模型，因为它提供了心理学和金融属性特征的理论整合，有助于发现激励和塑造客户行为的潜在心理因素。

人格测量

网上有几个大五人格评估测试，理财规划师可以将其用于测量客户的人格特征。例如，《今日心理学》（*Psychology Today*）就有一个公开的大五人格测试，它提供了一个免费的人格结论，也可以选择购买其生成的全部结果。对研究人员来说，更大的二级数据集可能包括了大五人格特质。例如，健康和退休研究的心理社会和生活方式问卷，包括测量五大特征中每一个特征的变量；美国"全国青年纵向调查"（National Longitudinal Survey of Youth, NLSY）也包括对五大特征的测量。关于根据大五人格特质进行人格测量的详细讨论，请参见《NEO人格问卷修订本》和《大五人格量表简化版专业手册》。此外，斯利瓦斯塔瓦（Srivastava）提供了对五大特征的概述，以及一些资源和公开可用的测量工具的链接。

对研究和实践的启示

总的来说，人格和理财行为的相关文献揭示了其对理财规划者和研究者的意义和价值。首先，这些文献开始出现一些主题，暗示人格特征可以用来预测人们的理财行为。尽责性和外向性通常与有利于目标实现和资产积累的理财行为相关，而开放性、亲和性和神经质倾向于阻碍明智的理财行为，这些文献还提出了在整个理财规划过程中都必须克服的独特挑战。重要的是要注意到，每种性格特征都不能说完全是好的，也不能说完全是坏的；每一个特征都仅仅是代表了一个人的思维、感觉和行为的自然模式，这些模式在不同的时间和场合下往往是一致的。研究表明，某些人格模式可能导致不太理想的理财结果。

对于理财规划师来说，了解客户的人格特征可以帮助他们预测客户在实施建议时可能面临的挑战，并在刚开始规划时就能有针对性地为客户提供建议，以满足客户的行为和心理需求。及时认识到哪里可能出现挑战，并提供相应的建议，以促进理财规划师和客户之间建立起更愉快、更富有成效的关系。此外，虽然短期内客户的人格基本不会发生巨大变化，但研究表明，人的人格会随着时间的推移而改变。因此，客户有可能调整他的人格的某些方面，以改善其理财行为（例如，减少负面影响、改善自我控制或增加任务跟进等）。例如，一个不太尽责的客户可能会慢慢变得更尽责。幸运的是，随着人们年龄的增长，他们往往会表现出越来越强的自信、热情、自控和情绪稳定性，这些都是有利于理财行为的特征。虽然人格会改变，但人在 50 岁至 70 岁之间的人格特征一致性会达到高峰并停滞，这表明老年人的性格不太可能发生变化了。

从研究的角度来看，人格提供了一个有效的框架，可以用以探索人的各种理财行为，从而继续积累能作用于实践的知识体系。在广泛的文献记录中，大五人格特质都是人格的基础。人格心理学领域能非常积极地推进我们对人格的理解，以及这些特征如何在个人的生命历程中表现出来。

其次，现有研究和 3M 模型表明，一个复杂的心理特征网络可以解释理财行为。具体来说，理财行为可以追溯到更广义的人格倾向，但会更直接地通过受情景力量影响的狭义特征来解释。人格起源可以让我们深入了解客户展现出更多特质的一般性趋势，从而为我们提供了一个探索客户金融行为的基础。理财规划师可以利用这个框架（3M）来提供整体的理财规划建议，确认行为的心理根源。了解这些心理根源可以帮助理财规划师更有效地提供建议，帮助客户克服逆境，并管理在理财规划过程中与失败相关的压力。例如，一个亲和的人可能更容易受负面情绪的影响，这些情绪与应对并屈从他人的理财期望有关。通过了解这些心理根源，理财规划师可能会采取策略来具体克服这些负面性格特征。总之，通过将对客户人格的理解融入理财规划建议，理财规划师可以提供更全面的建议和支持，其方法是考量通过行为倾向表现出来的客户心理特征，这些特征会影响建议的成功实施。

未来的导向

总之，人格描述了我们对生活事件和环境的内在认知性、情感性和行为性反应，从而形成了对客户行为根源的基本解释。理财规划专业会受益于未来的研究，这些研究扩展了我们对人格和理财行为（如投资、债务选择、退休时间、投资组合退出率、夫妻间的行为等）之间关系的知识。把基本的人格因素和狭义的心理特征结合起来，就有可能进一步解释你所观察到的客户行为与理性预期相偏离的原因。未来的研究还应该关注各种人格特征是如何相互作用进而影响客户行为的，因为每个人都有一系列的人格特征。例如，一个高度神经质的客户也有可能非常尽责，也许他的尽责特质促进了行动和跟进，从而帮助他克服经历高度压力和焦虑的倾向。此外，测量单位还应该从个体扩展到夫妻客户，以研究每对夫妻的人格特征是如何互动从而产生财务决策和家庭行为的。最后，还需要用先进的统计方法来理解变量之间的因果关系，并解释与心理结构（如人格）相关的测量误差。这些研究目标可以通过使用结构方程建模和心理学中常用的纵向技术来实现。

第 10 章

风险素养

梅根·R.卢茨（Meghaan R.Lurtz）理学硕士

斯图尔特·J.赫克曼（Stuart J.Heckman）博士

国际金融理财师，美国堪萨斯州立大学

　　风险可以定义为"人们对某些事无法确定地知晓的任何情况"。因此，风险无处不在。风险尤其存在于个体的理财规划环境中，几乎所有理财决策都存在风险，理财规划人员要知道承担风险的意愿（即风险承受能力）因人而异。衡量风险承受能力和了解风险承受能力如何影响行为，一直是理财规划研究的一个要点，也是投资管理过程的一个关键组成部分。个体在做出风险性选择时如何感知和使用信息？尽管有很多研究都是针对风险承受能力的测量问题和应用程序的，但在帮助客户解决这一问题时，理财规划专业人员还有很多东西需要向其他领域学习。当然，也包括在本书的背景下研究客户心理，这包括影响客户决策和财务福祉的偏见、行为和观念，风险素养在专业人员更好地为客户服务方面有着重要的地位。

　　针对个体如何做出涉及风险或不确定性的决策，统计学、心理学和经济学等多个学科都有着丰富的学术研究史。决策科学①的最新进展加深了我们对人们在各种情况下如何决策的理解，包括刑事司法系统、公共安全、健康和财政等领域。对理财规划专业人员而言，一个特别有价值的进步是对一个被称为风险素养的概念进行衡量。本章的目的是，对正处于增长中的关于风险素养的文献进行介绍，并讨论其在理财规划职业中的应用。

风险素养被定义为"解释和处理风险信息的能力"。客观的计算能力是风险素养的基本决定因素，已被确立为一个独立、独特的预测因子，以预测做风险决策的能力、对主观计算能力的控制、对认知的需要、忧虑和智力能力。科克利（Cokely）等人寻求改进先前对计算能力的测量工作，并开发出了柏林计算能力测试（Berlin Numeracy Test，BNT）。他们的研究结果表明，BNT 是个人计算能力的一个强有力的预测因子，即使在控制了认知能力之后，它也有助于理解和评估各种情景下的风险。他们的发现最近得到了证实和阐释，在把风险权衡纳入考虑后，计算能力的预测程度会超过流体智力测试。与更稳定的智力不同，计算能力是可以通过图形识字训练和 / 或计算技能培养来提升的。本章将讨论科克利等人的风险素养测量、健康环境下的风险素养应用，以及金融环境下的风险素养应用。

柏林计算能力测试

自从马克斯·普朗克人类发展研究所（Max Planck Institute for Human Development）最早开发出柏林计算能力测试并对其进行验证以来，BNT 已经在全世界和不同背景下的 21 项研究（$n=5336$）中得到应用，其收敛效度、判别效度和标准效度都得到了验证。BNT 根据受检人群的不同分为两种形式。对于中高计算能力的个体，科克利等人提出的四项（four-item）测试是最好的。大多数文献都把受过大学教育的人视为具有中高等计算能力的个

---

① "决策科学"一词在某种程度上被非正式地用来指代那些关于人们如何做出决策的各种跨学科的学科，包括但不限于以下方面：判断和决策、经济心理学 / 行为经济学和行为金融学。

体。高计算能力版本也有适于计算机的版本，基于被试回答前面问题的正确性，后面问题的难度会进行相应调整。计算机版本的测试只需要回答两到三个问题，通常只需不到三分钟即可完成。这个测试的第二个版本是针对低计算能力个体的，它也包括四个项目。人们发现，这项测试也具有很高的有效性。两个版本的 BNT 都附在本章末尾的附录中。

医疗保健方面的应用

使用 BNT 的大多数研究人员都将重点放在了医疗保健领域的应用上。其中许多发现来自对人们从 1995 年—2016 年发表的文章所进行的系统回顾以及总结，并最终形成了一个概念性的框架。这个框架关注的是透明可视化辅助的力量。这些文献回顾考察了可视化辅助是如何鼓励广泛的个体对他们的决定进行深入思考的。因此，可视化辅助工具根据框架，通过对人们思考过程的干预，不仅减少了错误和偏见，还改善了对信息的自我评估。人们的决策能力得以提高，对他们所做的决定感觉更好。这些发现现在得到了进一步发展，该框架现在被称为熟练的决策理论。

心血管疾病是导致人类死亡的主要原因之一，其中近一半的病人死于急性冠状动脉综合征（acute coronary syndrome，ACS）。对 ACS 及时治疗能够显著提高存活率，因此人们开展了许多旨在促进快速反应的教育活动。如果说这些程序有用的话，也只是起了微弱的作用。佩特罗瓦（Petrova）等人考察了患者的反应时间和计算能力的重要性。他们的研究结果遵循了先前对计算能力和医疗决策的研究："一个（相对来说）有较高客观计算能力的病人，在症状出现后 50 分钟内寻求医疗护理的可能性比其他人高出四倍。"

在一项以荷兰受过高等教育的人口（其中 30%~50% 的人拥有研究生学历）为对象的研究中，人们发现，与计算能力较低的人相比，计算能力较高的人会花更多的时间思考，并且在财务和医疗方面做得更好。人们还发现，计算能力也能预测个体想要或希望与医疗专业人员开展互动的方式。低计算能力的个体更喜欢家长式的关系，而高计算能力的个体更喜欢共享式的关系，这些发现甚至在控制了年龄因素后也适用。风险素养水平预测了个人想从他们的医疗保健提供者那里得到的关系类型。

研究人员还考察了专业人士的计算水平。外科医生和具有研究生学历的高级警察是两类特殊人群，他们会定期审查、沟通风险信息，例如与特定手术程序有关的风险或恐怖主义风险。外科医生的计算能力与其沟通方式和改进都有关系。计算能力强的外科医生会更多地进行协作性决策。

多数计算能力强的警察能够更好地估计反恐方法的准确性，并且更有可能向决策者推荐这些技术。尽管具有较高计算水平的外科医生和警察在理解和解释风险信息方面更为出色，但这两类人中也都包含计算能力较低的个体。此外，无论其计算能力高低，外科医生和警察都会通过使用图形信息来提高他们的决策能力。

在沟通风险时使用图表和图标阵列（icon array）的重要性怎么强调都不为过。文献表明，特定类型的图形和图标阵列极大地提高了决策能力和信息交流能力。图表有助于个体避免框架效应[①]和分母忽略[②]，这些发现甚至得到了频率假说（frequency hypothesis）和空间到概念映射（spatial-to-conceptual mapping）的进一步探索和支持。该假说认为，我们需要用图形信息来反映我们在生活中的期望，即条形图中的一个较大的条，应该代表更大的值。

研究人员还发现，适当的风险展现（即说明个人计算能力的风险展现）可以显著改变行为。例如，在分析健康行为和性传播疾病（性病）时，视觉表征有助于理解性病的风险，从而导致态度和行为的改变。随着年轻人对信息理解的加深，他们对使用避孕套的态度发生了变化。在后续调查中，有统计数字表明，有相当数量的学生报告说，其行为发生了变化，他们开始使用

---

① 框架效应是一种认知偏见，当某个选择以否定的框架呈现时，个体会成为风险寻求者，而当某个选择以肯定的框架呈现时，个体会在完全相同的情景中选择避免风险。典型的例子是亚洲疾病问题，在这个问题中，特定的选择框架会被描述为 600 人中的 200 人将被拯救，或者 600 人中的 400 人将面对死亡，当框架为负时，人们会甘冒风险，当框架为正时则会追求确定性。

② 分母忽略是指个体在忽略分母的同时，关注比值分子的一种倾向。例如，如果你规定，从一个装满多种颜色弹珠的罐子里抽出一个红色弹珠为赢，人们倾向于根据红色弹珠的数量而不是红色弹珠在罐子里的总比例来判断获胜的可能性。

避孕套来保护自己免受性传播疾病的高风险。

财务方面的应用

医疗领域的研究结果与个体理财规划和理财行业的联系是数不胜数的。下行理财风险（即金融损失风险）是经济和金融文献关注的一个主要问题。像其他许多基于概率的权衡取舍一样，理解和计算下行风险常常遭到误解。计算能力较低甚至处于中等的客户可能都不明白，从 20% 的损失中恢复过来需要 20% 以上的收益。对下行风险的误解以前可能被认为是财务素养问题。财务素养对理财行为的影响，以及旨在提高客户财务素养以改善其理财行为的计划和干预措施，都得到了广泛的研究，但这些干预措施几乎没有发挥任何作用。鉴于在医学研究中，计算能力的表现要优于健康素养，在决定个体理财行为时，其计算能力可能会比财务素养更重要。

针对巴西大学生进行的一项研究表明，较低的计算能力与较高的风险容忍度相关，较高的计算能力与较低的风险容忍度相关。计算能力越高的大学生就越了解一种风险，也就越不愿意冒这种风险。这项研究是针对学生的，但他们总有一天会决定投资组合的分配。佩特罗瓦等人在这之前也发现了同样的现象，他们指出，计算能力较高的个体"似乎对一个糟糕选择的糟糕程度会有更清晰的认识"。

虽然低计算能力的个体与高计算能力的个体在医疗环境中的决策偏好不同，但年轻个体在职业和金融领域中更倾向于合作或共享的决策关系，无论其计算能力水平如何。年轻人也希望为他们服务的理财专业人士能采取变革型领导，而不是自由放任型或交易型领导的方式。变革型领导是指通过获得追随者的信任和信心，来树立自己的榜样形象。变革型领导会激励追随者表现出深刻的享受感和目标感。佩特罗瓦等先让学生假设自己拥有一架相机，然后给了他们以下三种词句之一，来对这架相机进行描述：中立的、对其怀有丰富情感、因为对其怀有丰富情感而对其进行重新评估，再给学生相机损失的概率，要求他们做出投保决策。计算能力更高的学生，尤其是那些进行过重新评估的学生，做出了更好的决定，并且较少受到情绪的影响。

风险素养与理财规划

风险管理在理财规划和建议的制订中起着至关重要的作用；在理财规划过程中，风险沟通是不可避免的。如果客户要了解当下的风险信息并根据这些信息采取行动，那么理财规划师有责任确保自己能基于客户的风险素养水平进行恰如其分的沟通。特别是在担任受托人时，注册理财规划师有责任确保只实施适合其客户的规划，并确保自己会以客户可以理解的方式传达风险。因此，正如科克利等人所建议的那样，基于医疗健康的背景，在讨论理财计划中的风险并将谈话调整到适当的水平之前，应该先评估每个客户的风险素养。在为客户的投资组合确定适当的风险水平时尤其应该这样做。

虽然有许多风险承受能力问卷可供使用，但由于客户的风险素养不同，其中一些问卷可能并不合适。考虑到之前对计算能力和风险承受能力之间关系的研究，采用 BNT 等工具分析客户的风险素养不仅是实际的而且也是明智的。目前的风险承受能力衡量标准可能将风险承受能力和风险素养混为一谈了。鉴于整个行业都非常重视设计符合客户风险承受能力的投资组合，同时考虑到风险素养对风险承受能力的衡量的影响程度，这可能会导致客户承担不适当的风险。

特里韦纳（Trevena）等人发现，"患者决策辅助工具可能是一种有效的策略，它能将研究证据与患者的价值观和其他因素结合起来，以促进患者更大程度地参与，从而提高决策质量，并深化其对决策选项的了解"。类似地，客户决策辅助工具可能还有助于帮助客户了解风险以及建议管理该风险的策略。理财规划师也可以从关于如何有效沟通风险的研究中获益。布吕纳·德·布鲁因（Bruine de Bruin）和博斯特罗姆（Bostrom）确定了为非专业的客户设计有用且科学的演示文稿的四个步骤。首先，确定需要知道什么或需要指出哪些点；其次，确定客户或受众已经知道的内容；再次，根据需要给出的专业性观点，以及客户或观众所知道的，设计出一个沟通方案；最后，测试沟通的有效性。在对沟通进行过调整后，还可以对其有效性进行测量和再测量，例如在为新客户构思如何建立投资组合建议的时侯。

在设计沟通方案时，特里韦纳等人对风险沟通问题和指南进行了有益的回顾，我在这里对其中一些建议做了回顾，感兴趣的读者可参考全文进行更全面的讨论。当要呈现单一事件或比率变化带来的机会时，他们建议使用百分比或简单频率，如果使用频率，相等分母是关键；当呈现与关联事件有关的信息时，更建议采用自然频率而非条件概率。在方案中加入关于风险的信息也是有帮助的，例如在健康研究中，"提供在未来10年内死于所考虑的某种疾病的机会，以及死于其他主要原因的机会"就能满足这样的需要。可视化和个性化的信息可以使风险的沟通更加具体。

最后也是最重要的一点，理财顾问们需要认识到，使用有效的图形信息、测量客户的计算能力和以特定的方式呈现风险，可能会改变客户的行为。如果考虑到那些理财教育项目对提高客户财务素养，影响其行为所起的效果并不显著，有关健康素养的培训对健康行为的影响同样不显著，你就会觉得这一说法令人难以置信。

结论

衡量和解决风险承受能力和财务素养问题只是冰山一角。理财顾问可以更好地为客户提供服务，具体做法还包括采取一些能提高客户的计算能力和风险意识的做法。理财公司的顾问们可采用一些简单易用的工具（如BNT），来轻松快捷地为客户提供服务。前面说过，计算能力和图形素养也是可以提高的技能。因此，即使财务顾问发现他们的许多客户的计算能力低于他们的想象，只要在信息表达和技能建设方面进行简单地改变，就可以提高客户的计算能力和风险素养。计算能力加强了从业者和客户之间的沟通，并有可能改善态度和改变行为。想为客户提供卓越服务的理财顾问，应该在实践中提高计算能力和风险素养。

附录

尽管柏林计算能力测试有计算机版本和多种格式可供选择，这里只介绍传统格式。通过将"正确的数字相加并将其作为内部量表分数"就可以得到分数，完成评分。

针对普通人的柏林计算能力测试

1.想象一下，我们掷硬币1000次，其中正面朝上的次数最可能是多少？（500次）

2.想象一下，我们把一个有五面的骰子扔50次。平均来说，在这50次中，会有多少次是奇数面（1、3、5）朝上？（30次）

3.在巨款彩票中，中奖10美元的概率是1%。如果有1000人购买这种彩票，你猜测有多少人能赢得10美元奖金？（10个）

4.在采实出版集团的抽奖活动中，赢得一辆车的机会是千分之一。采实出版集团发行的抽奖券能抽中一辆车的百分比是多少？（0.1%）

针对受教育人口的柏林计算能力测试

1.平均来说，一个五面骰子在50次投掷中会有多少次显示一个奇数（1、3、5）？（30次）

2.在一个小镇的1000人中有500人是唱诗班的成员，唱诗班的500名成员中有100名是男性；在没有加入唱诗班的500名居民中，有300名是男性。一个随机抽取的男人是唱诗班成员的概率是多少？（25%）

3.假设我们掷一个做过手脚的骰子（六面），骰子显示为6的概率是现实其他数字的两倍。平均来说，在70次投掷中会有多少次骰子显示数字6？（20次）

4.在森林中，20%的蘑菇是红色的，50%是棕色的，30%是白色的。红蘑菇有毒的概率为20%。不是红色的蘑菇有毒的概率为5%。森林里的有毒蘑菇是红色的概率是多少？（50%）

第 11 章

自动决策辅助：理解算法厌恶并对信任进行设计以服务于理财规划

贾森·S. 麦卡利（Jason S. McCarley）博士

美国俄勒冈州立大学

到了 17 世纪中期，新兴的统计学为保险业做了很多贡献。思考者们运用概率论建立起了死亡率风险表，并以此为基础，为年金和保险制定了建立在数学计算基础上的定价方案。但保险公司并没有被说服。除其他反对意见外，他们还认为，对客户健康和预期寿命的判断需要洞察力和复杂的分析，而这只有他们才能提供。

他们认为，专业人士的丰富经验和优秀的判断力是无法用方程式和数学公式取代的。根据健康、年龄和职业，决定某一个人是否适合参保，需要良好的判断力，而这一判断不能被人口统计表上盲目的平均值所取代。

事后看来，认为任何从事保险业的人都会蔑视精算数据的说法是荒谬的。然而，早期保险公司对统计表不满意的风气依然存在。数十年的实证研究证实了保险公司经营实践中固有的两个教训，即人类决策者的表现往往不如统计辅助工具或规则。但是，人类决策者往往更信任自己。

这一现象的一个现代表现形式出现在人类 – 自动化交互领域，特别是在人类与自动化的或计算机化的决策辅助工具的交互中。感官技术和数据处理算法的改进，使计算机系统在空中交通管制、作战识别和法务会计等领域成了人类的先进助手。然而，这种辅助所带来的好处常常令人失望，不信任会导致用户忽视或轻视自动辅助工具的建议，从而导致业绩不理想。提供自动化咨询服务的机器人顾问变得越来越先进，应用也越来越广泛，理财规划可能是下一个出现这种决策偏见的领域。

机械判断与整体判断

我们的许多决策无论大小都是概率性的，我们拥有的信息是不完整或不完善的，决策的结果是不确定的。例如，关于可靠性和转售价值的统计数据可能会告诉我们，我们购买的汽车是好的，但如果运气不好的话，我们最终还是会买到一辆有毛病的车。做概率决策时，我们的成功率受到我们的判断所依据的信息的质量的限制。在最不利的情况下，比如要预测硬币的正反面或挑选彩票号码，我们只能靠猜。在好一些的情况下，如选择求职者或预测周末天气，也许我们的决定可能比纯粹靠运气要好，即使做不到100%准确。因为我们通常无法达到完美的准确性，我们的目标只是尽己所能，我们判断业绩的衡量标准将取决于具体的环境。在某些情况下，我们的目标是让我们决策的长期平均收益或预期价值最大化；在其他情况下，我们的目标可能是尽量减少产生重大损失的风险；在另外一些情况下，我们可能还会受到其他目标的影响。

研究决策的心理学家们对比了两种做出概率决策的方法。其中一种被称为朴素的或整体的；另一种被称为精算的、统计的或机械的。（为了保持一致性，我们将统一使用整体的和机械的这两个标签）。使用整体方法的决策者，会"组合或处理他头脑中的信息""使用非正式的主观方法"。换言之，整体性的决定是靠"直觉"做出的，而机械性的决定是公式化的，"人的判断是被排除在外的"，机械性决策方法包括统计预测、精算预测等，我们可以称之为算法预测。

应该首选哪种方法呢？米尔（Meehl）统计了大约 24 项研究结果，以比较整体性决策和机械性决策的准确性，这些研究给出了这个问题的答案。他总结说，其中有一项研究倾向于整体性判断（尽管不太令人信服）；在剩下的研究项目中，其中认为二者之间没有什么区别的占 50%，50% 的人则更推崇机械性方法。后来的元分析从数学上总结了其后几十年的研究成果，得出了类似的结论：其中有大约一半的研究肯定了机械性的预测方法，还有一半显示二者差别不大，只有少数案例表明整体性方法的预测效果更好。平均而言，机械性预测方法的优势并不大，但在统计上是显著的，尽管在特定情况下，例如在人事选择和学校招生方面，其优势可能要大得多。

更重要的是，许多学者只考虑了那些最多只为人类决策者提供了和统计方法一样多的信息时的情况。事实上，当人需要处理的信息比统计方法更多时，人类决策者的相对表现就会变差。这意味着机械技术的优势来自它们使用或组合信息线索的方式。整体性决策往往非常缺乏一致性，并会受到各种认知偏见的影响。相反，机械性方法一旦被开发出来并通过验证，就能以完美的一致性处理数据，并且"结论完全依赖于数据与相关条件或重要事件之间建立起的经验性关系"。

米尔承认，相对于整体性策略，机械性决策策略具有总体优势并不意味着机械性策略在任何情况下都是优越的。他还指出，当制定决策策略所依据的条件发生了意料不到的变化时，一个总体可靠的机械性策略在异常情况下可能会失败。还有人注意到，即使当有机械性决策方法可用时，也可能需要借助于人来实施这些方法。例如，可能需要有人进行访谈，并将结果编码，以便输入统计程序，或者选择机械性决策策略要预测的标准变量并对其进行操作化设计。这些限制意味着，在很多环境中，不可能让人类决策者完全脱离机械性决策的过程。但是，在现实允许的情况下，机械性决策策略似乎比整体性策略更可取。

算法厌恶和自动化弃用

可以说，机械性决策策略与人类决策者的整体性策略基本相当甚至能够胜出，但人类决策者仍然需要参与到决策过程中。从表面上看，解决这一冲突的一个简单办法就是，为人类提供一个机械性的程序或系统作为辅助。这个助手可以是简单的规则或算法公式，通常采用电子或自动决策辅助的形式，例如计算机辅助医疗诊断系统或用于检测财务报表欺诈的机器学习算法，一个常见的例子是文字处理软件中的拼写检查功能。

帕拉苏拉曼（Parasuraman）等人提出了一种分类法，可用于对人们使用自动辅助工具的可能方式进行分类。就目前而言，我们可以将它们简单分为以下三大类。

- 当辅助工具需要提醒用户注意潜在的重要信息时，或者当辅助工具为用户总结、集成或分析信息时，它会向用户发出通知。例如，当拼写检查给无法识别的单词加下划线时，它会通知写作者。
- 当辅助系统建议采取行动时，它会提供建议。例如，当拼写检查为一个无法识别的单词推荐不同的拼写时，它会为写作者提供建议。
- 当辅助工具自行选择并执行一项动作时，辅助功能就开始了。除非用户主动终止或撤销，否则辅助功能就会开始执行。拼写检查会在自动更改其无法识别的单词拼写时发挥作用。

上述这三类功能都要求提高自助辅助工具的信息处理水平和责任。

从直觉上说，决策辅助的好处似乎显而易见。不幸的是，在实践中，决策辅助往往对人类决策者没什么好处。为什么呢？很简单，当得知辅助是好的但并不完美的时候，人类用户就会放弃它，或者漠视它的建议。帕拉苏拉曼和赖利（Riley）将这种行为模式命名为弃用，戴尔福特（Dietvorst）及其同事将其描述为算法厌恶。

决策辅助工具被弃用的现象早就被认识到了，但来自戴尔福特等人的数据戏剧性地说明了这种影响之大。被试被要求想象自己是 MBA 课程的招生人员，他们的任务是，基于包括考试成绩、大学平均绩点和工作经验在内的一组变量，预测每个申请者的成功率（在其所属群体中的百分位位置）。被试被告知，还有一个"通过深思熟虑的分析组合在一起"的统计模型也可用于对毕业生进行排名。

接下来，不同实验组的被试完成了一系列的实验性练习，并拥有不同程度的运用统计模型工具的机会。在一种情况下，被试自己进行了 15 次排名练习，每次排名后都会收到反馈；在另一种情况下，被试会观察由统计模型工具完成的 15 次排名练习，同样向其提供反馈；在第三种情况下，被试和模型都进行了排名练习，允许被试直接比较自己的表现和统计模型工具的表现；在第四种情况下，完全省略了对照组，实验性练习完全省略了。

在实验性练习之后，每个被试都亲自单独为 10 个新申请者一一做了"正式"排名。在实验的这个阶段，被试被告知，他们会因为预测的准确性而得到奖励，如果每次排名的准确性在申请人真实分数的上下 5 分以内，他们将获得 1 美元的奖励。

最后，被试得到了一个意外的选择，即他们可以根据自己的表现或统计模型的表现获得财务补偿，他们可以选择是否弃用统计模型的建议。

不出所料，该模型的表现优于人类的判断，这意味着平均来说，被试依赖于模型的预测会比依赖于自己的预测赚到更多的钱。那人们是怎么做的呢？在那些没有看到模型工具实验性练习表现的被试中，也就是说，对照组和那些自己完成任务的被试中，大约有三分之二（明智地）会依靠模型来争取拿到奖励。但在那些在实验性练习中见识过这个模型的作用的人中，却只有四分之一的人选择了依靠这个模型工作。换言之，大多数看到过这个模型工具不完美之处的被试选择不依赖它，即使他们知道模型工具的判断要比他们自己的判断更准确，乃至不选择使用模型工具会让他们付出金钱的代价。这些效果意味着被试会以"完美自动化"或"完美算法"的态度来使用决策辅助工具。基于此，他们所设想的辅助决策工具判断的先验准确率要接近100%。当对完美算法的期望难以达成时，他们就会放弃辅助工具。

在戴尔福特等人看来，值得注意的是，被试面临着一个或者全盘接受或者完全拒绝的选择，他们要么依赖自己，要么依赖模型。而在其他情况下，是允许把人的判断和决策辅助工具的判断结合起来协同发挥作用的。在前述情况下，人们自然会弃用决策辅助工具。例如，一项实验要求被试在自动辅助工具或有或无的情况下执行视觉判断任务。有一则封面故事，是让被试想象他们是科学家，并根据外观对地质样品进行分类，提供的刺激物是由橙色点和蓝色点组成的随机图案，每次实验中，被试的任务都是判断哪种颜色占优势。在一些实验场合，被试得到了准确率达到93%的计算机辅助系统的帮助，该设备可以评估最可能的颜色。平均来说，人类评判者自身的准确率是86%，如果他们以统计上效果最佳的方式使用辅助手段，将获得超过97%的准确率。实际情况正好相反，他们似乎弃用了辅助系统的一些建议，因此在系统辅助之下的准确率也只有90%，人类判断加上辅助系统辅助的表现反而比辅助系统本身的表现要差。

其他研究也报告了类似的结果。一个特别令人震惊的例子是，一些研究发现，在评估基于非结构化面试的候选人方面，员工和学生选拔委员会并不比仅基于统计公式的评估做得更好，甚至还可能更糟。这也就是说，非结构化的面试，实际上会使评估人员更难区分好的申请者和差的申请者。但评估人员认为，这些面试提供的信息内容非常丰富，因此无论如何，他们还是会坚持这样做。

研究人员提出了许多决策者选择不使用辅助工具的理由，即使这可以改善他们的表现。其中包括认为统计模型忽略了定性数据和个案背景的看法，以及人们肩负着自力更生这一基于伦理责任的观点（这一观点尤其具有讽刺意味。对医学、商业和其他后果很重要的领域的伦理性考虑，肯定会更重视做出正确的决定，而不是以自力更生的方式做出错误的决定）。然而，关于人类与自动化辅助工具的交互作用的研究，已经将人们的大部分注意力集中在了信任在解释弃用自动化手段方面所起的作用上。

信任自动化系统

用户经常把电脑当作社交媒介，会从电脑的行为中推想它们具有一些个性特征；礼貌地对待它们，展示出与它们的互动性，并且期待形成这样的互动。由于认识到了这一人性化技术的趋势，研究人员采用了信任结构来理解人类用户依赖自动决策辅助工具的意愿。作为人际交往的一个核心方面，信任"可能是发展和维持人与人之间快乐、良好的协作关系的最重要的因素"。在调节用户与电子辅助工具之间的互动方面，它似乎也起到了类似的作用，其中可能包括自动化的财务顾问。

在总结了其他理论家观点的基础上，李和西伊（See）将信任定义如下："认为对方在你面临不确定性且自身比较脆弱的情况下，会帮助你实现个人目标的态度。"因此，当一方依靠另一方来避免损失或实现某些价值时，就有机会产生信任。普通人向专家寻求理财规划建议，就是一种非常确定的信任状态。认为信任是一种态度，意味着它是一种心理倾向，而不是一种行为模式或者行为本身。在人类 – 自动化交互的环境中，这种区别意味着用户有时可能选择不使用决策辅助工具，即使他们信任它，或者可能选择使用它尽管对其并不信任。不过，平均而言，使用自动化辅助工具的可能性将随着信任程度的增加而增加。因此，应根据自动化辅助工具的真实可靠性准确地校准信任程度；当因为信任程度低估了其可靠性时，就会产生误用的结果。正如前面讨论的结果所表明的，不幸的是，使用自动辅助系统过程中发生的错误，似乎大大降低了人们对它的信任，这与系统真实的出错频率根本不相称。

组织方面的理论家提出了三个潜在的人际信任因素，迈耶（Mayer）等人将其标识为能力、仁慈和正直。在这里，能力是被信任人帮助信任人的能力，仁爱是被信任人对信任人的善意，正直是被信任人承诺以信任人认为合乎道德的方式行事。基于这个三要素模型，李和莫里（Moray）提出了三个类似的因素来解释人们对自动化辅助手段的信任，这三个因素即表现、过程和目的。表现类似于能力，是指辅助工具能力的可靠性，简单地说，是指它的判断和行为会有多准确。当然，越可靠的辅助手段越有可能获取信任。过程是指辅助工具的实现过程，即它是如何工作的。当使用者了解了辅助工具的工作原理，以及它为什么偶尔会出错时，信任度往往会提高。目的类似于仁慈和正直，指的是辅助工具的预期用途，也就是辅助工具的设计目的。当用户知道自己是在以符合设计者意图的方式使用辅助工具时，其信任度会更高。

建立信任

信任的倾向在某种程度上是一种特质，一种持久的个人特质，因人而异，表现为使用自动决策辅助工具的意愿的差异。然而，当用户与辅助工具刚开始交互时，个体的信任倾向差异是最重要的。此后，用户的信任是由对辅助工具的体验和辅助工具本身逐渐塑造出来的。因此，对自动辅助工具的信任，会从被一般性的信任倾向支配转为被用户使用该特定辅助工具的历史性体验支配。

没什么可奇怪的，辅助工具的可靠性对用户的信任有很大影响。信任的增长似乎是缓慢的，这一现象表明，当人们采用自动辅助工具时，会期待其完美地发挥作用，但这一期望只有在经过一段时间的验证后，才能留存下来。反过来，在自动辅助工具做出错误判断之后，人们对它的信任度会急剧下降，当这种错误判断导致使用者做出错误决策后，情况尤甚。如果使用者能够在自身不犯错误的情况下检测和纠正辅助工具的错误，则辅助工具所做的错误判断对使用者的信任程度影响就比较小。例如，当自动理财规划顾问系统提出的建议不太好时，只要顾问本人或客户自己能够积极干预，使这样的建议不付诸实施，那他们就会继续保留信任。

然而，我们有理由怀疑，通过与辅助工具逐步互动以培养信任的自然过程，是否会体现在人们与自动化理财规划系统的互动中。在研究如何增进信任的实验中，被试通常会在几分钟内收到关于辅助工具表现的反馈，从而能够迅速知道自己是否在辅助工具的引导下犯了错误。而在理财规划中，客户和理财规划师可能要等上几个月、几年甚至几十年才能知道他们的判断是否正确。此外，在这一过程中，结果中的概率性波动可能会提供虚假的或误导性的反馈。一个长远来看比较稳健的理财规划，如果以日或月为周期来考察，可能会显得考虑不周。所有这些都意味着，用户可能没有机会通过观察自动理财规划系统在短期内的表现来建立对它的信任，这与他们使用其他类型的自动决策辅助工具的情况不一样。

在这种情况下，增进信任可能不是靠直接观察系统的可靠性，而是通过系统的背景和与其设计有关的其他方面来实现的。与基于对系统可靠性和潜在决策结果的成本效益比的理解来确定信任的理性或分析过程不同，这种情况下的影响因素是认知性的、社会性的或情感性的。这些影响因素如下。

透明度。如前所述，过程被认为是信任的基础。因此，如果能向决策者解释自动决策辅助系统是如何工作的，以及为什么它偶尔会在判断上出错，他们就更有可能信任和依赖它。这种解释不一定要很详细或技术性很强，只需要提供足够的信息，要让用户能够理解，运行中偶尔出现的错误不是失误或故障，而是符合预期的、有可预见的原因。如果辅助系统在做出决策建议时能够稍做解释，那么决策者的信任度也会提高，要再次提醒用户，偶尔的错误判断并不是严重的故障。一个以开放的和用户可以理解的方式运作的辅助工具可以说就是透明的。

界面。虽然界面设计对信任的影响在自动化应用领域还没有得到很好的研究，但对在线零售和银行业的研究发现，用户对好用并且美观的网站表达出了更多的信任。例如，在一项研究中，用户认为，如果一个网站的界面设计使用了冷色调，那么它就比使用暖色或亮色的网站更值得信赖。有一些研究表明，与确保隐私和安全的声明相比，零售网站的外观特征和便利性对购买意图的影响可能更大一些。似乎界面特性也会影响用户对自动化辅助设备的信任程度。令人困惑或难以使用的界面设计可能会明显降低用户的信任度，因为它会导致用户犯技术性错误。因此，导航界面的不便程度，可能会因犯错和改错的成本而加重。

重要的是要记住，有益于产生信任的审美特征可能因文化或环境而异。

不同人群对一个界面审美气质的反应强度也不同。与其他人群相比，年龄较大、收入较高的用户对界面设计的装饰性视觉方面的关注程度较低。然而，与年龄相关的感官功能的下降，可能会使老年用户对界面的功能性感官特征（如高对比度、清晰字体）更加敏感。

声誉。 一个人对他人和组织的信任易受第三方分享的二手知识的影响。例如，客户对在线零售商的最初信任，与公司的声誉相关；对实体零售商线上分支的信任，在一定程度上取决于实体零售商的声誉。类似地，财务咨询公司或内部人员的声誉，似乎有助于确定客户对其开发的线上服务或机器人顾问的初始信任。

自满

到目前为止，我们的注意力一直集中在弃用这一现象上，即忽略或轻视来自算法或自动辅助工具的建议的倾向。不过，相反的问题也是可能会出现的。当一个算法或决策辅助工具实现了长期无误地运行后，用户会高估它真实的可靠性，并全盘地接受它给出的判断。如果辅助工具最终做出了错误判断，那么用户很容易受其引导而犯下错误。

为了消除这种自满的情绪，系统设计者可以在培训过程中，在用户学习和辅助工具互动时，偶尔引入一些由自动化导致的错误。由于在培训期间会遇到自动化出现错误的情况，用户以后就会更加警惕地监测此后出现的错误判断（为了保持他们的警惕性，可能需要偶尔进行再培训）。当然，由于在尝试过程中会遇到辅助工具出错误的状况，人们也有可能因此不信任并弃用辅助工具。系统开发人员和决策者必须决定如何尽量地平衡用户自满的风险和弃用辅助工具的代价。

结论

像 18 世纪时的保险公司一样，现代决策者也高估了我们深思熟虑、全面判断的能力。那些看起来既精妙又专业的洞察力往往是前后矛盾、反复无常的。那些机械性的决策系统，从简单的规则到复杂的电子辅助工具，可以使我们的决策更接近最优，但前提是我们对它们进行了适当的信任校准。

自动化的顾问系统不太可能把人挤出理财规划领域，但当设计和实施理财规划时，如果能够对自动化顾问系统报以信任，它们可能会助理财规划师一臂之力，对客户就比以往任何时候都更有价值。未来在理财规划领域，对人与机器人之间的合作关系的研究，将助力专业人员把理财规划服务更广泛地推向市场。在情景性的理财规划智能咨询服务网站和应用程序中使用实验性方法，将有助于从业者和研究人员更好地理解客户行为。

第 12 章

理财规划中的自我决定理论和自我效能感

查尔斯·R.查芬

我们做某事的动机会对我们的愿望和决心产生很大影响。如果你报名参加当地社区大学课程纯粹是出于自己的好奇心和乐趣，这与应邀参加相比，将是不同的体验。你的动机不会改变教授或课程的内容，但它可以改变你的参与程度，甚至你应对挑战的决心。内在动机是你完成一项任务时的内在欲望，可以激发你在整个过程中的每个阶段的意愿和专注力。外部激励，即由外部因素所驱动的激励，通常来自某种形式的奖励，对于鼓励某人最初完成一项任务是有用的，但它相对于内部激励有更多的局限。与此相关的是，如果有人认为自己成功地完成了某项任务，他不仅更有可能选择在未来去完成同样的任务，而且如果出现挑战，他也更有可能坚持下去。我们倾向于选择那些我们认为可以完成的任务和挑战。

本章主要讨论与个人动机相关的两个重要因素：自我决定理论和自我效能感。尽管这些心理概念来自不同的研究领域，但它们根植于对人们如何和为什么承担不同任务的发现，并可以对个人在未来成功完成该任务起到某种预测作用。我们还将探讨这两种现象带给理财规划研究和实践的启示。

自我决定理论

自我决定理论是一种动机理论，它关注我们内在的心理需求，特别是那些不受外部影响的动机。自我决定理论语境下固有的是内在动机，是我们完成既定任务的内在愿望。根据瑞安（Ryan）和德西（Deci）的观点，我们所有人都有与能力、关联性和自主性相关的内在心理需求。能力被视为我们控制结果的渴望，以及对特定任务的掌控体验；关联性是我们与他人互动的愿望，也是我们与他人联系并关心他人的愿望；自主性是一个人想成为自己生活的决定因素的愿望。人们认为，所有这三个特征对健康和幸福来说至关重要，它们不是后天习得的，而是与生俱来的，人人都有。在许多情况下，完成给定任务的外在动机实际上会破坏一个人的内在动机。相对于理财规划，客户可能希望通过其对财务福祉的掌控感来获得能力；通过为他人的父母和孩子的财务未来做准备来照顾他们，从而建立起关联性；通过控制与其长期梦想一致的自身生活目标，来获得自主性。

在医疗保健领域，自我决定理论在帮助患者实现短期和长期目标方面有着广泛的应用。威廉姆斯（Williams）等对参加病态肥胖患者减肥计划的个人的成功情况进行了研究。他们发现，自主性水平以及内在动机水平更高的个体，体重指数会更低，减肥和保持体重的目标也更容易取得长期成功，患者的决心一般来说更大，因为成功地减轻体重让他们感觉自己对生活拥有较高的控制力。

在教育领域，许多研究都支持内在动机以及学生自主探索和学习的内在愿望的重要性。外在的动机（或受控制的动机）会损害学生对某一学科或某项运动的长期兴趣。正如阿尔菲·科恩（Alfie Kohn）的观点："奖惩根本不是对立的，它们是同一枚硬币的两面。这是一枚不太容易买到的硬币。"因此，教育者的角色是通过创造一个能容纳能力、关联性和自主性成长的环境来促进内在动机的形成。学生完成每一项作业并不一定都有内在的动机，但教师可以提供一个能满足这三种内在心理需求的环境，促使学生获得成功。

为什么理财客户会寻求从业者的服务？如果内在动机能让客户做出更好

的决策，那么理财规划师在与客户的初步发现会话中，仅仅询问他们的目标可能就是不够的。在这三种心理结构中，理财规划师可能要考虑以下几点。

能力。相对于自我决定理论，当一些挑战性生活事件可能威胁到客户的长期财务目标时，能力可以让理财规划师不断提醒客户，他可以掌握自己的财务福祉。理财规划师可以采取任何行动使客户确信其所做的决策是与其长期财务目标相一致的。可以使用图表和数据说明他的决策已经在推动财务成功方面取得了哪些进展。

关联性。不断提醒客户，他们的理财规划以及他们所做出的影响理财规划的决策，会影响他们照顾最亲近的人的能力。消费习惯和债务，不仅仅是书面数字且只影响客户自己，还会影响他们认为在生活中很重要的所有人的未来。有可能随着时间的推移，客户会开始将理财规划与其最终目标隔离开来，从而做出与多年前确立的长期方针不一致的决策。提醒客户这些决策将影响其子孙的大学学业是一个很好的方式，这能使理财规划定量元素的关联性凸显出来。

自主性。理财规划师可能希望不断提醒客户，理财规划过程的所有方面都有助于客户掌控其财务未来。如前几章所述，有选择但又不太多，可以帮助客户形成能自由选择自己目标的感觉。这种自主性的观念是理财规划专业一个强有力的工具，为客户提供了与理财规划师合作的内在动力。从本质上讲，理财规划的结果可以是一种关于能力、关联性和自主性的感觉，因为理财规划师提供了一个激发这种内在动机的环境，从而使客户能够做出与长期理财规划相一致的更好的决策。

上面提供的例子说明，在理财规划中，仅仅依靠口头提醒，就能激活这三种基本的心理需求。另外，还要鼓励理财规划师思考通过其他途径助力客户实现这三种需求，而不仅仅是提供口头反馈。可不可以通过考虑将技术手段纳入理财规划，以生成有助于指导客户行为与其长期财务目标达到一致的图像和图示？从业者可能还想找到方法，以记录与客户进行的发现性会话。在这样的会话中，他们能够了解到客户的财务状况以及他们的目标和梦想。当客户的经济生活遇到挑战时，可以重温这些会话。

　　未来针对理财规划中的自我决定理论所开展的研究，应探讨理财规划对客户的三种内在需求（能力、关联性、自主性）的影响。基于对这三种基本心理需求的满足，理财规划师在客户眼中的价值是会上升还是会下降？如本章前面所述，实验研究可以聚焦于理财规划师对客户不同的口头鼓励的影响上。

自我效能感

　　我们的多种激励动机当然是以我们的目标和利益为基础的，但也取决于我们对自己完成某项任务的能力的信念。你对自身能力在特定任务中或任务环境中取得成功的信念即自我效能感。班杜拉将自我效能定义为"人们对其能力的信念。而这些能力会达到特定的绩效水平，会对影响其生活的事件产生影响"。自我效能是与某种任务相关联的，不可能在多种背景下全都适用。我们可以选择完成自我效能感高的任务，反过来，我们也可以选择不执行自我效能感低的任务。简单地说，自我效能感是人在给定任务环境下的自信。

　　我们有四个主要的自我效能感来源。首先是我们所掌握的经验。过去的表现会影响一个人对自己在某项任务中的效能的信念。如果过去的表现被认为是糟糕的，它就会损害自我效能感。如果有人第一次在当地的酒吧唱卡拉 OK 时，获得了巨大的成功，那么这个人未来在同样的场合可能更愿意当麦霸。其次，观察过他人完成某项任务，会让人感觉自己也可以完成相同的任务。如果一个学生观察到他的同伴成功地演奏了一段很难的钢琴曲，他就更有可能亲自尝试演奏这段乐曲。再次是社会说服，即得到来自其社交圈的人的口头劝说，相信他们能够成功地完成给定的任务。这种来自最亲近的人的、认为其有能力在某项任务或挑战中取得成功的观念，对个体来说是一种鼓励。家庭成员可能会鼓励一名学生去参加高中的高级数学课程，提醒他有能力在课程中取得成功。最后，在特定任务的完成过程中，个体会依赖于其情绪和身体状态，因为他认为压力和疲劳等反应是他执行任务的能力的负面表现，会降低他的自我效能感。如果一个人在公众演讲中手心出汗、心率高，那么他可能会确认自己不是一个有效的公众演讲人，可能会感觉自己拥有很低的与公众演讲相关的自我效能感。

正如班杜拉所指出的，自我效能感会从三个方面影响绩效：（1）个人选择的目标；（2）个人在特定任务上投入的努力；（3）当挑战或复杂性出现时，能坚持完成任务。

总之，自我效能感有四种不同的来源：（1）在特定任务中的实际表现；（2）观察他人完成某个特定任务；（3）口头和非口头的说服；（4）在给定任务中表现出的情绪性反应和生理性反应。一个正在经历焦虑的人可能会认为自己很脆弱，自我效能感会较低。显然，在这四种方法中，自我效能感的最强来源是完成特定任务的实际表现。如果一个人有过成功完成某项任务的经验，那么他就会有更高水平的自我效能感；如果一个人有过尝试和失败的经历，那么他可能就会有较低的自我效能感。

自我效能感对理财规划客户的影响相当广泛。如果个体有更高的自我效能感，那么在不同的环境中，他都会为自己设定更高的目标。因此，相对于未来的财务状况，自我效能感更高的客户更有可能设定更有野心的退休目标，或者更多地了解那些为家庭提供更多服务的选项。这种高水平的自我效能感，会让他选择与理财规划师更深入地合作，同时对影响其财务福祉的因素保持更高的警惕性。

赫克曼和格拉布尔（Grable）认为，理财教育与理财自我效能感之间存在着积极的关系。因此，理财规划行业必须开拓途径，在中学及以后的教育中教育未来的几代客户，使其了解理财素养的基本要素。此外，自我效能感可能在与当前和未来客户合作的过程中发挥作用。从业者应如何辅导客户掌控自己的财务状况，以便在遇到挑战时能坚守其理财规划？这项工作的意义可能是重大的，因为客户对其理财规划师的效能的看法可能会受到他们对其行动和行为的坚定态度的影响，在困难时期更是如此。

自我效能感可以预测个体寻求理财规划师帮助的可能性。莱凯维奇等人发现，自我效能感高的个人更有可能寻求理财规划师的帮助。与此相关的是，赫克曼和格拉布尔发现理财知识与理财自我效能感有正相关关系。鉴于过去的表现在自我效能结构中起着不可或缺的作用，理财素养和理财规划客户的自我效能感似乎是相互关联的。无论是在高中还是本科阶段，教育都可以在帮助未来一代理财规划客户建构自我效能感方面发挥重要作用。无论采用哪种方法，从自我效能感研究的角度来看，提高一般人群的理财自我效能感水平符合理财规划专业的既得利益。

对未来的研究将有助于开发出有效的方法来衡量人的理财自我效能感，这种方法可以应用于客户 – 理财规划师的互动过程，也可以用于一般人群。这些客户数据可能会有助于预测客户是否容易做出可能对其长期的财务未来产生负面影响的决策。

对未来的研究还可以确定提高普通人群理财自我效能感的途径，特别是在早期教育以及客户 – 理财规划师的参与方面，以及探索理财自我效能感的提高是否确实有助于客户应对可能会对其决策产生负面影响的挑战性生活事件。

客户寻求理财规划师的帮助，以及做出与长期理财规划相一致的决策的动机，可能会受到其内在动机的严重影响。为客户提供一个能够感受到能力、关联性和自主性的环境，是符合我们这一行业的既定利益的。这样就能在客户 – 理财规划师会面期间和理财规划师不在身边时受到鼓舞，在其自身成为实现长期财务目标的决定性因素的情况下，能够做出人生抉择。让公众拥有高度的理财自我效能感，不仅可以提高整个社会的理财素养，让整个社会更美好，还可以为理财规划行业带来更多的客户，因为人们会认为他们的长期理财目标是可以实现的，他们也希望更好地了解自己对未来的选择。

第 13 章

婚姻和家庭治疗、财务治疗与客户心理学

克丽丝蒂·阿丘莱塔（Kristy Archuleta）博士

索尼娅·布里特 – 卢特尔（Sonya Britt-Lutter）博士

美国堪萨斯州立大学

你有没有过类似的经历，你听从了伙伴的意见，但不知怎么搞的，最后还是为某种理财方式发生了争吵？或者，也许你发现自己在消费和储蓄方面的行为与父母完全相反。也许你在与客户讨论该如何改变支出模式以实现退休目标时，见到了一些看似奇怪的客户行为。更有甚者，也许你还看到过一对客户夫妇在你面前为钱争吵，房间里的气氛变得很紧张，你一时不知道该怎么办才好。大多数人，尤其是理财专业人士，都会遇到这种情况。当这些情况发生时，你就体会到了金钱的心理和人际关系维度。为了帮助读者掌握金钱在心理和人际关系方面的交叉点，本章将介绍婚姻和家庭治疗、家庭系统理论和财务治疗，并把客户心理学的系统性焦点拓展到财务治疗技术应用的全过程。如果你是一位理财从业者，可能会对这些现象很熟悉。然而，了解这些行为的原因和解决之道的有用方法，来自婚姻和家庭治疗文献，这可能是你应该学习的新方法。

婚姻和家庭治疗

为了了解行为的相关方面，我们需要求助于婚姻和家庭治疗的相关学科。婚姻和家庭治疗有助于从家庭系统或关系角度描述客户行为。它不同于客户心理学的其他方面，因为它关注的是关系互动对行为发展的影响。婚姻和家庭治疗（marriage and family therapy，MFT）也称夫妻和家庭治疗，是一门20世纪40年代从精神病学发展而来的学科，因为人们认识到家庭成员之间的关系互动对个体的心理健康和幸福有影响。随着时间的推移，经验性实例支持将婚姻和家庭治疗作为治疗各种心理健康障碍和家庭功能的有效且经济的手段。

美国婚姻家庭治疗协会（American Association of Marriage and Family Therapy，AAMFT）描述道："家庭的行为模式会对个人产生影响，因此，家庭可能需要成为治疗计划的一部分。在婚姻和家庭治疗中，即使只有一个人需要接受治疗，接受治疗的单位也不应仅仅是这个人，而是一系列关系。因为这个人就嵌在这些关系中。"换句话说，婚姻和家庭治疗师会关注更广泛的家庭系统的相互影响，以解释个人行为并处理出现的问题。家庭的定义被扩大了，包括会对个体产生影响的长期关系，可能与血缘有关，也可能与之无关。

治疗问题

依照AAMFT的观点，美国联邦政府认定MFT为"核心心理健康专业"，其他指定的专业还包括精神病学、心理学、社会工作和精神护理。MFT治疗师接受过专业训练，能够诊断和治疗各种问题，从精神分裂症到一般性的焦虑症再到严重的抑郁障碍再到其他相关的问题。虽然MFT治疗师可以诊断精神障碍，但他们的治疗方法是不同的，包括确立内心目标、将家庭系统理论作为一个镜子来观察客户、了解关系动力学是如何影响他们的。与某些学科不同，MFT治疗师的目标是，让治疗对象在不依赖心理健康专业人员的情况下实现自我维持，而心理健康专业人员则能够抽身而退。

MFT 治疗师在为客户治疗时，会采用各种以治疗方法和理论为基础的方式。这些治疗模式的例子包括鲍恩家庭疗法、策略性家庭疗法、结构性家庭疗法、协作性语言系统疗法、以解决方案为中心的疗法、认知行为家庭疗法、米兰家庭系统疗法、核磁共振短暂疗法、体验性家庭疗法和以情绪为中心的家庭疗法。对每一种治疗方式进行描述超出了本章的范围，然而，居于每一种治疗方法中心的要么是家庭系统理论，要么是控制论理论。虽然处理钱的问题不是 MFT 培训的重点，但 MFT 治疗师看到了财务问题的存在，以及在为客户治疗时金钱是如何影响客户的行为的，以及人与钱之间是如何互动的。不幸的是，MFT 治疗师通常被认为是不爱沾钱的人，他们不愿意专门谈论钱的问题，因为他们要么觉得不舒服，要么觉得自己对钱的理解还不足以帮助客户。因此，金钱这个话题被当作了其他一般性心理健康问题来对待，或者被抛在一边，而不是在治疗过程中被处理掉。无论如何，通过家庭系统理论这个强大的视角，MFT 治疗师似乎能够理解客户的行为并改变他们的行为方式。

家庭系统理论

要了解婚姻和家庭治疗，或人们常说的夫妻和家庭疗法，对家庭系统理论的充分理解是不可少的。要掌握家庭系统理论，最好了解它的一些理论基础，尤其是路德维希·冯·贝塔朗菲（Ludwig von Bertalanfy）提出的一般系统理论（general systems theory，GST）。冯·贝塔朗菲最初开发 GST 是为了将系统思维和生物学结合起来以理解生活系统。随后，他开始将 GST 应用于社会制度，并提出了一个观点，即整个制度不仅仅是其各部分的总和。也就是说，家庭比组成家庭的任何一个个体都重要，每个个体对其他个体和对整个家庭的动态格局都有影响。

主要的理论假设和概念

家庭治疗的先驱者将这些原则与控制论的原则结合起来，并将其应用于理解家庭系统。在家庭系统中，个人行为可以部分地通过家庭成员之间的关系互动来理解。控制论是关于自我调节系统中的反馈机制的研究。控制论的一个核心概念是反馈回路，它是指信息在系统内外流动以保持稳定的过程。反馈回路是一个源于控制论的概念，是系统接收信息（即输入）并发送信息（即输出）以保持稳定性的过程。反馈回路可以是正的，也可以是负的。正反馈回路指的是适应和改变一个系统，以适应从内稳态或"平衡状态"发生的变化。当不发生变化时，保持内稳态。当信息进入系统后会遇到阻力并自我修正以维持内稳态，这就出现了负反馈回路。

朱里奇（Jurich）和迈尔斯－鲍曼（Myers-Bowman）将家庭系统理论的假设概括如下：（1）整体论；（2）系统是分层组织的；（3）生活系统是开放的、不确定的和活动的；（4）人类系统是自反性的（self-reflexive）；（5）现实是被建构出来的。整体论是指整体大于部分之和。当整体论适用于家庭时，它意味着不能孤立地理解个体，而要把个体当作一个更大系统的一部分来理解。系统各部分之间的互动有助于了解个体。

要解释家庭体系的概念，代际财富转移协议是个典型的例子，能很好地说明金钱关系方面的属性是如何干扰原本简单的理财规划的。从家庭体系的角度来看，就能很好地理解，将家族企业划分为五分之一和四分之三的股份，而不是将其交给一人负责日常管理的逻辑。当财富转移或任何其他家庭决策是由一个家庭成员做出时，变化就会自动地影响到其他家庭成员。

认为系统是分层组织的假设，假定了系统是嵌套的。换句话说，在一个较大的系统中包括了多种形式的系统。假设子系统和父系统（即分系统）是更大的家庭系统的一部分。家庭系统也可以被视为社区系统、宗教系统和文化系统（即超系统）的一部分。所有这些系统会相互作用。例如，文化与一对夫妇的理财行为高度相关。当考虑到存在两种不同的文化、宗教和其他家庭信仰时，一个家庭系统中决策的复杂性就会加倍。伴侣的个性特征也会影响信念和行为。

认为系统相互作用的信念引出了另一种假设，即生命系统是开放的、不确定的和活跃的。开放系统是指系统之间发生着交换。系统可以与其环境交换资源以适应其环境。冯·贝塔朗菲认为生活系统（即人）不是机械的，不是 X 导致 Y，而是可以以不同的方式实现它们的目标。这个概念被称为等效性。系统不仅可以对所做的交换做出反应和适应，而且还可以启动交换。因此，可以看到系统既是主动的又是反应性的。

财富转移以另一种方式显示了家庭的系统性。人们普遍认为财富是隔代相传的。A 代积累财富，留给 B 代，B 代把财富花掉，C 代又把财富积累起来。B 代观察到了自己家庭的特征，这些特征要么是可取的，要么是不可取的，并试图通过把所有财富送出或者花掉来避免他们感到的某些耻辱；或者，B 代观察到了家族的特征，但过着无忧无虑的生活，经常休假，不去努力工作，也不用预算进行管理，难以保证这些财富不被消耗掉。在这两种情况下，都产生了保持系统内稳态的压力。家族（以 B 代为例）收集信息，以一种对他们有意义的方式处理信息，并采取行动保持或返回到能够感知到的稳态水平。这是反馈回路如何影响系统的一个例子。

人的自我反省是指人能够对自己的行为和互动进行反思。换句话说，人们可以意识到自己在做什么。现实是建构出来的，这意味着"人们对世界的认识永远不可能完全客观，因为我们看待任何东西都有一定的视角"。我们与他人的互动有助于塑造我们对世界的看法。

除了已经提到的那些概念（即系统、分系统、超系统、等效性、开放和封闭系统，以及反馈回路）之外，有助于理解系统思维的重要概念是相互依存和界限。相互依存是指相互影响的系统，系统中的一个系统或个人的行为方式对系统中的其他子系统和个人有影响。界限会标记什么是以及什么不是系统、子系统或超系统的一部分。界限可以是开放的，也可以是封闭的，包括信息进入或离开系统的次数或频率。

家庭系统和客户心理学

家庭系统理论和婚姻家庭治疗师是如何助力于了解客户心理学的呢？如果针对客户心理学的工作定义是影响客户决策和整体财务福祉的行为、偏见、感知和其他变量，那么家庭体系理论提供了一种超越个人主义观点的理

解客户的方法。大多数经济纠纷都与行为、偏见、观念和价值观方面的差异
有关，而众所周知的是，经济纠纷是导致婚姻冲突和不满的主要原因。理财
顾问无疑会是与一对夫妇在桌子边面对面坐下（与本书开头故事中的本和科
琳没有什么不同），参与一场亲密讨论的人。他会与这对夫妻讨论，是做一
个家庭度假规划，还是为退休账户里多存点钱。价值观差异是夫妻之间为金
钱争吵的主要原因。理财规划师可以通过为他们找到共同立场来化解紧张关
系。夫妻经常需要理财规划师帮助他们理解为什么自己的伴侣就是想做某件
事（例如，家庭与退休储蓄）。为这对夫妻建立一个价值评估标准，让他们
各自独立地对自己认为重要的事情进行排序，将有助于谈话的开启。然后，
鼓励情侣们用"我觉得……当……因为"这样的语句来帮助他们把谈话聚焦
于感情而不是责备、批评他们的配偶。

婚姻和家庭治疗师有一套不同模式的工具包，可以通过家庭系统的视角
加以干预，改变客户的行为、态度、偏见和看法，进而改善客户决策和财务
福祉。"如果不了解客户所处的环境、其与家庭成员的关系，以及作为其系
统一部分的其他人，就无法理解个人客户。"婚姻和家庭治疗师关注的是，
发生在家庭成员之间的过程、动态以及关系方面，而不是内容或所说的话。
专注于过程的 MFT 治疗师关注的是一个人如何与他人沟通，而不是沟通的
内容。专注于过程的治疗师也会观察，一个人在谈到某人或某事时正在做什
么，以及在轮到他们安静或倾听另一个人时，他们会怎么做。

教育

要成为 MFT 治疗师，就必须接受研究生水平的培训。这里有三种选择：
取得硕士学位、取得博士学位或完成研究生临床培训计划。婚姻家庭治疗教
育鉴定委员会（Commission on Accreditation for Marriage and Family Therapy
Education，COAMFTE）认可的婚姻家庭治疗计划有助于确保符合国家许可
要求的优质教育。

美国所有 50 个州都支持对 MFT 治疗师的授权许可，但是，对授权许
可的要求因州而异。一般来说，硕士研究生到毕业时，不仅要完成包括心理

病理学在内的婚姻和家庭治疗课程，还要完成与客户面对面的 500 个小时的临床工作，其中至少要有 250 个小时是关系性接触时间（即与一个以上的人一起同室工作），其中还要有 100 个小时必须是在一名得到认同的督导之下工作。虽然各州之间的许可证不同，但一般来说，婚姻和家庭治疗师必须在该领域有至少两年的临床督导经验才能获得许可证。例如，在堪萨斯州，要获得完全的临床许可，MFT 治疗师必须参与 4000 个小时的临床工作，其中要有 1500 个小时直接与客户接触。此外，还需要有 150 个小时的督导时间，其中 50 个小时的督导是毕业后的个人督导（而不是集体督导），这样才能获得完整的临床许可证。完整的临床许可证允许 MFT 治疗师在没有督导的情况下独立执业。

财务治疗

财务治疗整合了认知、情感、关系和整体福祉的财务方面，财务治疗本质上是一种对客户心理学的实践方法，两者都要考虑影响整体财务福祉的情绪、行为和观念。尽管一些学者和实践者已经在这个领域工作了几十年，但财务治疗作为一个研究领域直到 2009 年才正式形成，这一年财务治疗协会（Financial Therapy Association，FTA）成立了。该协会由来自众多学科的学者和从业人员组成，包括婚姻和家庭治疗、心理学、社会工作、理财规划和理财咨询等专业。该组织致力于通过促进研究、理论和实践的整合来拓展这一领域。财务治疗师通过基于证据的实践和旨在解决那些潜在的限制自我成长和福祉（受到心理健康专业的影响）问题的干预措施，来帮助人们以不同方式思考、感受和行动，以改善其整体福祉。财务治疗师帮助客户的一种方式是使用家庭治疗法。无论如何，财务治疗师采用的都是以证据为基础的评估方法，来衡量影响幸福感的心理健康特征（即抑郁、焦虑）和财务特征（即金钱脚本、风险承受能力、财务压力 / 焦虑、财务知识）。综合方法允许财务治疗师通过解决财务挑战以及情感、心理、行为和关系障碍，帮助客户实现其理财目标。

在撰写本章时，FTA 宣布了财务治疗师的八个核心竞争力领域。具体如下：

- 用于财务治疗的理论实践；
- 一般的咨询技巧和技术；
- 基本的财务知识和技能；
- 财务治疗的伦理与规范；
- 金钱与关系：在经济疗法中运用复杂系统；
- 对财务治疗中的多样性与文化的理解；
- 心理健康诊断与财务治疗；
- 对财务治疗研究的评价。

这八项能力将作为认证的基础核心技能。对一名财务治疗师的认证是一个逐次推进的过程，第一级认证已经在 2018 年推出。

与家庭和夫妇建立起同盟关系

应对个人的价值观、信仰和偏见将是一个很有挑战性的问题，但是当你把人放到一个实际情景中，或者至少要讨论他们在决策过程中感受到的影响时，还有一些额外的因素需要考虑。通常，感知对客户来说比现实更重要也更有影响力。如前所述，感知是由与他人的互动形成的，因此没有所谓的客观现实，只有感知。例如，认为妻子花了太多钱以至于给家庭财务带来压力（即她是一个挥霍者）的看法，能最有效地预测夫妻间的财务冲突。换言之，认为妻子是挥霍者的丈夫会报告冲突的增加，而那些说丈夫认为自己是挥霍者的妻子也报告说冲突增加了。认为丈夫是挥霍者的看法也预示着财务冲突，但程度较低一些。从丈夫的角度来预测冲突的更重要的因素是财务上的担忧和低收入。当妻子将丈夫视为挥霍者时，丈夫报告财务冲突的可能性会提高 3 倍；而当丈夫将妻子视为挥霍者时，其报告财务冲突的可能性会提高 9 倍。当丈夫认为妻子是一个挥霍者时，妻子报告的财务冲突发生的可能性是前者的 11 倍。在根据妻子预测冲突时，同样重要的因素有财务方面的担忧、丈夫的收入低、不和丈夫谈钱，以及丈夫太能花钱等。

共同因素

在思考如何改变客户时，治疗方法或模式并不是单独起作用的。心理治疗模式中存在一些共同因素，包括客户 / 治疗外改变因素、治疗师因素、治疗同盟、希望和期望。客户 / 治疗外改变因素包括治疗关系之外发生的对客户变化有影响的事件，如继承、失业或寻找新工作等。此外，客户因素还包括能促进改变成功的那些独立于治疗过程的资源和特征，如家庭支持、个性特征和改变准备。治疗师因素是指治疗师给同盟关系带来的特征。治疗师对改变过程的影响可能要大于治疗本身。要让变化发生，治疗师必须"在一个支持应对风险和追求安全最大化的环境中，为客户提供信任、接受、认可、协作和尊重"。对于 MFT，常见因素还包括从关系的角度对困难进行概念化、中断功能失调的关系模式、扩大直接治疗系统，以及扩大治疗同盟。

我们已经讨论了系统之间关系交互的重要性。婚姻和家庭治疗的目的是，利用一种浸透在家庭系统理论中的模式来中断功能失调的关系模式。然而，在与夫妇和家庭合作时，治疗系统的范围已经远不是个人了。与个人客户相比，夫妻和家庭更难合作的原因之一是，需要关注过程以及夫妻客户彼此之间，还有和他们及调解师之间的互动。对于治疗师来说，挑战不仅在于倾听内容，还在于关注当妻子谈论支出时丈夫的反应，同时观察妻子说话时的非言语反应。当丈夫口头回应时，治疗师还要观察丈夫的躯体动作和妻子的反应。

如果治疗师没有与夫妻或家庭建立起牢固的同盟，那么任何治疗形式，或对过程与内容的观察都不可能发生。治疗同盟最常见的定义包括以下三个方面：（1）联系；（2）任务；（3）目标。联系是指构成客户 – 治疗师关系情感质量的信任、关怀和参与；任务指的是对客户在治疗过程中开展的主要活动，感到有多舒适；目标是指客户和治疗师在治疗方向和预期结果方面的一致性。当要打交道的对象不止一个人（就像前面提到的那对夫妇）时，或是涉及家庭代际关系财富转移时，同盟一定是由多个系统组成。

转诊与合作

财务治疗和客户心理可能会引发对客户更大的担忧。心理健康问题可能非常严重，建议进行临床诊断并采用经验支持的治疗和 / 或药物。这需要精神病医生（如果开了药）或接受过精神疾病诊断和治疗培训的其他精神卫生专业人员的支持。心理学家、婚姻和家庭治疗师以及其他获得心理健康诊断许可的心理专业人员所使用的《精神障碍诊断与统计手册（第五版）》（*Diagnostic and Statistical Manual for Mental Health Disorders*, *5th edition*），特别提到了两种与钱财有关的障碍——赌博障碍和囤积，以及其他可能因财务问题引发的焦虑、抑郁、强迫症和睡眠及觉醒障碍。除了确认可能存在的潜在问题，并适时转诊外，财务治疗师再采取额外的行动是不明智的，也不符合伦理要求。利用 MFT 治疗师和财务治疗师作为理财规划的资源是一个很好的选择，有助于通过挖掘客户心理方面的因素来驱动其理财行为和影响福祉。

评估

为了解决客户的心理问题，弥补理财规划和治疗之间的差距，可以首先运用评估工具和技术来确定一个工作起点。初步筛选可由理财规划师来主持。网上有一些筛选工具可以整合到关系的数据收集阶段。PHQ-9（有九个条目的抑郁症筛查量表）或结果问卷 -45（一组由 45 个项目组成的评估临床结果的指标），可以识别出一些危险的问题，如自杀或酗酒的想法。这些指标可以用来评估那些超出大多数理财规划师实践范围的问题。在筛选中发现问题，并不代表着要立即解约或放弃一名客户。相反，它提供了与在该领域受过培训的专业人员进行协作的机会。

其他评估可用于筛选可能干扰客户进展的信念或行为，但不一定需要转出给其他专业人员。通常，承认偏见和开放的沟通就是客户继续朝着他们的目标前进所需要的一切。克朗茨金钱脚本量表和克朗茨货币行为量表是两个评估示例，可用于筛选关于金钱的有问题的想法或行为。有些行为，如病态赌博，可能需要接受过相关训练的专业人员给予额外帮助，但很多项目只是在开启与客户对话，就他们关系中有关金钱的多个维度展开讨论时有些用处。

根据美国心理学会的研究，在过去的十年中，金钱一直是美国人的头号压力源。诸如财务焦虑量表之类的评估，可用于评估一个人对其财务状况的焦虑程度。如果表现出高度焦虑，则可能表明婚姻和家庭治疗师也许有助于减轻其焦虑行为。个人理财员工教育基金会（The Personal Finance Employee Education Foundation）的个人理财规模，最初被称为 InCharge 财务困境 / 财务福祉量表，用于测量人们遇到的财务困扰和财务福祉。美国消费者金融保护局的财务状况量表，可用于评估一个人的财务状况以及他们应对财务状况的能力。

对于夫妻来说，共同目标和价值观量表评估了其共同的人生目标和价值观，这是开启对话很好的途径，尤其是在夫妻存在分歧的情况下。先讨论个体差异，然后再查看夫妻的共同点，可以帮助夫妻重新将注意力集中在那些体现夫妻一体性的重要方面。格拉布尔等人编著了一本对现有测评工具和量表进行汇总的书，旨在用于理财规划和咨询。萨奇斯（Sages）等人确定了其他量表和测评工具，在适当时也可用于初始筛查或客户评估。

对初始筛查的关注为与金融治疗师或心理健康专业人员的合作创造了机会。理财规划领域的专业调查人员将有助于确定一些可供客户选择的选项，这些客户可能希望将其推荐给那些了解金钱的多维方面并愿意在此方面提供服务的客户。与财务治疗师或心理健康专业人员合作，提供联合的数据收集会议，通常被视为一种没有威胁性的介绍转诊的方式。这样一来，心理健康专业人员就会被当作团队的一部分。较早的研究表明，在寻求心理健康 / 关系咨询的客户中，有三分之一同时有财务方面的顾虑，而在寻求财务心理咨询的客户中，有三分之一同时有心理健康或相关方面的顾虑。对这两方面服务的期望或需求的百分比，很可能会随着金钱对个人和人际关系压力的增加而增长。

结论

若不了解家庭系统理论，从业人员可能会缺少理解其在办公室中所观察到的内容的关键要素。如果不了解一个人的背景，就无法理解其财务压力、态度、看法和行为。关于一个人如何感知真实事物的故事，是由他们自己的系统如何相互作用，以及当前如何与他人的系统相互作用的现状发展而来的。婚姻和家庭疗法是财务疗法的一个信息点，家庭系统理论和金融实践在此结合起来，共同处理可能限制或抑制自我成长的潜在问题。利用适当的评估工具和以证据为基础的实践，财务治疗师可以帮助客户改变与金钱有关的认知、情感、关系和行为。

婚姻和家庭疗法、财务疗法和客户心理是要协同作用的。要进一步研究如何把理论和实践更好地联系起来。家庭系统理论指出，相互作用是循环性的，而不是线性的。但是，大部分研究还是按照线性思维进行的。研究人员应进一步探索金钱在影响个人、夫妇和家庭关系动态方面的循环性本质，以及这些关系动态会如何影响理财行为和决策。来自不同学科（例如，婚姻和家庭治疗以及个人财务）的研究人员应共同努力进一步了解这些现象，测试并寻找有效的方法，以帮助客户取得成功的成果并实现其理财目标。

第 14 章

客户多样性：理解并利用客户差异来改善理财规划实务

奎内塔·罗伯逊（Quinetta Roberson）博士

美国维拉诺瓦大学

　　根据平等就业机会方面的法律，美国禁止基于种族、肤色、宗教、性别、出生国、年龄或残疾的歧视。"多样性"一词出现在 20 世纪 90 年代初，正如哈德逊研究所（Hudson Institute）关于劳动力变化的报告所预测的那样，员工的人口统计学特征将在几个维度变得更加多样化。具体来说，报告预测白人男性将首次成为劳动力中的少数，到 2000 年，在新的劳动力市场进入者中，女性、移民和有色人种将占据更大比例。与上述预测相一致的是，21 世纪劳动力的特点是女性雇员更多，不同种族背景和出身的雇员更多。但是，由于地理界限变得模糊，社会经济趋势不断变化，利益相关者群体会由不同背景、文化和生活方式的人组成。

　　随着利益相关者的多样化，企业环境也发生了变化。竞争的加剧削弱了企业的市场力量，而资源基础的萎缩又增加了它们对资源有机增长（如创新和规模经济）的需求。以速度、不确定性、复杂性和模糊性为特征的运作环境，对战略的灵活性和敏捷性提出了必然要求。向服务经济的转型在某种程度上重构了价值链，它始于利基市场以及依赖于人力资本的业务流程的开发，如服务设计和客户参与。此外，鉴于获得和复制有形资产和其他资源较为容易，各个组织正在尝试利用无形资产和其他可能有助于实现竞争优势和这种业绩收益的可持续性的非物质资产。

然而，尽管多样性作为一种商业关注点已经存在了大约30年，但很多领导者仍然难以理解其在组织中的意义和重要性。员工之间的差异意味着什么？这些差异与消费者偏好、价值观和需求上的差异有什么关系？多样性带来的潜在绩效收益或损失是什么？能否利用多样性来改善效果？这样的问题在不同地区、规模、行业的公司中都存在，理财规划行业也不例外。客户的需求会受他们独特的背景和经历的影响，这凸显了理解多样性及其在理财规划领域如何发挥作用这一问题的重要性。此外，由于影响客户决策及其财务福祉的心理或偏见、行为和观念也会受到个人特征和环境的影响，多样性在理财规划实践中也发挥着至关重要的作用。

本章讨论了多样性的概念以及理财规划师应如何理解并利用多样性来改进理财实务。首先我将回顾关于多样性概念的理论和研究，以及它影响人际交往和群体间关系的机制。为了确定多样化的过程结果是如何转化为业务环境的，在此我特别阐述了组织中多样性的业务价值，特别是多样性如何才能成为竞争优势的来源。最后，我从实践的角度总结了如何利用客户多样性。我特别强调了多样性不同的组织方法，并讨论了实现客户基础多样化、更全面地管理客户关系，以及开发和利用各种网络的实务和策略。

理解多样性的概念

什么是多样性

多样性这一概念自问世以来出现了一系列定义。为了充分了解利益相关者群体之间的差异范围，从业人员针对多样性采用了较宽泛的定义，认为多样性是指将"明显具有不同文化意义的群体从属关系的人"都包容进来，或将所有差异都包容进来。多样性研究者在对多样性进行概念化的过程中采用了更加细致的方法。其中一种方法是根据多样性属性的可见度或检测的难易程度对其进行分类。表层的多样性或容易观察到的个人特征（如性别、种族和年龄）不同于诸如个性、教育和经验等深层多样性或不太明显的特征。与受联邦歧视法保护的阶层有关的是，据推测，表层的多样性反映了受这类法律保护的许多生物学的或先天的特性，且更容易评估。相比之下，深层多样性被认为更能反映人们的信仰体系和态度，因此，可以通过与他人的人际互动来表达。

研究人员还将多样性概念转化成了群体的结构性特征，可以反映特定属性在群体成员之间的分布。这类研究的论点是，群体中任何少数群体的比例都会影响群体成员之间关系的特性，引出这一结论的是来自不同人口统计特征的群体所占比例对其相互作用具有影响这一社会学研究成果。对于多样性而言，群体内成员属性的分布决定了他们是大部分还是小部分，或者他们是群体成员还是局外人，进而影响群体间的关系。它是针对多样性的一种典型的、更具复合性的研究方法。最近的研究通过把范畴的和复合性的视角整合到一起，提出基于人与人之间差异类型的三种多样性形式，扩展了这种复合性的观点。具体来说，研究人员提出了如下观点：（1）多样性作为区隔，代表着人与人之间感知上的分歧，如价值观和信仰；（2）多样性作为变化，反映了信息来源的差异，如知识和网络；（3）多样性作为差距，反映了对有价值的资源（如特权和地位）在使用权或所有权上的差异。

将多样性概念化为群体结构特征的其他多样性研究，已经不再将多样性作为单一特征加以关注，转而从属性的一致性角度来探索多样性。此类研究探索了基于一个或多个人口统计属性，将一个群组划分为若干子群组的假设分界线，称之为断层线。例如，请思考这样两个群组：一个由两名已婚妇女和三名单身男子组成；另一个由一名已婚妇女、一名已婚有两个孩子的妇女、一名单身男子、一名单身有一个孩子的男子，以及一名单身有两个孩子的男子组成。从单一属性多样性的角度来看，这两个群组在性别上是相同的。然而，从断层线的角度来看，这两个群组是非常不同的，因为它们的属性（性别、婚姻状况、为人父母状况）不一致。由于断层线的强度是由子群组的同质化程度决定的，因此第一组有更强的断层线，因为其次群组（性别和婚姻状况）是同质的。此外，人们发现人口统计上的断层线会影响群组的过程和结果，因此了解群组组成的细微差别对于理解多样性很重要。

无论多样性的具体概念是什么，客户都可能因为其特定的群组成员身份和这种成员身份在不同的背景下的显著性不同而有不同的体验（例如，感知、期望、反应）。尽管与每一位客户建立关系并为其提供个性化服务都似乎是一种挑战，但对人群进行伞式分类（如分为少数民族、美国老年人等）的确会导致对个体和群体的不准确假设，这会限制我们的发展，导致难以发现客户的独特需求和挑战。例如，某理财规划师可以选择专门为老年客户服务，专注于保险、房地产和 / 或长期护理规划。然而，年龄、还有多久退休、现有储蓄和其他情况的变化会导致不同的规划需求。那些没有为退休做好规划的人可能需要做预算或后期规划策略，而那些有退休规划的人可能需要从积累财富转向保持财富或者提取资产的规划。同样，老年客户的婚姻或作为父母的状况可能会决定他们是否要为新的家庭局面做好规划，如需要支持配偶或成年子女。由于所有的个体都从属于多个社会范畴，只关注某个范畴或孤立地看待这些范畴，会限制我们对意义、后果和身处各种身份交叉点的独特体验的理解。由于客户的咨询和规划需求都源自其独特的背景和经验，因此，理财规划师的实践与方法和客户群具有多样性的现实保持一致是很重要的。

多样性是如何发挥作用的

一直以来，多样性的作用过程都是通过群体间关系的社会 – 心理理论来理解的，例如社会认同和分类理论。这些理论通过个体在其社会环境中如何按照这些理论来理解和定位自己，来解释这一过程。它们也有助于解释个体借助其团队成员的身份与他人建立联系的过程。这些理论认为，由于个体的自我概念是由其群体成员身份塑造的，因此他们有动机积极地将自己的群体与他人的群体区分开来。为了做到这一点，他们将自己的内部群体与相关的外部群体进行比较，以强调其与同群体成员之间的相似性，以及与属于其他群体的人之间的差异性。社会分类理论进一步表明，人口统计特征可以作为人们将自己和他人划分到不同社会类别的依据。因此，个体倾向于将自己和他人视为社会类别的代表，而不是独特的个人。这样的分类是很重要的，因为人们倾向于对其所属群体成员表现出更高程度的信任和情感反应，进而产生了有利于所属群体成员而不利于外部群体成员的偏见。并且，这种偏见可能会抑制不相似的他人（dissimilar others）之间的人际过程，如凝聚力和沟通等。多样性效应的一个类似的理论基础来自相似 – 吸引范式。该范式假设人们更容易被那些他们认为与自己有相似特征的人吸引。与社会认同和分类理论的预测相一致，这种吸引可能造成群体内 / 群体外的区别，并会影响社会互动和群体间关系。

社会学理论还假设了多样性对人际关系的影响。例如，布劳（Blau）的群体间关系理论表明，不同个体之间社会互动的机会和质量影响着群体功能。按照社会接触假说的逻辑，个体之间的相互作用将促进吸引、喜爱和理解，该理论认为多样性能促进不同个体之间加强接触。它还认为，具有不同统计特征的人口群体的代表性，将影响社会接触的质量，这样，那些人员结构不合理的群体的互动质量将会更糟，而人口统计特征方面更高的平衡性，将催生个人之间的接触和合作。按照这一逻辑，可以认为，当具有各种群体身份的人们的代表性有意义时，就能改善群体间互动的质量。

社会分类和比较过程可以通过多种方式体现，包括刻板印象和意识形态的出现。早期的心理学研究已经揭示了将个体置于群体中是如何导致去个性化的结果的。这样一来，群体成员在群体外就会被视为其群体的代表，而不是具有独特特征的个体。此外，群体外的人们之间的相似性看起来会更高，他们与群体成员之间的差异则会被夸大。这个感知过程进一步明确了群体内和群体外的身份差异，成为解释个体行为的一个视角。例如，群体成员通常会对群体外部的行为做出更消极和 / 或与他们所在群体对此所抱持的刻板印象一致的解释，而群体内的行为会被更积极地看待，并且与其自我强化的属性一致。意识形态是描述社会环境的本质及其运作方式的类似信仰的体系。这种信仰体系可以是规定性的，表达人们认为社会环境应该如何运作；或者是描述性的，表达社会世界是如何运作的。大多数意识形态都可以被归为强化等级制度的，会让一些群体有更多的机会获得资源和与其地位相称的结果，或者是弱化等级制度的，认为社会平等才是正当的。例如，贤能政治的信念，或者认为结果是（或者应当是）根据一个人的应得性（deservingness）分配的，是努力、能力的函数，并且要排除肤色的影响，再或者认为种族和民族差异应该被忽略，支持把每个人都视作独特的个体。这类思想经常被用来证明现状和现有的社会等级制度的合理性。相比之下，平等主义则相应强调社会正义，认为所有群体都应受到平等的尊重，否定社会等级制度的合法性，并推动社会商品和资源的公平分配。总的来说，意识形态被人们用来支持一种特定的世界观是合理且准确无误的，并用于筛选人们感知世界的方式。

相对于与身份相关的多样性理论，研究人员假设多样性是通过信息交换过程实现的。这一观点被称为信息/决策视角，其主张是，因为多样性带来了一系列的知识、观点和其他认知资源，它有助于获得更多的信息和专业知识。因此，多样化的群体更有能力参与问题的解决和决策。研究还表明，差异性能让人们接触到少数人的观点及更具创造性的选择和解决方案，同时还提供了可供利用的更大、更多样化的社交网络。因此，信息视角能证明，多样性是一种对个体和群体双方都有利的信息资源。

虽然关于多样性的社会分类和信息处理观点在传统上被认为是相互排斥的，但关于多样性的社会分类–信息加工模型（categorization-elaboration model，CEM）提供了一种方法来调和这两种分歧性影响。具体而言，该理论思考的是由多样性导致的群体间偏见可能会怎样扰乱信息交流和整合过程，而这正是实现多样性作为一种信息资源的协同效益的核心。因此，该模型假设，虽然减少偏见对实现多样性的潜在益处很重要，但这样做还不足以刺激那些需要与多样性积极结合的过程。反过来，对体验多样性的积极效果而言，在群体内交换、整合观点及认知资源所能发挥的关键作用也是受到认可的。因此，CEM 提供了整合多样性的积极和消极影响的手段。

在考虑多样性在理财规划中的作用时，必须考虑多样性的潜在好处及其潜在的破坏性影响。一方面，多样性可以提供获取信息资源和网络的途径，这通常难以从更同质的客户那里得到；另一方面，它可能会助长群体间的偏见以及其他阻碍社会互动和合作的心态。由于规划过程依赖于理财规划师与客户之间的沟通和协作，因此，必须考虑在利用多样性潜力的同时，减少可能影响该过程的人际障碍的策略。

多样性的商业价值

鉴于一个组织中的劳动力的独特知识、技能和能力不会被竞争对手完全复制，因此组织的人力资本可以被视为一种战略资源。此外，由于知识和企业能力可以通过员工的社会关系产生，所以一个组织的人力资本可以作为其持续竞争优势的来源。一般来说，知识及其交流和应用通常被认为是一个组织实现其竞争优势的最具战略意义的资源。更具体地说，因为基于知识的能力具有社会复杂性，很难被模仿，所以多样性的知识资源是可持续竞争优势和卓越公司绩效的关键性决定因素。因此，这种多样性是一种能够增加价值的独特的能力和天赋的集合，难以在组织间夺取和转移，也被认为是竞争优势的来源。

考克斯（Cox）和布莱克（Blake）提出了几种方法，可以用来从组织的多样性中获得竞争优势。从招聘的角度来看，他们认为那些因拥有多样性的劳动力和/或包容性环境而享有声誉的组织能够吸引最优秀的人才。因为潜在的员工都正在寻找这样的组织，他们身在其中有归属感，能受到公正对待，并有机会为某种使命做出有意义的贡献，这样的雇主会因多样性和包容性而被认可，会比他们的竞争对手更有品牌优势。相对于在组织层面的影响，考克斯和布莱克认为多样性还将提高决策能力。特别是，多样性提供的独特视角以及借助于这种视角的运作规范将推动更高水平的创造和创新。此外，这种视角的变化将有助于对问题和议题进行更深刻的分析，从而改善组织解决问题的能力。员工丰富的背景和经历也可以提供关于客户更广泛的需求的洞见。人们还相信，组织内部的多样性能够带来更强的文化能力。这种能力可以在组织外部转化为对客户需求和期望的更强的理解力，强化组织的营销举措和服务质量。多样性也可以提高组织的灵活性，因为这会让组织中常规性的做法更少，敏捷合用的做法更多。正如前面所论证的，不同的观点可以为组织提供关于客户和环境趋势的更实际的认识。此外，随着运营愈加流畅，组织可能会更具适应性，能够更快地响应市场变化。总的来说，考克斯和布莱克认为，上述这些好处连同因缺勤率、员工流失率和生产率的改善而带来的成本下降，将为组织带来净增加值，从而成为竞争优势的来源。

　　更近的研究阐明了不同层次的组织（如领导、经理、员工）多样性可能影响绩效结果的机制。罗伯逊、霍姆（Holmes）和佩里提出了一个多元化的能力模型，阐明组织可以以何种方式部署其多元化资源，以适应不断变化的市场，并在动态变化的商业市场中获得可持续的优势。在考克斯和布莱克的基础上，从那些将多样性资源和知识协调并整合进日常的工作中，他们确定了六种组织能力，分别是市场进入、研究和开发、效率、知识管理、联合 /经纪人和系统柔性。具体来说，他们认为除了增强组织进入特定市场和在特定市场中竞争的能力外，多样性还将增强组织参与那些发现和创造新的和 /或更好的产品和服务活动的能力。作者还推测，多样性可能有助于企业培养形成和管理战略联盟的能力，以及感知和应对环境变化的能力。然而，罗伯逊及其同事提出，从运营角度来看，多样性可能导致企业在协调方面遭遇挑战，从而削弱其知识管理能力，进而降低其运营效率。因此，在组织层面的分析中，既要考虑到其潜在收益，还必须考虑到其可能产生的破坏性影响。

利用好客户的多样性

实现多样性的方法

研究表明，组织对多样性管理的方法各不相同。在美国，基于偏见将历史上处于不利地位的群体的成员排除在了渠道和机会之外的假设，一些组织在处理多样性方面把重点放在了机会平等和公平待遇上。为了改变组织中劳动力的构成，以更紧密地反映社会的人口构成，这一方法更注重遵守美国联邦立法，以促进平等就业机会和反歧视行动。这一方法被称为歧视和公平多样性范式（discrimination-and-fairness diversity paradigm），它还涉及通过招募和保留妇女及无代言人的少数群体来增加劳动力多样性的政策和方案。然而，这种方法的缺点在于，它纯粹是为了多样性本身而关注多样性。其对劳动力构成的关注可谓全面（例如，妇女在劳动力中的比例、少数民族在管理层中的比例、雇用的残疾人总数等），却很少考虑由这种多样性带来的独特技能和能力，以及多元化对组织的潜在好处。此外，强调平等待遇往往会产生一种无视身份的观点，试图抑制差异的影响。因此，这些组织中的多样性举措往往比较肤浅。

相较于歧视和公平范式，其他组织则采用准入和合法性范式（access-and-legitimacy paradigm）来处理多样性问题，目的是改变其劳动力的构成，以更密切地反映关键消费群体的人口构成。随着市场变得更加多样化和少数族裔购买力的增强，作为多样性管理最常见的方法，这些组织将多样性视为向新市场拓展以及为特定的消费群体服务的商机。差异被认为能增强一个组织进入差异化市场的能力和可信度，以及增强理解、开发产品和服务，以满足这些细分市场的需求的能力。因此，重视多样性，被认为是利基市场竞争力的源泉。然而，这种方法的局限性在于，它假设这种能力是多样性的必要条件。例如，那些遵循准入和合法性范式的组织假设，西班牙裔员工会拥有更好地服务西班牙裔这个细分市场的知识和语言技能，而不考虑如何将这些技能具体整合到组织工作流程和／或帮助改善客户服务中去。因此，员工是因其属于某个群体的身份而受到约束或重视，而不是因为他们具有能为组织做出贡献的独特的知识、技能和能力。

一些组织重视多样性对业务流程的贡献，而不是专注于改变劳动力的构成以匹配其他利益相关者群体的构成。这种方法被称为学习和有效性范式（learning-and-effectiveness paradigm），它将多样性融入组织战略、市场、流程和文化中，以服务组织的学习和成长。因此，它具有歧视和公平范式的要素，即尽管采取了法律规定以外的合规方法，合规情况是受到监测的。它还具有准入和合法性范式的要素，因为人们在努力获得针对不同客户群体的渠道，以及进入其中的合法性，尽管对这些群体的理解被视为一个学习机会而不是商机。然而，多样性已被概念化为员工在观点上的差异，将其纳入业务流程时，就会促进战略目标（如创新、效率、客户满意度或社会责任）的实现。此外，员工的价值在于其知识、技能和能力，以及利用这些资源提高工作和组织绩效的方式。并且，遵循这种方法的组织倾向于把多样性的潜在优势和劣势想清楚，因此，组织领导者将其视为持续发展和文化转型的机会，以推动增长并提高长期绩效。

虽然托马斯（Thomas）和埃利（Ely）提出了三种不同的范式，其实它们可以被视为战略多样性管理的一个连续体。一方面，组织努力使员工队伍多元化，会提供并尊重员工之间的差异；另一方面，组织努力使他们的劳动力多样化，并将员工观点的差异整合到工作过程中，以提高有效性。因此，对多样性的组织方法可以根据多样性如何定义、评价和管理来区分。以下部分将提供指导，帮助理财规划师定义、评估和管理多样性，以提高工作效益。

实务的角度

建立多样化的顾客群体

由于理财规划取决于个人的收入、支出、储蓄和个人财务目标等财务状况，因此客户基础具有内在的多样性。然而，由于理财规划师往往依靠相同的策略与潜在客户进行初步接触，以求把这些线索发展为规划机会，再把这些机会转化为客户关系，因此他们实际上对客户多样性的考虑可能是有限的。例如，一些理财规划师可能会在特定的广播节目或播客上做广告，这可能对锁定特定的潜在客户有用，但也可能会制约你进入那些利基市场。同样，一些理财规划师可能会利用他们现有的客户，通过顾客推荐和口碑来推销自己，这可能会加快寻找客户的过程，但同时也会造成客户群体的同质化。虽然更广泛的营销策略（如直接发邮件或在个人网站上做广告）可能会扩大潜在的客户群，但这些策略没有针对性，可能会导致转化率偏低。因此，理财规划师应该采用更专注的方法来开发多样化的客户基础。

在生成多样性的线索库时，要重点考虑如何定义多样性。由于个人的财务状况和目标通常与其个体特征（如年龄、婚姻和 / 或为人父母的状况）相关，这些特征通常会被用来代表潜在客户的状况和目标。然而，受这些特征影响的个人优先级、风险承受能力和动机因素才是驱动理财规划决策的因素。例如，一个人的投资期限比年龄更重要，因为它决定了投资的增长导向的程度。同样，家庭经济援助的类型和数额与个体的财务目标而不是与依赖关系的性质（例如，孩子上大学、成年子女、年迈的父母等）更相关。因此，如果理财规划师能够更好地理解影响潜在客户财务状况和目标的深层次的多样性特征，而不是其在人口统计学上的群体成员身份，就能更好地理解（随后设法解决）客户的需求。

提高客户的多样性不但能让理财规划师理所当然地进一步进入差异化的细分市场，而且还有其他好处。客户目标和环境的变化可能有助于理财规划师更好地了解可满足这些客户需求的产品和服务的范围。无论如何，这种多样性也可能有助于加强理财规划师为客户识别金融战略和投资组合的能力，以实现他们独特的目标。理财规划专业人士也会发现自己正在制订计划和建议方面进行创新，以帮助客户尽可能高效地实现他们的目标。因此，虽然客户多样性的价值可能在于提高收费、佣金和 / 或市场份额，但它也可能有助于培养理财规划师更广泛的技能和能力，以便更好地全面服务客户。

为了提高客户的多样性，理财规划师应该注重客户渠道的多元化。更具体地说，他们应该寻找在理财需求、目标和财务情况方面互有差别的客户来源。例如，理财规划师可以利用社交媒体平台筛选和整理联系人，根据他们的网上信息或职业成就来寻找潜在客户，或者利用人际关系来获取介绍机会。另一个可行的途径是，在私立和公立的学院与大学举办信息研讨会，以与潜在的未来客户开始建立起关系。理财规划师也可以考虑为针对特定读者群的媒体平台撰写博客或文章，以更广泛地建立和传播自己的品牌。虽然可能还会有其他很多策略可用，但理财规划师可能更适宜通过识别客户目标、期望和环境的有意义的差异来体验客户多样性的价值，扩大资源的广度，以建立起自己的客户资源库。

包容性的关系管理

既然理财规划依赖于与客户发展和维护关系，所以理财规划师有必要帮助财务状况不同的人建立起密切关系。然而，由于一些理财规划师会采用一种整体性的方法来管理他们的客户基础，那么实现这种密切接触可能会很困难。例如，如果理财规划师在没有了解客户的目标且未制定理财规划的情况下，就试图向他们推销特定的产品，客户可能就会觉得被忽视了，或者觉得自己不过就是人家的收入来源之一。同样，不根据客户的独特需求为他们量身定制理财策略和建议，可能会让他们失去动力，这样他们可能就不会去考虑实现理财目标这个问题，因此可能就看不到理财规划服务的价值。虽然理财规划师的专业证书和资质证明有助于证明其具有一定程度的专业知识和责任心，但这种背景资料并不能作为可以预期的服务质量的直接指标。因此，理财规划师应该探索能吸引所有客户并且更具包容性地管理客户关系的方法。

包容性被定义为员工将自己视为工作团队中有价值的成员的程度。这种价值来自个体因其独特的特点而被认可的程度，以及通过获取信息、与主管和同事的联系及影响决策过程的能力而参与关键工作过程的程度。此外，它还代表了组织为了让个体全身心参与到工作中所做出的努力，以及为了整合他们多样性的观点并从中学习而做出的努力。因此，不是要强调多样性是一种对经济绩效具有价值的组织性商品，而是要强调包容性的价值在于让个体感觉自己是重要组织过程的完全贡献者。顺理成章的是，对包容性关系的管理，也就是把每个人（不管其财务目标和状况如何）都当作有价值的客户来对待，将为理财规划的实践创造价值。

因为包容性关系管理能提高所提供的服务的整体水平，所以它对理财规划师有好几个好处。花时间和精力去寻找潜在客户，了解他们独特的财务状况，制订适合他们的计划，与客户发展更深入、更长期的关系，能够为理财规划师投入的资源带来更多回报。了解客户的独特状况，共同努力解决他们的需求，有助于建立起合作关系，朝着客户的目标前进，这也能提高客户的参与度和忠诚度。其结果是，客户可能会对规划关系感到更满意。更进一步，正如营销原则所表明的那样，基于服务质量和感知价值，客户倾向于重复大量购买。更有可能的是，包容性关系管理有助于确保客户与特定的理财规划师保持长期的关系。假设客户的资产基础可能会随着时间的推移而增加，这就意味着费用和佣金会越来越高。此外，由于客户的需求会随着他们的财务状况而改变，他们的服务组合，以及随之而来的关系也可能会扩大。包容性的关系管理还可能提高客户将理财规划师推荐给其他人的可能性。

理财规划师应注重培养和展示包容性行为，以提高对客户的包容性管理。在一般层面上，包容性关系管理意味着鉴别和寻求了解每个客户情况的独特性，以及在他们的业务中以同等的尊重和兴趣对待每个人；它还包括与所有客户保持开放的沟通渠道，让他们能够了解趋势和问题，能够参与设计自己的理财规划；它还要求与客户进行真诚的互动，以建立信任和更强的个人关系。虽然这些事情听起来很简单，却很不容易做到，因此，采取措施提高自己的文化能力是有帮助的。例如，通过参加演讲会或研讨会来了解新的消费趋势、利基市场和市场的其他变化，可能有助于了解市场的多样性；课程作业或研讨会可能有助于学习和练习包容性行为；而开发性活动（如讨论小组、同伴指导或专业指导），可能有助于通过加强这些行为向理财规划实践的转化来补充所学的内容。当然，更简单的策略（如征求客户对体验和服务满意度的反馈），可能有助于确定最佳做法和需要改进的领域。总的来说，虽然可以采取一系列开发策略，但理财规划师更有可能通过鉴别客户需求、目标和情况的变化来体验客户多样性的价值，同时努力确保不受这些因素的影响，为所有客户提供水平一致的服务。

培育和利用多样性的网络

对理财规划师来说，个体的人际网络是一项关键资源。推荐是获得新客户的一种有效方式，因为满意的客户通常愿意把他们的理财规划师推荐给其他人，甚至代为介绍。由于人际网络往往是由相似的人组成的，在特定的利基或目标市场，推荐有利于与潜在客户建立联系。虽然依靠个人人脉有助于理财规划师开发有前景的渠道，实现业务增长，但它也有不利之处。考虑到个体人际网络的同质性，推荐限制了理财规划师在新兴市场中识别和利用机会的能力。例如，对高管或高净值人士的关注可能会导致理财规划师忽视传统上所获服务不足的群体的市场潜力（比如新的大学毕业生或退伍军人），或者那些具有强大购买力的群体（如宗教群体）。它还限制了理财规划师适应社会人口结构变化的能力。因此，理财规划师应探索发展和利用更加多样性的网络的方法。

除了能够带来新客户，多样性的网络还有其他好处。由于人际网络能够提供专业的资源和支持，因此可以被用来强化理财规划过程。例如，理财规划师可以获取与工作相关的资源，如新产品的信息或对新的可用技术的洞见，这可能有助于增加提供给客户的价值。同样，理财规划师可以从导师或同行那里获得专业的建议和支持，以帮助他们更好地管理自己的职业生涯。这还可以帮助他们找到财务服务领域的其他专业人员，他们可以与之合作，为客户开发更多更全面的服务。总的来说，研究表明，人际网络的多样性增加了一个人的人际网络覆盖范围，或获得网络中的知识和资源的途径。因此，通过采取措施增加个体人际网络的广度和深度，为客户和他们的理财行为创造价值，理财规划师自身也将收益多多。

如前所述，发展更加多样化的人际网络，就有可能获得更多的市场途径，并且，这也带来了强化一系列能力的可能性。有了更多的知识和信息，理财规划师就能更好地对客户的财务状况进行关键性分析，从而提高他们实现客户理财目标的能力。有了更多的专业资源，理财规划师就有了更多的潜在合作伙伴，他们可以与这些合作伙伴一起创造出新的客户产品和 / 或合作以形成规模经济，从而为他们的服务增加价值。最后，由于更容易获得专业和个体资源，理财规划师的适应性和操作灵活性也提高了，这有助于增强他们应对行业变化的能力。总的来说，多样性的人际网络可以为理财规划师提供各种各样的资源，如果能加以利用，就能提高他们的工作效率，并在市场上形成竞争优势。

为了发展和利用多样性的网络，理财规划师应该考虑在与现有人际网络之外的人互动时联系和建立关系的策略。虽然专业的社交网络可能有助于建立这种联系，但还是跨利益群体的、更真诚的参与更有助于建立关系和信任。例如，理财规划师不仅要在当地社区举办活动，还要参与外部社区的活动，这样就能向他人展示自己的品牌，并实实在在地了解这些有血有肉的人，这是发展有效客户关系的基础。理财规划师可以分享文章、写博客、举办理财培训研讨会，或者参与其他形式的知识交流活动，让人们了解他们的专业知识，并开启有意义的对话，让人们更好地了解理财规划领域的情况。理财规划师可以与组织或专业团体建立合作关系，以获得更多的潜在客户，或助力自己的职业发展。理财规划师还可以参加税务、地产、慈善或者其他方面的规划研讨会，以联系潜在的行业合作伙伴，找出可为其现有服务组合增值的方面，并全面创新财富管理服务。虽然有一系列方法可以采用，但多样性网络的真正价值将通过那些既能扩大个体人际网络又能利用这种多样性来加强理财规划实践的方法来实现。

结论

随着人们对个人理财建议的兴趣和需求的增加，客户群体的多样性也在增加。理财规划师群体的特点是具有丰富的背景、文化和生活方式，他们必须理解和处理各种各样的目标和财务状况。虽然一刀切的做法可能对管理大多数客户有效，但它忽视了与多样性相关的机遇和挑战，更重要的是，它抑制了专业的进步。为了应对市场变化以及本行业面临的挑战，具有文化竞争力的理财规划至关重要，它并不局限于作为数字的多样性，而更关注作为需求的多样性。进一步讲，为了实现多样性的真正价值，多样性在理财规划过程中的作用或其对咨询与金融服务的影响必须加以考虑。当客户的群体构成发生变化，该行业也必须与时俱进，要将这些变化纳入理财规划实践，以提高客户服务水平。正是通过努力理解和利用差异，理财规划师才能把所服务的公众作为思考对象，而不只是反映的对象。

第 15 章

针对老年人的客户心理学

迪安娜·L.夏普（Deanna L. Sharpe）博士

国际金融理财师、特许退休计划理财专家、特许退休计划财务策划专家

美国密苏里大学

简介

理财规划是一个互动和促进的过程。通过有技巧的专业对话，理财规划师帮助客户确定基于价值的目标，评估财务资源，并制订一个双方都同意的流程，以实现这些目标。这个过程隐含着这样一个假设：客户是一位有能力的理性决策者，能够充分理解和仔细评估备选方案，并做出最满意的选择。但是，正如本章中将指出的，理性的模型可能并不总能准确地代表客户的决策过程。

客户心理学为解读客户的思想和行为提供了另一种视角。通过将心理和行为科学应用到理财规划环境中，并明确地把决策的行为方面纳入考虑，客户心理学对影响客户感知、理解、决策和行动的因素，形成了层次更丰富、更细致入微的理解。

在为老年客户服务时，其他章节中讨论过的那些理财规划过程中的心理和行为方面，仍然很重要。但是，衰老过程在生物学和认知方面的反映，及其对决策能力的影响也必须加以考虑。尽管对人类晚年认知变化的研究，清楚地驳斥了人过中年后脑力衰退和最终衰老必然降临的观点，但心智能力和机能会随着年龄的增长而改变和退化仍然是不争的事实，尤其是在步入老年阶段以后，情况更是如此。

随着美国人口老龄化程度的加深，老年理财规划客户的数量肯定会增加。为确保这些客户的需求得到满足，受信标准（fiduciary standards）能够得到支持，理财规划师需要能够识别出他们从精神功能衰退下降开始的与年龄相关的正常的认知变化。此外，了解与年龄有关的正常的认知和身体方面的变化，有助于合理地组织安排与老年客户的会谈，以保证他们的自主权，建立起属于他们的优势和能力。本章将回顾老年群体显著的人口特征变化，讨论当前针对老年认知变化研究的重要见解，从相关行为中识别出正常的认知衰退，对服务老年客户的最佳做法提供建议，并为未来的研究提出方向。

银发潮

美国正处于人口剧变之中。到 2030 年，最后一批在婴儿潮中出生的人将迎来 65 岁生日，由此老年人的数量将增加 1800 万。从 2014 年到 2060 年，65 岁及以上人口规模预计将翻一番以上，从 4620 万增加到 9820 万。2014 年，65 岁及以上人口与 65 岁以下人口的比率约为 1∶7；到 2030 年，这一比率将为 1∶5；到 2060 年，将为 1∶4。

不仅老年人口的数量在增长，而且那些年满 65 岁的人预计还会比上一代人活得更长。现在 65 岁的人的预期寿命几乎还有 20 年，而 1950 年时，同龄老人的预期寿命还有不到 14 年。有些老年人的寿命还将超过预期寿命：75 岁的人，预期寿命还有 12 年；85 岁的人，预期寿命还有 6 年半多一点；即使是 100 岁的老人也可能再多活 2 年。老年人更长的寿命将提升老年人口的比例。到 2050 年，预计会有 4.8% 的人口年龄在 85 岁或 85 岁以上，而在

2014 年，这一比例仅为 1.9%。

　　由于生存率的差异，目前在 65 岁及以上的老年人口中，妇女占 58%；在 85 岁及以上的人口中，妇女占 68%。这种差异可能会持续下去。但是，与过去的趋势相反，老年人口在人种和民族的分布上预计会变得更加多样化。人口统计学家预计，到 2060 年，在老年人口中将有约 9% 的亚裔、12% 的黑人、22% 的西班牙裔和 55% 的白人，而目前的分布为 4% 的亚裔、9% 的黑人、8% 的西班牙裔和 78% 的白人。

　　这些人口趋势肯定会影响那些寻求理财服务的人的特点和需要。有越来越多的老年人可能会活到更高龄，这会引发关于认知功能和决策能力在晚年的可持续性的严重问题。人们有充分的理由为此担心，痴呆的发病率会随着年龄的增长而增长，会影响 3% 的 65 ~ 74 岁的人、17% 的 75 ~ 84 岁的人，以及 32% 的 85 岁及以上的人。预计到 2025 年，美国将有 710 万阿尔茨海默病患者，与 2017 年相比增长近 35%。

　　然而与此同时，当前的研究表明，大脑对生长发育的反应比以前想象的要快。神经科学和心理学研究人员断言，老年人仍然可以学习，生活方式的选择有助于防止或减缓脑力衰退。人们乐观地认为，大多数老年人到了 70 岁 ~ 80 岁时，还能没什么大毛病，还不至于太虚弱，因此也还可以生活在社区中。

　　研究人员也认识到衰老不仅仅是一个生物学过程。人还生活在文化环境中，文化深刻地塑造着自我感知、思维、角色和期望的内容与过程。还有一些人认为，年老是人生正走向一个积极的顶点，或者是走向一个消极的衰退。跨文化研究已经发现，老年人在关于衰老认知的一些方面（包括聚焦、注意、推断、理解、判断、交流、推理和记忆）存在文化差异。认识到老龄化过程中的文化差异，对于服务于人种和民族日益多样化的老年人群体来说将非常重要。

　　为老年客户制定有效的理财规划需要全面认识到老龄化是一个心理和生理过程。本章将要讨论到，衰老是一个复杂的过程，在不同情境下有不同的意义。随着年龄的增长，大脑会发生神经和生理上的变化。但是，在老年人中，这种变化的程度和速度及其对认知能力的影响是不一致的，会有很大差异，因此要用一般性的术语来描述老年化过程是有困难的。其中部分原因是，由于晚年神经系统的变化，老年人的决策并不总是符合经典的经济理性模型，语境、情感和文化也会对思维、判断，以及晚年生活生中的决策产生重大影响。从客户心理学的角度来看待认知老化的影响，可以拓宽对那些影响日后生活决策的语境和行为的理解，它可以凸显出老年人在决策过程中的潜在弱点，有助于提高为 / 与老年客户设计理财规划过程的质量和效率。

什么是衰老

回答"什么是衰老"这个问题是非常具有挑战性的。衰老远不只是年龄的增长。目前的研究表明，衰老是一个复杂的过程，是生物化学、神经和生理三个系统相互作用的结果，在一定程度上深受文化、环境、个人历史和生活方式的影响。这些互动究竟是如何导致了在人的晚年可以观察到的那些心理和生理的变化，是当前许多生物学和行为科学研究关注的核心问题。尽管有关这一过程的理论和科学讨论比比皆是，但研究人员一致认为，衰老并不会导致不可避免的认知衰退。此外，认知改变发生时，也并不是匀速进行的。一些认知功能会在人的一生中保持相对稳定，其他认知功能则早在人生的第二或第三个 10 年就开始终生性衰退了，而其他认知功能则只在人的晚年期才衰退。

阿金（Arking）是一位受人尊敬的学者，研究的是衰老的生物学方面，他将衰老定义为"一系列累积的、渐进的、内在的和有害的机能和结构上的变化，这些变化通常在生殖成熟时开始显现并最终以死亡结束，与具体的时间点无关"。这是对人类潜在的生物学过程的恰当描述，但衰老还具有重要的心理和社会文化维度的意义。

研究人员是从几个不同的角度来看待年龄的。这些角度不仅反映了人变老过程的不同方面，也适用于为老年客户进行理财规划的各个方面。实际年龄就是人自出生后经历过的年数。与理财规划相关的方面是，实际年龄决定了人们享受某些计划或福利的资格，如社会保障计划、医疗保险、零售机构提供的老年优惠，或可以开始从退休账户强制提款。与实际年龄有点关联的概念是生物年龄，它被定义为相对于潜在剩余年数的已生存年数。对变老过程的这种看法，隐含的前提是退休收入需要计算，在计算中尤其要考虑到客户目前的健康状况和家庭成员的寿命等因素。人终有一死的认知也许可以解释为什么在不同的文化中，老年人都会认为未来的时间和机会是有限的。

年龄也有社会和心理意义。社会年龄与一个人在生活中所扮演的角色有关，也与对不同年龄的人在脑力表现和行为方面的文化期望有关。到了晚年，许多角色都会发生变化。例如，一个人不再是雇员，而成了退休人员；有些人成了祖父母、亲人的看护者或寡妇（鳏夫）。

在理财规划这一背景下，个体角色的变化会影响理财需求、资源、目标和规划。一些明显的例子是，随着从职业人向退休老人身份的过渡，收入来源会发生变化，交通和服装支出可能会下降。或者，在孙子女出生或配偶死亡时，客户可能会变更人寿保险的受益人。

重要的是理财规划师要认识到，即使人的角色变化是正面的，是预料之中的，也可能给客户带来压力。某些角色改变可能会导致人们陷入抑郁，特别是当他们不想要这种改变发生，或这种改变会给他们带来沉重负担时。对于一些客户来说，退休后离开工作场所将意味着失去归属感、目标和工作所提供的价值感。大约五分之一的家庭照料者会陷入抑郁，这一比例是普通人口的两倍。当然，失去配偶或伴侣也是一个重大的角色转变，这是从与他人亲密分享的生活转变为独居的生活。在失去配偶的人中，会有近三分之一的人在第一个月内会经历一次严重的抑郁发作；有大约一半的人在一年后会达到临床上抑郁症的标准；在生前患有阿尔茨海默病的配偶去世后三年内，有近五分之二的照料者会陷入轻度到重度抑郁；患有多种疾病或服用药物对老年人来说是常事，这也会增加他们患抑郁症的风险。如果不加以处理，抑郁可能会成为导致财务决策失误的一个因素，即使是健康的老年人也在所难免。

一个人对自己年龄的看法就是其主观年龄。与同龄人相比，那些健康和活动水平相对较高的人可能会认为自己的年龄比他们的实际年龄小。那些认为自己"比实际年龄更年轻"的理财客户可能是冒险者，他们积极参与生活，享受旅行和新的体验。但是，这种类型的客户也可能会倾向于推迟或避免进行关于理财的重要讨论，比如调节退休金支出分配或为长期护理预备资金，他们会将这些问题视为那些更老的人的问题，而与他们的生活还没有太大关系。

当与老年客户合作时，可能会对客户判断、决策和完成理财任务产生负面影响的神经生物学变化尤其值得关注。对晚年认知机能的实验室评估会同时采用两个年龄定义。心理年龄指的是适应环境的能力水平，取决于感知速度、学习、推理和记忆等因素。机能年龄是执行特定任务、机能或角色的能力。尽管功能衰退通常会随着时间的推移而发生，但它与大脑的神经生物学变化有关，并非与实际年龄有关，它肯定了"人晚年期的机能衰退并不是衰老过程中不可避免的一个方面"这一观点。

正常的认知机能老化

在对认知老化的初步研究中，研究人员运用了心理学、行为经济学和神经科学等学科的特定理论和方法，基本上像是在各行其是。最近脑成像技术的发展促进了跨学科的研究。通过这种协作，神经经济学（neuroeconomics）成了一个新的研究领域，研究人员在实验环境中跟踪了那些研究被试在完成结构化经济决策任务时的大脑活动。

在过去的 20 年中，跨学科研究极大地扩展了关于认知的哪些方面会随着时间的推移而趋于维持或退化，以及与年龄相关的认知表现差异的知识。虽然科学家还没有确定一个关于正常认知老化的精确描述，但一些模式开始逐渐清晰。在本节中，我们将回顾与年龄相关的大脑的生理和神经变化。然后，我们将在经济和理财决策的背景下研究这些变化和那些与年龄相关的差异之间的潜在联系。

大脑结构和机能方面与年龄相关的改变

科学研究证明，正常的衰老并不意味着大脑没有生理变化，也不意味着大脑机能不会退化，认知能力下降也不是只在晚年才会发生。事实上，神经学研究表明，在高学历的健康成年人中，认知能力在某些方面的下降甚至可能早在人生的第二或第三个 10 年时就开始了。

对人死后脑结构的研究表明，随着年龄的增长，脑容量会减少，脑灰质和白质会萎缩，血液流动会减缓，神经突触会退化，神经化学变化会出现。科学家们推测，大脑的这些生理变化可能是认知机能改变的基础。但是，尸检研究不能提供关于生理－心理的联系或衰退如何开始的洞察，也无法了解被研究者的生活方式以及行为史或病史。

通过利用大脑成像技术（如正电子发射断层扫描和功能性磁共振成像）对在世老年人进行观测，神经科学家已经能够测量大脑活动，将大脑结构和活动与各种认知功能联系起来，并进行跨年龄比较。拉兹（Raz）和罗德里克（Rodrique）在完成了对 229 项尸检和脑成像研究的广泛回顾后，得出了如下关于大脑衰老的初步的宽泛结论：大脑容量随着年龄的增长而下降，对大脑的所有部分会产生不同程度的影响。大脑特定区域的脑容量的减少与人们在执行任务、技能习得和完成空间记忆任务方面表现不佳相关。神经元的大小或密度的下降可能是导致大脑中参与决策的区域变小的一个重要因素。有趣的是，拉兹和罗德里克注意到，大脑中与感觉功能相关的区域受衰老的影响较小。

总的来说，迄今为止，脑科学和行为科学家进行的跨学科研究表明，正常的认知老化的特征是与思维和决策有关的基础性生物神经回路结构和机能的逐渐变化，尽管这个过程的具体细节仍在研究中。大脑的这些变化在不同老年人身上发生的方式和速度都不一样，导致的衰弱程度也不一样。因此，对于人们老年后能被观察到的认知机能变化的类型、时间和严重程度的预测能力，仍然是有限的。

为了从稍微不同的角度探讨正常的认知老化问题，心理学家对智力的各个方面进行了研究，典型的做法是让居住在社区的老年人在结构化的室内实验中完成标准化认知测试。大多数这类测试都是在某个时间点进行的，虽然也有一些测试是对同一批成年人长期进行的。还有一些研究收集了年轻人的比较数据。

在这项研究中，心理学家们对不同类型的智力进行了分类，并将随年龄增长而变化的那部分智力与不随年龄增长而变化的部分区分开来。老年人智力的各个部分的变化率因人而异。一些老年人的认知能力与年轻人持平，而另一些老年人的认知能力则出现了显著下降。这种差别使我们很难确定一种可以定义晚年认知机能正常水平及其变化的共同标准。然而，我们可以从心理学角度对与年龄相关的认知变化进行一些一般性的观察。

心理学家宽泛地将智力分为晶体智力或流体智力。晶体智力是指通过正规教育和生活经验而积累的知识以及数字和语言技能。因为它是随着时间的推移在其生活背景下发展形成的，所以晶体智力反映了一个特定文化或社会的规范。这类知识用于解决日常的或熟悉的问题，通常通过评估一个人的词汇量和一般知识来衡量。晶体智力在 60 岁或 70 岁左右之前会保持不变或随着时间的推移而略有提高（以 0.02 ~ 0.003 个标准差 / 年的速度）。由于它反映了积累的知识，因此老年人在完成需要用到这类智力的任务上的表现往往优于年轻人。

流体智力是一种运用逻辑和推理来解决新奇或抽象的问题的能力，而且很少甚至得不到事先的指导或有先例可循。它包括一个人天生的快速关注和处理新信息的能力。流体智力的几个组成部分与快速思考能力有关，包括执行能力、处理速度、记忆和意识活动能力。研究表明，处理速度和意识活动能力在 30 岁左右达到峰值，然后逐渐下降（以 0.02 个标准差 / 年的速度）。流体智力似乎特别容易受到大脑结构所发生的生理学和神经学变化的影响。戴维·赖柏松（David Laibson）指出，在人的一生中，整体智力表现是曲线型的，一直上升到 50 岁出头，然后开始下降，以一生时间里晶体智力上的积累来抵消流体智力的衰减，就是一生留下的智力结余。哈拉达（Harada）、奈特森·洛夫（Natelson Love）和特里贝尔（Triebel）总结了对晚年认知能力六个特定方面的研究，这些方面都与晶体和流体智力有关。表 15–1 中列出了与年龄相关的这些认知能力变化。语言和视觉空间能力与晶体和流体智力两个方面都有关。相比之下，专注力、处理速度、记忆和执行能力这些方面都与流体智力相关。以下是对认知能力各方面随年龄变化的研究结果的综述。

语言

语言包括一个人现有的词汇量，以及访问、使用和向词汇库添加新词汇的能力。研究表明，词汇是晶体智力的一个方面，不会随着时间改变，甚至还可以提高。随着时间的推移，看到一个普通物品后对其命名的能力会保持相对稳定，直到 70 岁之后才会下降。语言流畅性与流体智力密切相关。在要求老年人完成单词搜索，并在限时测试中生成能代表某个类别的单词（例如动物名称）的评估中，他们的表现会随着年龄的增长而变差。然而，这种能测量到的下降也可能反映了处理和执行请求所需的时间更多了，而非反映了流体智力本身的损失。

表 15–1	晶体智力和流体智力的组成
晶体智力：不会随着年龄增长而改变的心智机能	
词汇检索	
一般知识检索	
记忆机能	
再认记忆（recognition memory）——受到提示后的信息检索	
时间顺序记忆	
程序记忆	
记忆类型	
非陈述性（隐式）记忆	

续前表

流体智力：随着年增长而衰退的心智机能
执行能力
处理速度（包括意识活动的）
记忆机能
短期回忆
延迟的自由回忆——没有提示的信息检索
源记忆——信息源的调用
前瞻性记忆——记住将来要采取的行动
记忆类型
陈述性（显性）记忆
语义记忆（晚年会下降）
情景记忆（终生衰退）

视觉空间能力

处理、解读和使用有关物体在三维空间中的位置信息，对于人在环境中进行安全移动、判断自身与物体的距离，以及在空间中确定自己的方向至关重要。如果没有出现视力下降或痴呆的情况，对熟悉的事物或人（物体感知）或物体的物理位置（空间感知）的识别能力不会随着年龄的增长而改变。视觉空间能力的这一方面与晶体智力有关。相对来说，无论是在头脑中、纸面上，还是在实际动作上，在三维空间（可视化构造）中把部件以正确的或符合逻辑的方式组合成整体的能力都会随着年龄的增长而下降。以当前的技能和能力水平去解决一个新问题，将视觉空间能力的这一方面与流体智力联系了起来。

专注力

专注力是专注于特定刺激的能力。老年人和年轻人之间的差异取决于所需注意的类型。注意到简单的口头指令（即时记忆）的能力，可通过在听到一组数字后立即重复来评估，对于老年人来说，这项能力似乎只有小幅下降。需要选择性注意或分配性注意的更复杂的注意力任务，随着年龄的增长会发生更大的变化，老年人在这方面的表现不如年轻人。选择性注意需要将注意力集中在与某项任务相关的内容上，同时排除与该项任务无关的内容，其中一个例子就是在嘈杂的餐馆里听朋友说话。分配性注意则是指能够"眼观六路，耳听八方"，而不是一次只完成一项任务，在烹饪的同时进行对话就是这样一个例子。

处理速度

当对特定刺激做出反应时，无论是在实验室的实验环境中，还是在日常生活中，都一定会发生四件事情：对刺激的注意、有关刺激的数据的感觉传递、数据处理，以及由此产生的肌动活动（motor activity）。这四个步骤一起构成了反应时间。研究表明，尽管衰老与反应时间的四个组成步骤的速度下降都有关，但大部分下降还是由数据处理速度的下降导致的。对处理速度的科学评估表明，这种能力的减缓始于 30 岁左右，并会一直持续下去。

老年人似乎是在速度和准确性之间进行了取舍。为了避免代价高昂的判断错误，老年人会"更密切地监控自己的活动，倾向于较慢但更准确地行事"。这种补偿理论有助于解释为什么 65 岁以上的司机倾向于开慢车。摩根（Morgan）指出，当期望处于所有年龄段的人都能有类似的速度表现时，较低的处理速度和反应时间会使老年人处于不利地位，例如在进入或离开自动扶梯或电梯时。想提高速度表现的压力会让他们更加紧张，表现也会更差。

记忆

老年人常常会因健忘而感到挫败并抱怨，常常会因此而担心自己患上老年痴呆症或阿尔茨海默病。然而，对老年人记忆的研究给他们提供了一些安慰和希望。目前，在 65 岁以上的老年人中，阿尔茨海默病患者只占 1/10。对大多数老年人来说，尽管某些类型的记忆会随着年龄的增长而迟缓，或者效率下降，但其他类型的记忆会保持不变甚至可以改善。

记忆涉及信息的获取、保留和使用。研究表明，从生命的第二个 10 年开始，个人获取信息的速度开始随着年龄的增长而稳步下降。与年龄相关的在信息保留和运用方面的差异，取决于所关注的记忆的类型。

短期记忆是将信息保存大约一分钟，例如记住银行存款单上所收支票的美元金额。在一项常见的短期记忆测试中，与年轻人相比，老年人能够以最小的失误重复一串七个数字。

工作记忆是一种临时存储和使用完成复杂智力任务所需的信息的能力。心理学家把这种类型的记忆视为其他重要的认知功能的决定性因素，包括语言理解、推理和解决问题。实验研究结果表明，与年轻人相比，老年人在工作记忆方面表现较差。

长期记忆有几个方面。陈述性（显式）记忆是对事实和事件的回忆，它有两部分：语义记忆和情景记忆。语义记忆是一个人从正规教育、社会交往和生活经验中获得的对世界的一般性认识，它包括语言运用和实用知识。通常老年人的这类知识的储量比年轻人要大得多，在晚年生活中检索这类信息可能需要更长时间，但是对这类记忆的组织和获取似乎不会随着年龄的增长而改变。情景（自传式）记忆是对自己过去的回忆。研究表明，通常对最近发生的事情的体验要比早期的童年经验更容易回忆起来。一个有趣的例外是，人在 15 岁 ~ 25 岁之间所经历的事件通常能更快地被回想起来，这表明人在步入成年的这一阶段情绪高涨，而且这一时期也比较重要。一些研究人员注意到，尽管老年人会长期对自己的过去保持着记忆，但与年轻人相比，他们对过去的回忆细节更少一些。而对于高度情绪化的公众事件（比如"9·11"事件），不同年龄的人对事件细节的回忆几乎没有差别。

非陈述性（隐式）记忆是在不用有意识地思考的情况下获得和使用的知识。这类记忆的一种常见形式是程序性记忆，即关于如何做一项需要技能的活动的知识（如阅读一本书）。这种类型的记忆是通过长时间的大量练习获得的，一旦获得就能自动使用。老年人可以获得涉及身心的程序技能，并随着时间的推移保留下这些技能。有证据表明，在那些拥有高水平专业技能的老年人中，即使某项技能的某些部分可能会随着年龄的增长而变差（例如动作变慢），通过使用补偿性的精神或身体动作，几乎不会出现随着时间的推移而导致整体机能的下降的情况。

前瞻性记忆是指记住将来要做的事情，比如付账单、看牙医、归还借来的东西。依赖于外部记忆辅助工具的老年人，如日历或张贴在可见地方的提醒物，可以很好地完成这种类型的记忆任务。然而，要回想起需要完成习惯性的任务（比如服药）是很困难的，因为环境提示因素很少。

执行能力

执行能力含有这样几个认知过程，包括自我监控、推理、思想灵活、解决问题、组织、协调、计划、实施和评估的能力。有人就执行控制指出：

它实际上在认知的各个方面都起着关键作用，比如在刺激或任务间分配注意力资源，抑制工作记忆中分心或无关的信息，制订编码和检索的策略，以及指导各种解决问题的方法、决策和其他目标导向的活动。执行控制对于新任务尤其重要，因为对于这些任务没有现成的习惯性程序可以遵循。

神经影像学研究表明，老年人认知能力下降的一个基础性生理原因可能是脑额叶前部区域能力和机能的丧失。与年轻人相比，老年人倾向于具体地思考。形成概念的能力、抽象思维能力、运用不熟悉的材料进行推理的能力、思维灵活性等会随着年龄的增长而下降，特别是在70岁以后，情况更是如此。语言和数学推理能力在45岁左右开始下降。然而，一些执行能力几乎终生不变。这些能力包括注意到相似性、解释一句谚语的意思，或运用熟悉的材料进行推理。

年老与经济决策

理性经济理论为决策的科学研究提供了初步基础，它认为决策过程是认知性的、需要计算的、审慎的、不受情境影响的。认知心理学家戴维·卡尼曼（David Kahneman）和阿莫斯·特沃斯基对这一观点提出了质疑，他们承认情感、主观评价和直觉在决策过程中所起的作用。他们对传统经济理论提出了挑战，并在 1979 年发表了如今看来影响巨大的文章《前景理论：风险下决策的分析》（*Prospect Theory: An Analysis of Decision Under Risk*），这促进了行为经济学的发展。

行为经济学考察的是认知、情感、社会和心理因素对经济决策的影响，通常通过评估被试对由实验室构建的特定任务的反应来开展。行为经济学的最初研究聚焦于年轻人，最近的研究开始努力将注意力转向老年人，并将同步脑成像纳入实验环境。虽然这项工作还处于相对早期的阶段，但已经发现了几个有趣的与年龄相关的差异。

学习

学习是一项复杂的认知任务，需要认识到选择的结果、对实际结果和预期结果进行比较、决定未来在类似情况下是否要改变行动、在必要时记起并实施该决定。老年人需要更多的时间来学习，但可以通过重复和经验而获得收获。一些研究人员将这种年龄差异归因于老年人在新环境下在计算预测误差方面面临的困难。神经成像显示，与年轻人相比，老年人在学习过程中的大脑活动程度较低。神经学研究还表明，与有可靠的奖励信息相比，当奖励是概率性的（不确定的）时，老年人在学习上会更加困难。

反馈的类型是否会导致差别一直是争论的焦点。有一些研究表明，老年人对负面反馈的反应更多，而其他研究发现他们对正面反馈的反应更强。还有一些研究发现在反馈的类型上并不存在年龄差异。

对盈亏的反应

行为和神经学研究表明，年轻人和老年人自我报告的对预期得到的或实际获得的金钱收益的积极反应没有差异。有趣的是，他们虽然对预期损失的反应不同，但对于实际损失的反应并无不同。老年人报告说他们在预计到金钱损失时的消极反应较低。神经评估证实，相对于年轻人，老年人在这种情况下大脑活动会降低。但是，在实际损失了金钱的情况下，老年人和年轻人的反应没有区别。

跨期决策

跨期决策是复杂的。不同的选择在收到回报的时间和大小上有所不同。奖励可能是即时的，也可能是延迟的。等待通常会得到更大的回报，但必须锤炼自我控制能力和耐心，必须权衡得失。有趣的是，在对啮齿类动物和人类的行为研究中，研究人员发现大脑中有一个区域，当它被激活时，就可以预测到其会选择延迟的奖励。大脑的这个部分似乎对自我控制和对较小的即时奖励的较低偏好产生了影响。

在许多研究中，老年人比年轻人表现出更强的等待意愿。科学家从两方面看待老年人的这种意愿。这可能是与年龄相关的神经衰退现象的一个令人高兴的意外，它减少了冲动性和即时性；另一种情况是，老年人这样做可能是更多地源于以前与延迟奖励有关的生活经验。

最近对那些需要在即时的和延迟的奖励之间进行抉择的老年人所做的神经影像学研究发现，那些大脑中与情感信号传递相关的区域出现了神经功能障碍的老年人，更有可能选择即时奖励；而这部分完好的成年人则更有可能选择一个更高的、延迟的奖励。不考虑这一点，这两组人都是健康的。

风险决策

旨在评估年龄差异对风险决策的影响的行为经济学实验，得到的结果并不一致。一些研究表明，老年人相对而言更不愿意冒险。其他的研究则未能发现这两个年龄组之间的显著差异。还有其他研究发现，在某些情况下，老年人比年轻人更有可能选择高风险的选项。

针对受年龄影响的对高、低风险选项的选择的神经成像研究数量较少，其中一项研究包括在高风险股票和安全债券之间的一系列选择。在这个实验中，来自前一次尝试的关于哪些资产投资回报更好的反馈，必须应用在后续的试验中，以进一步提升回报。实验发现，在风险厌恶方面不存在年龄差异，但是在风险性股票的选择上存在年龄差异，这与对债券的过度投资（意味着风险厌恶）无关，而与选股时机错误有关。脑成像结果表明，老年人在完成这些事情时，处理信息的难度更大，这表明观察到的差异不是由于风险厌恶，而是由认知机能的差异导致的。在一项相关研究中，韦勒（Weller）、莱文（Levin）和登伯格（Denburg）认为，与年轻人相比，老年人在做风险决策时对期望值的反应程度更低。

框架效应

当信息呈现方式的改变可以影响偏好时，框架效应（framing effects）就会发生，即便面对的是同样的事实。例如，将绞碎的牛肉描述为90%的瘦肉和10%的脂肪。通常，当某个框架有积极的含义，而另一个有消极的含义时，人们在做出选择的过程中就会受到情感反应的影响。神经影像学研究发现，那些在传递情感信息方面失去能力的老年人对框架效应的反应较弱。

过度自信

当某人的预期表现超过了其测量绩效时，就属于过度自信，针对60岁及以上老人的研究也已经证明了这一点。研究发现，尽管其财务素养得分会随着年龄的增长而稳步下降，但人们对自己做出经济决策能力的信心并没有随之下降。研究表明，男性比女性更容易表现出过度自信，尤其是对其从股票交易中实现收益的能力而言。

补偿和适应

为了弥补短期记忆的衰退，老年人经常会借助外部的记忆支持手段，比如把钥匙放在同一个地方，把预约事项写在日历上，或者使用标有一周天数的药片配药器。为了应对与流体智力有关的心智功能的衰退，老年人往往会利用他们积累下的知识和生活经验进行补偿。当处理速度变慢时，老年人倾向于在思想和行动上变得更加谨慎和慎重。

在对决策策略的回顾中，马塔（Mata）、约瑟夫和勒梅尔（Lemaire）指出，与年轻人相比，老年人更倾向于把认可（recognition）、择优（take-the-best）、计算作为决策策略。认可意味着在一组选项中选择更被大众认可的选项，推断被认可的选项有更高的价值；择优是指决策者在选项中进行搜索，寻找一个有区分作用的选项因子，然后在此因子的基础上进行选择；计算是指决策者计算每个选项的积极属性的数量，然后选择点数最高的那个。这里的每一种策略均是一种经验法则，更多的是依赖于情感（例如哪一个选项吸引人）和突出的视觉线索，而不是有意识的、理性的、审慎的过程。

综上所述，对认知衰老的研究表明，大脑的生理和神经结构以及认知功能会随着年龄的增长而衰退。变化的速度和大脑的形态与功能衰退的具体区域因人而异，这使得对标准的认知衰老进行描述非常困难。对老年人和年轻人的比较表明，老年人在依靠一般性知识和经验（使用晶体智力）完成的智力任务中表现较好，但在需要复杂的智力过程（依靠流体智力）来完成的新奇任务中表现较差。老年人似乎更喜欢用拇指规则来做决策，而不是依靠有意识的、深思熟虑的过程。随着时间的推移，许多老年人有效参与多种经济决策的能力均会下降。研究人员指出，大脑结构和神经连接的变化以及处理速度的减慢都是导致这种下降的原因。

令人担忧的信号

关于老年人的金融知识和能力的近期研究的结果令人担忧。路萨尔迪（Lusardi）和米切尔通过询问三个基本问题来评估在社区生活的 50 岁及以上成年人的金融知识水平，这些问题涉及利率计算、通货膨胀的影响和投资风险多元化。调查结果表明，美国老年人口的金融知识水平非常低。在对通货膨胀的影响的认识方面，只有大约一半的受访者能正确完成一个简单的百分比计算，有三分之二的受访者至少错了一个问题。这些问题也被纳入另一项针对美国成年人的全国性调查，调查结果显示，老年人的正确率比年轻人要低。此外，对于每个问题，老年女性给出的正确答案均比较少，选择不知道选项的频率比老年男性更高。

为了确定老年人的财务能力是从何时以及是如何开始衰退的，美国阿拉巴马大学伯明翰分校的丹尼尔·马森（Daniel Marson）和他的同事整合了心理学和神经科学的概念和研究方法，开发了财务能力工具（Financial Capacity Instrument，FCI）。这个研究团队是多学科的。马森是律师、教授，研究领域横跨心理学和神经学，他的同事则对被诊断为阿尔茨海默病的人进行研究或临床治疗。他的同事来自神经内科、阿尔茨海默病研究中心、教育学院和伯明翰退伍军人管理局医务中心。研究团队成员的不同背景使他们不仅能从理论角度，而且还能从临床、法律和实践的角度来测量金融能力的下降。

FCI 是一种标准化的心理测量工具，用于评估从简单到复杂的六种财务能力。能力的选择基于其与成年人在社区的独立生活能力的相关性，与在医疗保健环境中进行的针对老年人的临床服务工作的相关性，以及与对财务能力的法律评估的相关性。能力及评估措施如下：

- 展示基本的理财技巧：
    - 分清硬币和货币；
    - 说出硬币和货币的相对价值；
    - 正确地点数硬币和货币。

- 展示金融知识：
    - 解释各种简单的金融概念；
    - 应用或推测金融概念。

- 完成模拟的购买交易：
    - 买一件东西，数清楚零钱；
    - 买三件东西，数清楚零钱；
    - 能凑好确切数目的零钱去自动售货机上用。

- 管理支票簿：
  - 识别并解释支票和支票簿登记册（checkbook register）的部分内容；
  - 模拟用支票支付的交易。

- 管理银行对账单：
  - 识别并解释银行对账单的部分内容；
  - 在银行对账单上识别某项交易的各个部分。

- 展示财务判断：
  - 检测和解释欺诈性推销邮件中的欺诈行为；
  - 解释投资选项，做出投资决策。

在一项使用 FCI 对被诊断为轻度或中度阿尔茨海默病的老年人与健康对照组表现进行对比的临床试验中，马森和他的同事确定了不同阶段的阿尔茨海默病患者在经济能力上的差异。研究结果证实了这样一个观点，经济能力的丧失与阿尔茨海默病特有的认知功能的逐渐丧失是同步发生的。在完成简单理财任务的能力下降之前，完成复杂理财任务的能力会首先下降。在被诊断为轻度阿尔茨海默病的患者中，约有一半的人经测试具有基本的理财技能，能对简单的理财概念进行描述和应用，有现金交易方面的能力；但是只有不到三分之一的人，展示出了管理支票簿或银行对账单的能力，而能做出良好财务判断的人还不到七分之一；相比之下，几乎没有一个中度的阿尔茨海默病患者能完成任何一项任务。

对马森和他的同事的工作的讨论，并不是要暗示理财规划师在与老年客户打交道时应该使用心理测量工具。理财规划师不是诊断专家，从伦理上讲自然也不能承担这个角色。但是，基于 FCI 的研究确实为理财规划师提供了一些重要的见解。首先，认知机能下降和理财技能丧失是有联系的。其次，这种丧失似乎是渐进式的，在简单技能丧失之前，先会出现更复杂的技能的退化。因此，不能正确地完成基本的理财任务实际上可能是认知衰退晚期的预警信号，而不是通常认为的早期预警信号。最后，基本的理财技能对于独立的社区生活是至关重要的。这些技能的下降可能预示着客户需要家庭成员或其他指定人员的财务监督，甚至可能需要监护。

为老年客户提供支持

目前的科学研究表明，顾客的认知能力会随着年龄的增长而改变，但是这种改变的时间、具体形式和程度是无法预测的。因此，要对变化的迹象保持警惕，做好准备，积极主动，要成为为老年人提供的优质服务的一部分。当然，必须先进行必要的判断，才能识别变化的迹象，确定要适当进行什么样的调整，并确认老年客户什么时候需要超出理财规划专业人员能力范围的额外帮助或支持。以对典型的晚年认知变化的了解为基础，理财规划师就可以为老年客户的理财规划提供实际建议。

1. **老年人认知变化的类型和时间因人而异**。不要认为年龄的增长会不可避免地导致认知能力下降，或者所有的老年客户都会有同样的认知问题。同时，要留心老年客户在理解、推理、判断和决策能力方面变化的迹象。

2. **心理机能的变化是渐进的**。与那些每天都与老年客户打交道的人相比，理财规划师更容易注意到随着时间的推移，在两次会面之间老年客户的心理状态出现的下降。为了识别老年客户的认知变化，在通常的会谈记录中，除了记录讨论了什么以及做出了什么决定等内容之外，还要添加一些关于客户在会议中是否有能力成为活跃的参与者的简短评论：有没有意外的记忆失误，是不是过于依赖经验性的决策规则，理解复杂概念有无困难。在再次与客户会面之前，要参考一下以前的笔记资料，以便更好地认识到那些提示认知技能下降的标志在频率和强度上的上升。

3. **短期记忆下降**。可以为老客户提供有形的记忆帮助，例如，在会面之前发送会面提醒明信片。或者，在面对面的会谈开始时，给客户一页纸，上面简要地列出关键数据、问题或其他会谈重点。当与年长的客户交谈时，要检查他们对所讨论项目的理解，并意识到可能需要对信息进行不止一次的耐心重复或解释。

4. **认知机能下降**。要认识到与年龄相关的脑功能变化，可能会对老年客户对盈亏的反应以及参与概率（风险）决策的能力产生不利影响。在处理抽象概念方面有困难的客户可能需要具体的例子。在客户进行决策的过程中，要注意是否有过度信任或过度依赖试探法的迹象。如果可能的话，在与客户的互动中，要使用方法、解释或例子，让客户可以利用一般的知识和生活经验（例如，多运用晶体知识而不是流体知识）。

5. **计算能力下降**。在与客户会面时，可考虑使用图表或图形，而不是数字表格或计算，来帮助解释像投资组合配置、再平衡或回报这样的数学概念。

6. **处理速度变慢**。要注意与年长客户对话的语速，要使沟通的节奏符合客户的反应。要放慢语速，使用简短、清晰的陈述，而不是冗长的描述或讨论。在讨论下一个问题点之前，要验证一下客户是否已经理解了前面的内容。

7. **完成复杂任务的能力下降**。要把复杂的任务分解成更小的组成部分。如果可行的话，要简化描述和解释，一次就只专注于不多的几个关键点或问题。

8. **变得偏好短期而非长期**。要认识到，客户似乎更偏好短期回报而非长期回报，或者对风险偏好的改变，实际上就反映了其心理过程的下降。

区分正常的和值得忧虑的认知变化

考虑到发生认知迟钝和严重认知衰退的可能性，老年人处理自身理财事务的能力是一个很值得担忧的问题。阿尔茨海默病协会提供了很好的资源来帮助我们区分在晚年生活中发生的正常的和令人担忧的认知变化。一般来说，用以判断阿尔茨海默病是否已经发生的行为类型的区别在于行为的频率、持续时间和恢复能力。例如，偶尔会忘记一个人的名字或一张账单，但事后能再记起来，这就无须担心。但经常记不住家人的名字，或者有一大堆账单忘记付，那问题就严重了。

在理财规划中，客户与理财规划师的关系是进行中的，但并非日常性的，它是在专业和个人层面上进行的。因此，一些认知能力下降的早期迹象，如难以在家里完成熟悉的任务，可能在理财过程中表现并不明显。此外，如前所述，一些家人可能难以察觉到的认知功能的逐渐变化，在理财规划师与客户每隔一段时间就会进行的理财会晤中却可能是明显可见的。

亚当斯（Adams）和利希滕贝格（Lichtenberg）提供了一个病人可能处于阿尔茨海默病早期的预警信号列表，具体如下：

- 在工作中经常失约；
- 弄不清指令；
- 经常打电话给办公室；
- 讲话或提问容易重复；
- 忘记支付账单；
- 执行指令存在困难；
- 处理文书工作存在困难；
- 难以回忆起过去的决定或行为。

同时，亚当斯和利希滕贝格也鼓励理财规划师采取以下四项措施改善对能力衰退的老年客户的服务：

- 学会识别神经认知障碍，如阿尔茨海默病；
- 了解财务决策、判断所需的决策性能力的基本原则；
- 与老年保健和理财能力方面的专家建立专业关系，如果客户的理财能力存在问题，这些专家可以提供指导或专业性评估；
- 与当地成人保护服务机构建立关系，以方便报告金融剥削案件。

当为老年客户服务时，重要的是要在他们认知衰退的迹象变得明显之前准备好行动计划。作为准备工作的一部分，与客户坦率、公开地讨论随着他们年龄的增长可能出现的认知能力和财务素养下降的风险，应该纳入与他们就理财规划开展的讨论中。对这种风险的了解有助于激励客户采取措施，确保其在出现认知能力下降的情况下实现自己的期望。要鼓励客户与律师合作，建立生前遗嘱、预立医疗指示（healthcare directives），以及在其无法自理的情况下，为照顾自己和自己的物质资源而签订触发性的或永久性的授权书（springing or durable powers of attorney）。和客户讨论，如果出现认知能力下降的情况，他们希望怎么办。例如，客户希望用哪些特定行为作为触发器，以允许代理人以他的名义寻求帮助？客户希望由哪一个或哪几个人来做出他的行为能力丧失的判断？在什么情况下客户会希望一个家庭成员加入他的理财规划讨论？

研究挑战

有关老年客户的认知过程、与晚年财务状况及整体福祉相关的因素，以及理财规划最佳实践的研究，目前正面临着一系列的挑战。对老化中的大脑和观察到的选择和行为之间的联系的相关研究仍然是一门年轻的科学。很明显，大脑的生理和思维过程是密不可分的。我们需要通过跨学科的工作来进一步描述理财决策和行为的神经生物学、心理学和情感方面之间的关系。对于风险承受能力、延迟满足能力、评估选项、权衡成本和收益，以及预想当前选择的未来结果等问题，其潜在生物学和行为学基础是怎样的，我们还需要进一步了解。大脑的哪个部分发生了什么样的变化，或者是其他什么因素影响了这些性情或能力？如果操纵这些因素中的一个或多个可以引导客户达到特定的结果，那么理财规划实践的道德边界在哪里？如果这样的结果被认为最符合客户利益，又该怎么办？与年龄相关的认知能力下降可能使老年人更容易受到框架效应影响，或者会导致其过度使用拇指规则。更好地理解这种易受影响的情况将有助于防止对老年客户的欺诈和欺骗行为，在为老年客户做理财规划的过程中，在为其提供信息时，也有助于采用最佳做法。

尽管科学家们目前正在努力描述正常的认知能力老化的路径，随着有关认知能力老化的科学的发展，有没有可能确定一些人类晚年时期相对常见的认知变化轨迹呢？寿命的延长将使研究高龄人群的认知过程成为可能。如果高寿者和年纪更轻者其他方面的特征都类似，那么把他们各自的认知过程相比较，会得出什么样的结论呢？

关于决策行为方面的早期研究通常是在受控的实验环境中进行的，对象是读大学这个年龄段的个体。对于中年人或老年人在决策过程中是否会表现出同样的行为偏差，我们所知甚少。实验设计需要通过细致的结构来确定年龄的影响。在 20 世纪 50 年代进行的针对年龄和智力的横断面研究表明，在 40～60 岁之间，心理表现会急剧下降。但随后的研究表明，这种年龄差异的影响被夸大了，这种差异主要是由教育、生活经历、文化背景和技能等方面的众多差异造成的，而不是由年龄的增长导致的。对同一些人进行长期跟踪的纵向研究发现，智力测试分数在大约 60 岁之前都会保持相对稳定，之后才会有所下降。但是，纵向研究也有局限性。随着时间的推移，会有研究被试因选择、健康状况下降或死亡而退出研究。那些留下来的人往往拥有相对较好的健康水平、教育水准、经济资源和基础分数。此外，随着时间的推移而进行重复的测试，尽管被试的认知能力下降了，但由于总是在练习，分数可以保持或增加。因此，在纵向研究中，年龄的影响会被低估。

明确年龄对认知机能的影响需要面临的另一个挑战是，随着时间的推移，每个人的大脑都会经历某种程度的生理变化。大脑中的生物神经过程形成了思想和行动的基本的和初始的结构。所以，当这些生理变化发生时，认知机能也会发生变化。因为年龄因素在实验中是不能改变的，所以任何关于衰老的影响的结论都必然与年龄相关。尽管脑成像方法为活体大脑中各种类型的任务表现的生理和神经相关性提供了一个显著的实时视图，但不能从简单的相关性中推断出直接的因果关系。要确切地了解大脑生物化学和神经通路的变化是如何导致思维和行为上的特殊变化的，还需要通过大量研究将年龄与大量其他影响因素区分开。

随着老龄化人口在种族和文化方面的日益多元化，进一步研究文化塑造晶体智力的方式，以及这一塑造过程对人晚年时所做决策的影响将是有益的。研究人员比较了欧美文化和亚洲文化，发现了"在预测、记忆、推理、注意方面的重要文化变异"。北山（Kitayama）指出，这个变异"极大地质疑了一个普遍假设，即认为认知是人固有的心理机制，独立于文化环境而存在"。他还注意到了在人的能动性概念方面存在的差异。欧洲裔美国人通常认为，因果关系是以对象为中心的，而不是以环境为中心的；而亚洲人则倾向于从整体和包容的角度来思考，会以环境和情景为中心。北山认为，这些差异是根本的和普遍的，深刻地塑造了心理学家所说的晶体智力。那么，在对美国之外的其他文化，或者对美国的亚文化所进行的比较中也会发现相似的差异吗？文化塑造的自我、他人和人际交往规范，会影响框架效应的易感性、风险承受能力或决策的其他行为方面吗？跨文化比较可以丰富对认知的某些方面以及与年龄相关的认知变化的某些方面的理解，这都是人们内在的东西，居于文化之上，而不是由文化塑造的因素。

选择管理是另一个重要问题。今天，许多退休人员都使用由雇主资助的401（k）养老金固定缴款计划来为退休做储蓄。最初，这些计划为参与者提供了大量的投资选择，前提是越多就越好。但是，当研究显示因选择太多而导致信息过载和难以选择时，相关部门简化了选项，员工参与度提高了，人们从这里得到的启发是少即是多。同样，退休人员现在面临的与退休后财产有关的选择数量也是惊人的。例如，社会保障局政策分析办公室的研究人员布赖恩·艾利瓦（Brian Alleva）解释说，当已婚夫妇一方的收入较低，有权享受自记录福利（own-record benefit）和配偶福利，那么根据他们各自的出生年份，他们会面临近 4 万种可能的申领年龄组合。除了社会保险申请年龄的选择之外，还有其他无数选择，涉及退休账户垫付、医疗补助、消费模式、住房、生活方式以及退休后的选择负担，这些选项的数量很快就会变得很庞大。

理财规划师能提供的一项重要的增值服务是帮助老年客户在众多重大财务决策中做出正确选择。事实上，随着老年人口规模的增长，老年生活财务决策的复杂性以及为老年人提供的选项如何设计，会越来越有可能成为研究和公共政策讨论的重要焦点。例如，有没有一种方法既能精简社会保险退休福利申请选项的数量，又能保证福利支付的公平性？在决定退休后的住房类型、位置和成本时，最需要考虑的因素是什么？市场能否提供信息管理的创新策略来帮助降低决策的复杂性，还是需要改变公共政策？ 从关于选项设计如何影响选择的行为学研究中，我们可以学到什么？ 与之前关于如何减少由401（k）投资选项导致的信息过载和选择瘫痪的研究相类似，以研究为基础的关于如何有效管理、分类和选择可增强效用的退休后金融选择的指导，可能对公共政策、金融服务的提供和个人福祉有极大的好处。

目前，智能手机应用程序可以帮助个人建立预算、跟踪支出和进行金融交易。人们对老年人使用这类辅助工具的情况知之甚少。随着技术的进步，是否可以开发出电子工具或应用程序来弥补至少某些类型的晚年认知能力衰退还很难说。

随着老年人口数量的增加，需要通过研究以评估哪种理财规划的业务模式最能满足这个年龄段的人们的独特需求。例如，当老年人的认知能力出现衰退时，家庭成员通常会为其提供照顾和管护。既然这样，那是不是一个以家庭为中心的模式就比以单个客户为中心的模式更适合老年客户呢？ 或者，把客户作为中心，由众多专业人士（如理财规划师、医疗服务提供者、律师、老年护理经理）和家庭构成的支持服务体系的综合实践模式，是否更能满足老年客户的需求？ 在什么情况下，理财规划公司向其他专业人士（如律师、老年护理经理或社会工作者）寻求帮助比依靠内部服务团队更加经济合算？

总结

综上所述，很明显，老年客户的需求以及他们在晚年生活中所面临的认知挑战与其他年龄段的客户有很大不同。随着人口老龄化程度的加深，可以肯定的是，65 岁及以上的成年人客户在理财规划行业将成为越来越大的客户群体。熟悉认知能力随年龄变化的方式，调整客户服务以建立客户优势，并警惕阿尔茨海默病的发病迹象，将成为为老年客户提供正确、优质服务的重要方面。

第 16 章

金融心理学

布拉德利·T.克朗茨 (Bradley T.Klontz) 心理学博士

国际金融理财师，美国克瑞顿大学

费思·扎贝克 (Faith Zabek)

美国佐治亚州立大学

爱德华·霍维茨 (Edward Horwitz) 博士

国际金融理财师，美国克瑞顿大学

　　理财规划专业人员对将心理学的理论、技巧与理财规划相结合越来越感兴趣。最新版本的《国际金融理财师理财规划能力手册》(*CFP Planning Competency Handbook*) 和本章都阐明了这种整合。而行为金融学则被描述为心理学在金融方面的应用，我们认为将其描述为认知心理学在金融上的应用更为准确。仅从认知心理学的角度来观察金融行为的整体，这是一种实验室里的做法，而不是应用科学上的做法，结果会导致与客户合作的理财规划师在实践中难以对其进行充分的应用。与行为金融学不同的是，金融心理学运用了心理学众多分支学科的研究成果，并从临床心理学中汲取了一些元素，以帮助客户改善财务福祉。

来自许多心理学学科的关键理论与理财规划师和他们的客户有着直接的关联，并对其有益。社会心理学、人格心理学、多元文化心理学、积极心理学、人本主义心理学和发展心理学的研究成果都可以应用于理财规划中。这些领域中的许多工具和技术都已经经过修改，以供客户使用。此外，各种心理治疗模式的策略（包括认知行为治疗、动机式访谈、焦点解决疗法和积极心理学策略），都可以用来改善与客户的关系，提高理财规划的成功率。

本章探讨了行为金融学与认知心理学之间的联系，以及行为金融学在理财规划实践中的现实局限性。接下来，本章将讨论理财规划师需要什么，以及金融心理学领域可以提供哪些帮助。本章的最后，我们简要介绍了心理学和心理治疗的几个领域。探讨心理理论和技巧如何帮助理财规划师更好地了解客户的心理，提供更好的服务，提升客户满意度和客户保留率。

金融心理学

虽然行为金融学占了本书很大一部分，也是客户心理学工作定义的重要组成部分，但其还只是触及了心理学向理财规划行业所提供的内容的表面部分。更广泛地融入个人理财领域的心理学被称为金融心理学。可以认为，金融心理学类似于临床心理学，它将科学、理论和实践相结合，以理解、预测和缓解失调、失能和不适，促进人的适应、调整和人格发展。应用临床心理学借鉴了整个心理学领域的理论和研究，将其研究成果应用于缓解个体和群体的失调，促进其更好地转变适应。同样，金融心理学借鉴了行为金融学和其他心理学领域来帮助减轻金融压力并促进健康的金融行为。

金融心理学专注于利用心理学研究和理论来创造微基础技术，以帮助形成特殊的金融信念和行为，进而改善金融健康。这些努力已经超越了认知偏见，开始涉及客户的特殊信念（如金钱脚本）和财务行为（如拒绝金融建议、超支、金融支持、财务焦虑等）。在众多心理学门类中，许多门类都对理财规划行业有直接的益处。虽然我们无法在本章全部探讨，但我们将讨论一些应用于理财规划的例子，因为它们与社会心理学、发展心理学、人格心理学、多元文化心理学、积极心理学都相关。

社会心理学

根据美国心理学协会的定义，社会心理学研究个体如何影响他人，以及如何被他人及其社会和物理环境所影响。社会心理学的许多方面都可以并正在被应用于理财规划领域。例如，对于理财规划师来说，很重要的一点是，要意识到他们的性别可能会对客户的决策产生怎样的影响。理财规划师的性别似乎对客户所报告的风险承受力有着显著影响。具体来说，无论是男性还是女性，在与异性理财规划师一起工作时，都会有较高的风险承受力。理财规划师也可以利用社会心理学的研究成果来改善他们与客户的关系。研究表明，更年轻的面孔与缺乏责任感和不成熟相关，然而，较年轻的理财规划师可以使用社会心理学的某些方面来影响客户的感知。一项研究发现，戴眼镜可以让别人觉得自己更有智慧也更值得信任，即使戴无框眼镜也并不会降低这个人的吸引力。

在物理环境方面，研究发现，理财规划师如何布置家具以及家具的品位会直接影响客户的压力水平。此外，理财规划师的办公场所大堂里播放的新闻节目类型也可能影响客户的财务压力水平。这些指标很重要，因为研究发现，客户压力水平与他们采取行动改变自己的财务行为的积极性，以及其后的理财规划是否成功有关。实施优化办公环境的策略，比如重新布置家具以形成客厅的感觉，关掉正播放财经新闻的电视，可能会减轻客户的压力。如果理财规划师的办公环境得到了优化，他就有希望降低客户的压力体验，理财规划的有效性就会增强。

发展心理学

发展心理学研究人一生的成长和发展，包括身体、认知、社交、智力、知觉、个性和情感的发展。认知心理学关注的是人类认知的普遍性方面，如行为金融学中的认知偏见（天性），而发展心理学则关注个人的成长和发展

（培养）。例如，社交行为可能在人的一生中都会改变。随着人年龄的增长，他们更能承受理财规划中的风险。近年来，发展心理学的各个方面及其与理财规划的关系受到了人们越来越多的关注，这包括金钱观念的代际传递以及金融事件对货币信念和金融行为发展的影响。

人对金钱的态度和价值观在其人生早期就形成了，并会影响其财务健康。克朗茨和布里特发现，诸如金钱回避（金钱是不好的）、拜金主义（钱越多越好）、金钱即地位（资产净值等于自我价值）等态度与混乱的金融行为有关，而金钱警惕（金钱应该存起来而不是花掉）则能起到保护作用，并与较低的信用卡债务水平有关。这种金钱态度和相关财务行为是在童年时代对看护人观察和与其发生的互动的基础上形成的。例如，在童年时期参与父母关于储蓄和预算的讨论，与成年后高水平的金融知识和过上安康生活是相关的。

父母在人们童年时期讨论金钱的方式也会影响他们成年后的财务决策。无论父母的社会经济地位如何，那些在童年时曾目睹父母为钱争吵的人在成年后的财务压力和信用卡债务水平会更高。为了了解客户的财务行为，理财规划师可以留心客户父母的财务行为。

人格心理学

如前几章所述，人格是指思维、感觉和行为的特征模式上的个体差异。对人格的心理学研究侧重于理解特定人格特征中的个体差异和一个人的不同部分是如何作为一个整体组合在一起的。人格心理学的许多理论已被应用于个人理财。这包括与心理动力学观点相关的人格以及人本主义视角，诸如大五人格理论这样的性格 / 特质视角和包括班杜拉的社会学习理论在内的社会学习视角等。

人格的各个方面都与各种社会经济行为和社会经济结果相关，包括职业、工作表现、高收入水平和高净值水平。例如，研究者发现尽责性——谨慎或警惕的个性特征——对风险规避有着直接影响。控制点（locus of control）是另一种被证明与计划者的各种财务行为和与其利益相关的结果有关的个性特质。控制点是指一个人认为自己对生活中的事件的结果拥有多大的控制力，研究发现它与人们的收入、净资产和各种各样的金钱失调有关。已有研究表明，当理财规划师评估客户的控制点，以判断客户是否因问题性财务行为处于较高风险状态时，他们可能会从中获益。

了解不同的人格特质对理财信念和行为的影响，可以帮助理财规划师调整他们的方法，以满足个体客户的需求。在客户和理财规划师的关系中考虑个性倾向的差异也很重要，可以避免产生误解。此外，由于人格特质可以通过接受干预实现改变，人们由此认为更深入地理解高收入者的理财心理，可以帮助理财规划师更好地服务这些人，并更好地帮助那些有志于提高收入和资产净值的人。

多元文化心理学

多元文化心理学被定义为关于文化如何影响情感、认知和行为的系统性研究。文化是微妙的，受种族、性别、年龄、国籍、语言、宗教、性取向和社会经济地位，以及失能程度等因素的影响。在不同的文化中，人们的信仰、价值观、经验和规范有着很大的不同，理财规划师必须意识到这些文化差异是如何从整体上影响他们自己和客户的决策和理财规划的过程的。

文化可能会在很多方面影响个人的财务价值和行为。在美国，理财规划专业人员绝大多数是欧洲裔美国人，他们推崇个人独立。当然，美国的种族构成正变得越来越多元化，而其中最大的少数族裔群体——拉美裔，往往更强烈地推崇家庭成员之间的相互依赖和共同的财务责任。类似地，欧洲裔美国人的文化在专业互动中重视果断自信和语言表达，而许多美国印第安人和阿拉斯加土著人的文化往往更重视微妙的沟通和倾听技能。文化的其他方面也很重要，例如，由于就业机会较少和生活成本较高，残疾人在财务安全和规划方面会比其他人面临更多的约束。此外，有强烈信念的个体可能更倾向于抵制借债，更愿意"量入为出"。对理财规划师来说，了解文化会怎样影响他们自己和客户的财务价值观和信仰是很重要的。

积极心理学

积极心理学注重研究与推广那些不仅能改善问题，而且能促进和增强"生活中的正确的事情"的构想。积极心理学的研究结果可以帮助理财规划师识别出那些能够促进客户财务健康的因素。例如，有研究证明，一个人的自尊与他决定进行理财规划的行为之间有一种强烈的、积极的关系。还有研究证实幸福与消费和储蓄行为之间存在因果关系。快乐的人存钱更多，花钱更少，而且"似乎更关心未来而不是现在"。积极心理学也可以提供一个可用于研究理财规划有效性的框架。欧文（Irving）认为，理财规划过程对个人福祉具有潜在的支持作用。理财规划包括评估个人价值和为未来设定目标。目标的进展和实现都与自我概念、生活态度和情绪的改善有关。

人本主义心理学

人本主义心理学强调人作为主体的重要性，关注自我、自我实现、健康、创造力、内在本质、存在、成长、个性和意义等主题。人本主义心理学的基本原则是，人的天性是好的，即使是在最不利的情况下，也有一种倾向于成长的本性，当治疗师能提供一个给予真实、设身处地地理解和无条件的积极关注的环境时，这种倾向就会增强。

注重客户沟通和积极倾听是人本主义心理学的一种主要干预手段，有越来越多的理财规划书籍和文章将其应用于理财规划师－客户关系上。动机式访谈和体验疗法也源自人本主义心理学，并作为帮助客户做出行为改变的技术，被应用于理财规划师－客户关系中。

理财规划师的金融心理学

要使行为金融学能够服务于理财规划师，就需要借助实用的、以实践为导向的心理学。在前面的章节中，已简要总结了来自不同心理学分支的发现，并证明了其与理财规划的相关性。例如，研究人员已经探索过客户的成长经历和所处的文化环境对其财务理念和行为的影响。然而，理财规划师该如何使用这些信息来帮助客户呢？从心理治疗学派改造而来的应用技术，如认知行为疗法（cognitive-behavioral therapy，CBT）、动机式访谈（motivational interviewing，MI）、焦点解决疗法（solution-focused therapy，SFT）或积极心理学（positive psychology），都可以帮助理财规划师最大限度地完善理财规划过程。对于那些想要进一步发展行为金融学，并帮助个人客户识别、挑战和改变那些自我限制的观念和行为的理财规划师来说，心理学的这些领域也许是最有用的。

认知行为疗法技术

认知行为疗法基于一种理论，即不准确或无效的功能障碍思维是自我挫败行为的根源。也就是说，个体感知情境的方式相对于情境本身，与他们的反应关系更密切。认知行为疗法的治疗以"对特定患者（他们的特定信念和行为模式）的概念化或理解为基础"。如前一节所述，一个人对金钱的信念可能会受到各种个人的、发展的、文化因素，以及与混乱的社会行为有关的特定的金钱信念（例如金钱规避、金钱崇拜、金钱即地位）的影响。了解了无效信念和行为的根源后，理财规划师可以使用 CBT 策略来帮助客户改变他们无益的财务想法和行为，促进其财务功能的持续改善并朝着其目标前进。

理财规划师可以运用 CBT 技术帮助客户识别和重新评估"阻碍或干扰积极理财行为的自我挫败的信念"。锅岛（Nabeshima）和克朗茨描述了这样一个情景，客户认为自己"太笨"，因此根本搞不懂退休计划，从而阻碍了她的储蓄行为。重建这种非理性观念的过程，主要包括以下步骤：（1）识别非理性的观念；（2）挑战非理性的观念；（3）测试非理性观念的有效性；（4）创建替代性观念；（5）修正行为。这个过程通常是一个以当前为中心的合作性的体验，能帮助客户制定应对策略来处理这种影响其行为能力的观念，并采取积极主动的行动来改善他们的环境。

为了识别、挑战和改变有问题的理财心理，理财规划师可能会鼓励他们的客户随时记录自己的想法，跟踪自己一天中产生的各种好想法和不好的想法，这被称为"金钱脚本日志"（money script log）。这种技术可以被用来"帮助客户审查自己关于金钱的想法、感受和无意识的思维"。客户会被要求思考一个能引起其痛苦情绪的财务状况，并记录下与痛苦相关的情绪。然后，他们会被引导去确认引发这种情感的与金钱相关的想法（或金钱脚本），并被要求发展出一个替代性金钱脚本，以促进积极的财务行为。CBT 技术已被证明能有效改善有问题的财务行为，包括囤积、赌博和强迫购买失调。

动机式访谈技术

动机式访谈是指服务业从业人员可用于增加客户的改变动机的策略。它建立在卡尔·罗杰斯（Carl Rogers）关于个人改变的能力的人本主义理论之上，是"一种与客户相处的方式，而不仅仅是一套咨询技巧"。具体来说，MI 是关于"安排对话，让客户能根据自己的价值观和兴趣，说服自己去改变"。理财规划师经常遇到一些对改变表示抗拒的客户。在这种情况下，理财规划师的自然反应往往是提供更多信息、鼓励、提出警告，或者与客户争执。然而，研究表明，当遇到阻力时，这种策略往往会适得其反，不太可能导致客户改变。理财规划师可以利用 MI 的关键方面——伙伴关系、接受、同情和唤醒——来识别客户的抗拒，并实施更有成效的行为改变策略。

MI 理论和技术认为理财规划过程应该从建立信任开始。布里特等人建议在与客户握手致意时要注意他们手的温度：一只冰冷潮湿的手可能代表着紧张，而一只温暖的手则可能表示更放松的状态。对于有压力的客户，最重要的是，在理财规划过程开始之前，要先让他们加入谈话。在深入讨论财务问题之前，花些时间进行愉快的交谈，这样可以建立起融洽的关系，增进信任，为变化打下基础，从而提高理财规划的效果。当和客户一起工作时，如果他们做得不错，要给予鼓励和支持，以使客户愿意维系关系，并提高其遵循在会面中接受的推荐策略的"可能性"，这一点非常重要。

理财规划师还可以进行反思性倾听，以帮助客户克服抗拒心理，提高改变的动机。反思性倾听是一种积极的倾听技巧，需要大家共同努力去理解别人想说什么，即使他没有完全表达清楚。进行反思性倾听时，理财规划师应该避免提问，因为这会被认为是在对抗。相反，理财规划师应该解释和总结客户想说的话，然后再以陈述的形式反馈给他们。一个有技巧的反思性的回应会向客户表明你理解他们，并且你和他们是有共识的。它允许客户继续交谈，确立他们的想法，并根据他们的个人价值观制订可能的解决方案。

焦点解决疗法技术

焦点解决疗法是一种着眼于未来的，目标导向的简单疗法。它基于这样的观点，即聚焦于客户的优势、技能和属性特征，而不是过去和当前的问题是有帮助的。它的开发人员观察了数百个小时的治疗，并记下了在促进客户概念化和解决方案方面最成功的问题、行为和情绪。理财规划师可以运用关键的 SFT 技术来帮助客户减少财务压力并朝着他们的目标前进。SFT 技术包括以下几点：（1）识别并确认会面前客户的压力；（2）制定以解决方案为中心的目标；（3）询问奇迹问题；（4）询问测度问题；（5）称赞客户。

在每次理财规划讨论开始之前，要识别会议前发生的变化。理财规划师只要简单地询问客户，自上次会面后（或自他打电话预约会面后），他注意到了什么变化或已经开始发生什么样的变化。要识别到并确认会议前的变化，即使变化比较小，也能增加信心，让客户意识到改变是可能的。理财规划师应该与客户一起制定具体的、可实现的、可衡量的、以解决方案为中心的目标。也就是说，应该鼓励客户将解决方案作为目标，而不是把消除问题作为目标。理财规划师可以使用奇迹问题来帮助那些表达目标有困难的客户。所谓"奇迹问题"就是要求客户想象一下，如果一夜之间他所有的问题一下子都解决了，那生活将会是什么光景。客户的回答可以引导理财规划师的后续问题，这些问题有助于理解客户的价值观，并识别出小的、可管理的目标。

在客户制定了目标之后，理财规划师就可以使用测度问题来"建立目标的相关性，并通过客户的眼睛来衡量目标的进展"。测度问题在 SFT 中很流行，这是因为它们具有通用性。理财规划师可以使用测度问题来衡量客户在各种目标、事件或主题方面的进展或感受。例如，理财规划师可以问客户，在一个 0（低的 / 可怕的 / 不可能的）到 10（高的 / 超常的 / 目标实现的）的区间内，他们的理财水平处于什么状态，他们对自己退休规划的信心如何，在各种真实的或假设的情景下，他们的财务焦虑有多高。接下来，理财规划师可以询问客户，他们希望在这个区间内达到什么样的位置，以及他们已经做了哪些事情来提高在这个区间的位置。理财规划师应该通过赞扬客户向着目标所取得的进展来肯定富有成效的行为，即使只是微小的进展。

积极心理学技术

积极心理学框架关注的不仅仅是如何缓解问题或使其最小化，它还关注如何促进兴旺并使其最大化。它为理财规划师提供了机会，使他们能够超越实现最大化回报这样的目标，走向帮助客户"最大限度地实现他们所定义的生活质量"。积极心理学理论和技巧已经经过改善，适于理财规划客户使用。阿塞贝多和西伊（Seay）对积极心理学和理财规划目标的重叠目标进行了论证。他们建议理财规划师除了评估客户的财务健康状况外，还可以评估客户的整体福祉，并通过积极心理学练习来促进客户的福祉。

要将积极心理学应用到理财规划过程中，首先要问："我们该如何帮助我们的客户超越基本的财务保障，实现那些让生活有价值的个人目标？"因此，客户不会只关注金钱的外在方面，他们首先将从探索那些激励他们进行理财规划的潜在目标和价值观中受益，其中一个激励因素就是想要增加自己的幸福感。积极心理学理论认为，真正的幸福有以下三个层次：积极情绪、参与和意义。韦伯（Weber）描述了理财规划师促进客户达到上述幸福水平的过程。首先，理财规划师与客户一起制定一个促进积极情绪的理财规划，确保为客户喜欢的活动（如徒步旅行、唱歌、园艺或去听音乐会）留出收入。其次，理财规划师可以鼓励客户专注于现在，而不是专注于未来的目标（如舒适的退休生活）。理财规划师可以通过使用上面所描述的技术来帮助客户设定小的、可管理的、基于价值的目标，以实现最终目标。研究表明，除了朝着目标前进和实现目标，目标设定的过程也能提升个人的幸福感。幸福的最后一个层次——意义——也可以通过理财规划过程得到提升。获得意义感需要积极参与为更高的目标服务的活动。理财规划师可以就幸福的层次性对他们的客户进行辅导，并鼓励他们将收入的一部分用于慈善捐赠，并积极参与那些能够支持他们的价值观的组织。

体验疗法技术

与动机式访谈一样，体验疗法也起源于人本主义心理学的理论。体验疗法的目的是平衡经动机式访谈建立的信任和关系，并对已唤起的情绪进行更积极的、以任务为中心的反思过程，促进新的和更深的意义的生发。"体验式财务疗法最核心的特点是，它关注于促进治疗内体验。"克朗茨等人描述了体验性财务疗法（experiential financial therapy，EFT），它是一种体验疗法和理财规划的结合。EFT技术的应用已被证明可以减少心理压力、焦虑和对财务相关问题的担忧，并提升财务健康水平。研究者发现这种改善会持久存在。

心理剧（psychodrama）的理论和技巧是体验性财务疗法的基础。它"具有强烈的情感成分，并为客户提供机会，以提高他们对自身的感受和知觉的意识"。这是通过技术来实现的，包括使用角色扮演、艺术疗法、音乐疗法、家庭雕塑和正念练习。理财规划师可以在他们的课程中应用EFT技术，让客户积极参与这些活动。这类技术的应用会比传统策略更能让理财规划成功，这一点已经得到证实。例如，最近的一项双盲、随机的对照研究调查了这两种方法在增加102名被试的储蓄时的有效性。一种是采用传统的金融教育方式（对照条件），而另一种则让被试参与体验活动，如引导意象和创建愿景板。结果表明，在后面三周的时间里，与对照组的被试（增长了22%）相比，实验组的被试在储蓄比例上明显有了更高的增长（增长了73%）。另一项研究是用体验方法对退休计划进行60分钟的理财心理学干预，研究人员与三家公司的198名员工会面，讨论401（k）养老金的缴款率，结果储蓄比例增长了39%。

理财规划师可以考虑把这些体验疗法技术应用到他们自己的实践中，最大化会面讨论的效果。理财规划师可以通过让客户描绘他们的目标，比如和家人一起去海滩度假，来引导意象，促进正念活动。用平静的声音引导客户闭上眼睛，想象海滩：他们看到了什么？听到了什么？闻到了什么？感觉到了什么？有谁和他们在一起？他们正在做什么？这会引发什么样的情绪？理财规划师也可以为他们的客户提供艺术治疗策略（比如愿景板）。更具体地说，储蓄板可以帮助客户将他们的未来目标与他们过去的经历以及现在的感受和价值观联系起来。理财规划师可以向客户提供资料，并要求他们创建一个板，将其分为三个部分：过去部分应该包含在他们生活中赋予他们生活意义的人、东西和事件，可以是重要的个人、重要的活动或传家宝。现在部分，要鼓励客户与那些为他们的生活赋予意义的事情相关的情感和价值观建立联系。这些情感和价值观代表了什么？也许它们代表了家庭、安稳、安全、冒险或令人兴奋之事的重要性。最后，应指导客户创建板的未来部分。未来部分应该包括他们的财务目标，以及这些目标如何与他们的价值观相一致，并与他们最理想的未来相契合。诸如此类的 EFT 技术可以帮助客户在深层次和根本层面上确定对他们来说什么是重要的，将这些动机和价值观与当前的目标联系起来，并鼓励目标导向的行为。

结论

为了能为理财规划师所用，行为金融学的发现需要从金融心理学的更广泛的背景来审视。行为金融学已经识别出了那些我们身上共有的、与生俱来的认知偏见，如果听之任之，就可能会对我们的财务结果产生不利影响。除了了解我们的认知过程和观念会如何影响我们的财务决策外，重要的是要考虑客户的独特个性、成长经历、社会、文化、性别影响，以及家庭动态、财务心理等方面会如何塑造他们的信念和行为。随着对客户心理学的理解越来越广泛，理财规划领域会继续受益于以实践为导向的解决方案，以帮助理财规划师更好地理解、评估、干预并塑造客户的财务理念和行为，提升他们的财务健康和整体福祉。

从业人员会从研究工作中受益，这些研究扩展了他们的知识，使他们了解到不同的心理学分支有关理财规划客户的财务信念、行为和成果的信息。尽管有越来越多的文献将心理学与个人理财相结合，但直到不久之前，心理学的各个分支几乎都忽视了金钱这个领域。本书及其许多作者的研究工作已明确证明，理财规划领域已经率先开始支持这些探索。也就是说，关于理财心理学的研究，我们才刚刚开始。

也许理财规划师们最感兴趣的是，要尽快研究那些从心理学中提取的，应用到理财规划中的技术的有效性。理想情况下，这些方案将包括"以实践为导向的解决方案，以帮助规划人员更好地理解、评估、干预和塑造客户的财务理念和行为，以改善他们的财务健康和整体福祉"。虽然有越来越多的文章都在讨论这种整合，但针对其有效性的研究却很少。我们需要进一步研究理财心理学的各个方面，包括如下几点：（1）理财规划师－客户关系有效性的本质；（2）客户沟通技术的有效性；（3）理财规划的环境及其对客户的影响；（4）多元文化因素及其对理财规划的影响；（5）从心理治疗理论的不同分支所吸收的技术在提升客户财务健康方面的有效性；（6）心理技术在帮助理财规划师识别、挑战和改变客户的局限性或破坏性的财务理念和行为方面的有效性。

第 17 章

金钱失调症和其他有问题的财务行为

爱德华·霍维茨博士

美国克瑞顿大学

布拉德利·T. 克朗茨心理学博士

国际金融理财师，美国克瑞顿大学

梅根·卢茨理学硕士

美国堪萨斯州立大学

虽然理想的情况是，我们客户的财务决策是合理的，采用了最佳财务实践，但大量的实证性和轶事性证据表明，事实并非如此。客户的心理状况对其财务行为有着显著的影响。他们的财务理念、偏见和认知驱动着他们的很多财务决策。其结果是，客户经常做出与他们所阐述的财务愿望和目标不一致的财务决策。当客户陷入慢性的自我破坏性的财务行为时，他们可能会表现出金钱失调症的症状。与流行的观念相反，金钱失调症不是由缺钱引起的。金钱失调并非间断性地表现为某次过度消费或某次糟糕的财务选择。相反，金钱失调表现为持续存在的、顽固的、可预测的、通常是僵化的、自我破坏性的财务行为，会在一个人生活的主要领域造成显著的压力、焦虑、情绪困扰和损害。如果没有得到正确的认识和应对，这些观念和由此产生的行为就会破坏客户实现其财务目标的能力，并降低他们整体的财务健康水平。

理财规划师和客户–理财规划师关系提供了一个强大的媒介，通过这一媒介，人们可以识别金钱失调症并采取行动。例如，现有的评估金钱观念和行为的工具可以作为理财规划过程中数据收集步骤的一部分。还有一些已经成型的技术可用于讨论、挑战和修复适应不良的财务行为。常见的金钱失调症状包括过度消费和强迫购买失调、赌博障碍、财务援助、财务依赖、囤积障碍以及理财否认和逃避。金钱失调的严重程度各不相同。美国精神医学学会（American Psychiatric Association，APA）认为，更严重的和可诊断的疾病，如囤积和病态赌博等行为，应该让受过训练的心理健康专家来治疗。

尽管理财规划师尽了最大努力，采用了最佳实践，客户的财务行为还是可能与他们确定的财务目标的实现背道而驰。金融行为学认为个人是非理性的，不像标准的金融理论那样假设个人的行动是符合逻辑的。理财规划师经常注意到一些客户的行为并非他们所认为的合乎逻辑的决定或行动。对于一个习惯于进行逻辑思考和定量思考的、训练有素的财务专家来说，客户的决策可能非常令人困惑和沮丧。然而，心理学研究告诉我们，我们的许多决策都是在情感和潜意识层面上做出的。换句话说，我们的客户可能并不总是通过逻辑思维过程来做出这些财务决策的，而是基于认知偏见和潜意识的金钱观念做出情感化的反应。

这就把理财规划师引向了以下几个重要的问题：（1）我怎样才能更好地认识和理解这些影响客户决策的理财观念？（2）如何更好地与客户沟通，帮助他们意识到这些观念和行为？（3）作为理财规划师，我能做些什么来帮助他们实现改变？本章将解释不同类型的金钱失调和相关的金融行为。对理财规划师们经常遇到的几种失调的金钱行为会有一个更详细的回顾。最后，我们将提供几个案例研究，说明理财规划师如何识别金钱失调以及他们可以用来提高客户意识的技术。

在进行进一步讨论之前，先从理财规划师的角度来讨论金钱失调是很重

要的。像在其他那些专业化的、需要得到许可的专业领域（如遗产规划律师
或税务专业人员）一样，按照最佳实践的做法，如果有必要的话，就可以让
病人转诊。依据定义，金钱失调会对一个人的机能造成极大的损害。在某些
情况下，它们将与其他心理失调（伴随疾病，如抑郁或焦虑）同时存在。在
这种情况下，有必要将客户转诊给有执照和受过训练的心理健康专业人员。
而理财规划师可以协助进行转诊，并帮助客户检查这些行为的经济影响，理
财规划师不应该试图治疗可诊断出的精神疾病，如囤积障碍、赌博障碍或强
迫购买失调。

因此，理财规划专业人员在面对金钱失调及相关的理财行为时，其作用
主要体现在对金钱失调行为的评估、觉察、教育和沟通上，并将其整合到整
个理财规划过程中。如果没有经过专门的和专业的培训，就应该让精神健康
提供者来负责应对或治疗这些行为失调。一些在金融心理或者金融治疗领
域接受了研究生水平的教育和培训，并获得了认证理财行为专家（financial
behavior specialist，FBS）称号的理财规划师，才可能有资格加入解决金钱失
调症的某些方面的客户干预中，比如解决财务援助或财务依赖问题。这些人
应该归为理财规划师的扩展性团队的一部分，就像房地产律师或注册会计师
一样，帮助客户理解和解决他们的金融行为问题或担忧。随着金融心理学领
域的不断发展和演变，为了更积极深入地理帮助客户实现财务目标，理财规
划师对教育、信息以及应用这些技能的渴望也越来越高。

有关金钱失调症和相关理财行为的文献

金钱失调以及相关的混乱的金钱信念不同于偏见和可预测的试探法错
误。偏见和试探法经常用来描述常见的计算错误，这些错误可以通过简单的
教育或对风险信息呈现方式的改变，当下就得到处理。客户高买低卖就是这
样一个例子，这种行为与投资理论所要求的恰恰相反。然而，金钱失调是情
绪化的和无处不在的。它们的影响可能会从潜意识层面波及客户的整个日常
生活。金钱失调被描述为"情感和精神上的不平衡，表现为持续存在的金钱

和工作问题"。金钱失调被认为是情感困扰的结果，是个人为了规避强烈的和未解决的情绪而做出的自暴自弃的财务行为。例如，理财规划师经常遇到悲痛欲绝的客户，他们可能会过度消费或不合理地花钱，试图以此化解潜在的感情痛苦。

研究发现，金钱失调与压力、财务困难、收入、净资产、信用卡债务、工作表现和财务健康有关。金钱失调行为被定义为"一种适应不良的财务理念和行为模式，它会导致临床上的严重痛苦、社会或职业功能损害、过度的财务压力，或无法正常地享受自己的金融资源"。此外，尽管会产生情感和经济上的后果，不良的金钱理念和行为模式仍然存在。

研究还发现，金钱失调与金钱观念有关。金钱脚本就是金钱观念的模式，可以通过对其进行评估来理解和预测金融行为。与社会学习理论相一致的是，金钱脚本经常有意无意地从父母传给孩子。一旦孩子成年，这些信息就会表现为私人的信仰。金钱脚本与多种人群的负面的财务健康指标相关。评估金钱脚本已被确立为理财规划中的一种适当做法，用来了解和收集有关由此导致的无序资金行为的信息。在六个阶段的理财规划过程中，与金钱脚本相关的问题可以集成到客户数据收集阶段，并根据对客户数据的分析和评估结果进行评估。下一节总结了金融规划文献中发现的几种金钱失调和有问题的金融行为。

强迫购买失调

《精神障碍诊断与统计手册（第五版）》被美国精神病学学会作为官方的精神疾病诊断和分类工具。强迫购买失调（compulsive buying disorder，CBD）没有被列入 DSM-5 是因为对其如何分类还有争论。CBD 可以被分类到如下障碍类别中：（1）上瘾－强迫症；（2）成瘾；（3）情绪障碍。无论如何，CBD 一直处于消费者研究人员的聚光灯下，并且可以在"其他特定的、破坏性的冲动－控制和行为障碍"或"非特定的、破坏性的冲动－控制和行为障碍"这样的判断之下，被诊断为精神障碍并进行相应的治疗。CBD 的特点是"强迫性的、不可抗拒的、失控的购买冲动，会导致财务困难，内疚

和 / 或羞愧感，以及对工作或亲密关系的干扰"。布莱克（Black）等人在一份对 CBD 患者进行的五年随访报告中发现，一些人能够治愈（18%），但大多数人不行（65%）。其他研究发现，认知行为治疗干预可以对此有所帮助。CBD 主要影响女性，并从青少年时期开始显现。

赌博障碍

赌博障碍包含在 DSM-5 中并被描述为"持续和反复出现的问题性赌博行为，会导致临床上显著的损害或痛苦"。解决并意识到赌博问题一直是理财规划文献的一个主题。例如在 2000 年，《理财规划杂志》（*Journal of Financial Planning*）用整整一期的篇幅来研究与理财规划有关的失调、障碍及其影响。赌博障碍在许多不同人群中都有发现，患病率受性别、发病年龄、赌博类型、对赌博的态度和治疗结果的影响，这些都经过了充分研究。

囤积障碍

囤积障碍也包含在 DSM-5 中。它被描述为"积累那些大多数人认为无用或价值有限的东西，并且当要丢弃时会面临很大的心理困难；其杂乱程度严重到了妨碍或严重限制对生活空间的正常使用；并且杂乱、攒物，或丢弃困难，会造成自身严重的心理痛苦和伤害"。对囤积障碍的研究已经开始将其解析为强迫症问题，并可能更多地转向基于环境因素的病因学。这是一个有趣的进步，比如，本森 – 汤森（Benson-Townsend）关注的是强迫性的囤积障碍，认为这是由一个人对金钱的态度决定的。有一些证据表明，囤积行为常常是在父母的强大影响之下形成的，对一些人来说，金钱会是囤积行为的主要对象，这可能导致理财规划客户无法享受他们本来可能享受到的财务成功。

工作狂

在 DSM-5 中，工作狂症还没有被正式确定为一种疾病。然而，它是一种类似于酒精中毒的上瘾行为。工作狂被定义为"一种成瘾行为，沉溺其中的人对工作高度投入，一旦不工作就会感到沮丧、有负罪感，这种内在压力感是其工作的驱动力，他们从工作中享受到的快乐处于较低水平"。工作狂在文学作品中的形象既有正面的也有负面的。在某些情况下，对工作狂的关注点在动机上，而在其他情况下，则集中在其强迫性或僵化性上。虽然工作狂可以带来经济和职业上的好处，但它也是一个与低自尊、焦虑、抑郁、家庭冲突、压力和较低的工作满意度相关的问题。理财规划师经常会遇到工作狂，通常也会建议他们留出时间和资源去追求一些与工作无关的关系和活动。

财务依赖

由于文化和金融方面的趋势改变了工作动机和社会规范、财务依赖，或者大众媒体所称的富贵病，已经成为理财规划和经济文献中的热门话题。它被定义为"依赖他人提供而非靠工作获取收入，由此引发的担心被他人甩掉的恐惧和焦虑、与非工作收入相关的愤怒或怨恨的情绪，以及一个人的动机、激情和/或实现目标的驱动力的丧失"。近期的理财规划工作实践详细地展现了当为那些正与财务依赖/援助关系做斗争的客户及其家庭服务时，理财规划师可能遇到的一些危险和困难。来自富裕家庭的女性更倾向于通过财务依赖来保障舒适的生活。财务依赖也与较低的收入、童年时较高的社会经济地位、单身和较低的教育水平有关。

财务援助

财务援助是财务依赖关系的另一个方面，通常与压力和抑郁有关，它可能是超出个人财务约束的和/或紧张的人际关系的结果。财务援助指的是"当某人（比如家人）持续向你开口要钱时，你难以拒绝的现象"。研究发现，财务援助与较低的收入和较高的信用卡周转债务有关，通常表现是为了他人而牺牲自己的财务福祉，在给他人钱后又感到怨恨或愤怒。当以理财规划师的角色为财务援助者服务时，克朗茨和卡纳勒（Canale）指出，理财规划师可以帮助客户做到以下几点：（1）认识到财务援助可能会造成伤害；

（2）认识到需要某人创造他自己的收入流的心理价值；（3）承认无组织的自由时间对财务依赖者心理健康的不利影响；（4）帮助扶持者开发、实现和坚持一个计划，停止经济扶助。

财务否认

否认在财务上很常见。当个人后悔或是无视出售亏损的股票期权时，他们可能会对自己所犯的错误自欺欺人。财务否认被定义为"试图仅仅通过不去考虑金钱这回事或不去处理它来逃避"。人们这是通过回避思考来逃避痛苦。在理财规划文献中，它被描述为一种用来避免感觉到压力的自然防御机制。

财务羁绊

与之前提到的所有可以在一个人身上表现出来的障碍不同，财务羁绊特指的是两个或两个以上的人之间不恰当的关系。财务羁绊是"当家庭系统运行在一种愈发不稳定的状态之下，其边界和角色不再清晰或适当时，在压力的诱导下导致的"。研究表明，高收入男性更容易出现财务羁绊。

重要的是要意识到，许多混乱的金钱行为都是相互重叠的。例如，患有某种障碍的人也有符合另一种障碍的表现，或者因其金钱失调的后果而感受到焦虑和抑郁，类似的情况并不少见。理财规划师可能有很好的条件来帮助客户思考购买行为和预算，但不一定受过很好的训练，能给正在经受金钱失调和沮丧的客户提供服务。接下来的两部分提供了一些例子，说明理财规划师可以如何帮助那些表现出失调的金钱行为的客户，还提供了一些案例，能说明在理财规划实践中，这些混乱是如何出现的。

解决金钱失调症及相关的理财行为

理财规划师可以帮助客户识别潜在的混乱的金钱行为，并帮助客户提高对自身行为的认识和做好应对改变的准备。这可以通过多种方法来实现，包括评估和动机式方谈。下面就来介绍这些组件和一些相关的工具。

评估

为了协助理财规划师评估整体财务健康状况，人们开发了许多量化工具。最近，美国消费者金融保护局发布了一份财务健康量表。它们的量表原本是用来衡量财务教育和财务素养的影响的，但在理财规划实践中也具有适用性。

人们对专门用于金钱失调评估的工具也进行了开发和研究。例如，克朗茨的金钱脚本量表修订版（Klontz Money Script Inventory-Revised，KMSI-R）已经在多个研究中得到使用，最近也被发现具有可接受的信度和效度。克朗茨的货币行为量表也得到了研究及验证。这些工具可以在理财规划过程的数据收集和使用步骤中使用。财务焦虑量表和克朗茨－布里特财务健康量表（Klontz-Britt Financial Health Scale，K-BFHS）也是建立客户－理财规划师关系的有用工具。这两种量表能帮助理财规划师理解和评估客户财务和情绪困扰的严重程度。财务焦虑量表的发展是以广泛性焦虑障碍的诊断标准为基础的。财务健康量表已被应用于理财规划实践，并已被以前的研究验证过。

请注意，上述几个评估工具需要经过专门的教育和技能培训后，才能解释结果并解决根本问题。如前所述，接受财务行为方面的教育和／或与专家合作对解释这些评估的结果很有帮助，这样你就可以在需要的时候做出适当的转诊决策。

动机式访谈

通常，只要意识到有问题的金钱观念或行为，就能让客户立即改变他们的财务行为。意识的力量是强大的。然而，在另外一些时候，他们也需要理财规划师的支持。如果理财规划师愿意帮助客户提高对改变自身财务行为的准备程度，动机式访谈就是一个非常有用的工具，并已被应用于理财规划师－客户关系。

动机式访谈是一种治疗性沟通技术，分为以下四个阶段：（1）参与；

（2）聚焦；（3）唤起；（4）规划。每个阶段都建立在"强化个人动机和对改变的承诺的协作式谈话方式"的基础之上。MI 着重于引导客户了解其自身的优势和与变化相关的能力。MI 聚焦于引导而不是指导或跟随，这与理财规划师有很大不同，后者经常被视为专业的建议提供者。一旦出现了金钱失调，客户甚至可能希望理财规划师给出一个答案，但最好抵制这种诱惑和请求。

MI 侧重于服务客户的以下三个主要技巧：（1）改变谈话；（2）倾听技巧；（3）促进行为改变。改变谈话是指客户表达他对改变的愿望和主张。改变谈话通常发生在 MI 的唤起阶段。当从客户那里听到他们改变的想法时，理财规划师认可并支持其改变是很重要的。因此，在 MI 中使用的倾听技巧贯穿于 MI 的四个阶段。最基本、最有力的倾听技巧是积极倾听。

积极倾听包括肢体语言和反思。肢体语言甚至在客户进入会议室之前就已经开始了。理财规划师应该做好准备、放松，并准备好把注意力放在客户身上。当双方走到一起后，理财规划师就可以通过往前坐、眼神交流，以及模仿客户的表情来主动向客户证明他对服务客户是有兴趣的。反思性倾听是理财规划师可以学习和实践的技能。反思性倾听使用了 OARS 系统，即开放式问题、肯定、反思和汇总。

对行为改变的促进实际上可以在客户意识到改变的必要性之前就开始。做出改变的决定可能需要许多次会面、好几个月的时间和许多次对话。事实上，有临床研究表明，只有 20% 的人愿意并且准备在任何时候做出改变，即使他们已经声明过他们想要改变。这里的要点是，当客户还没有准备好时，促进改变往往是一个缓慢的过程。对于 MI 技术而言，重点是在客户发生变化时要与他们在一起，而不是试图拉着他们前进或从后面推他们。此外，一旦客户确认他们已经为改变做好了准备，理财规划师就会有许多可用的工具。如果有兴趣学习更多关于改变的理论、倾听技巧，以及将 MI 应用于理财规划师 – 客户关系，理财规划师可参考 2016 年出版的《促进财务健康：理财规划师、教练和治疗师的工具（第二版）》（*Facilitating Financial Health: Tools for Financial Planners*，*Coaches*，*and Therapists*，*2nd ed*）一书。

案例研究

将金融心理学融入理财规划的过程越来越受欢迎。从业人员呼吁制定大纲和策略，以更好地理解客户行为，而一个跨部门的学者群体已经开始响应这些需求。例如，布里特发表了一份关于金钱行为代际传递的报告，并得出了附有实际建议的结论。劳森（Lawson）和克朗茨通过将这些概念整合到理财规划的六个阶段，扩展了理财规划、行为金融学、金融心理学和财务治疗之间的联系。下面的部分采用类似的方法，并且会解读几个在理财规划过程中如何识别和处理有问题的财务信念和行为的常见例子。

超支和强迫购买失调

案例综述

一对夫妇来找他们的金融理财规划师，他们打算开始为退休和孩子的教育存钱。夫妇双方都有工作，有房子，而且似乎对做出更好的财务决策很感兴趣。不过，在查看了他们的银行和信用卡账单后，谈话开始变得有点激烈。夫妻一方说，要想及时还上信用卡很困难。另一方现在有些心烦意乱，因为他开始停工了。在审查他们的财务报表时，理财规划师还注意到，他们的月度支出超过了收入，尽管他们都有高薪的工作，但他们的净资产总额还不到 5 万美元，这主要是过度的信用卡债务导致的。在评估客户的金钱脚本时，理财规划师识别出了他们夫妻的金钱地位观（例如，你的自我价值就等于你的净资产）以及拜金主义的理念（例如，更多的金钱会让你更快乐）。理财规划师如何才能让客户认识到他们当前的超支模式，以及需要做出什么改变，而且还不疏远他们，不让他们表现出防御态度或形成选边站的立场？

财务和心理症状

习惯性超支可以被描述为长期无力控制自己的支出，这可能是强迫购买失调的结果。那些表现出与拜金主义、金钱地位观和金钱规避心理相关的信念的人，明显更有可能出现强迫购物行为，并且其资产净值和收入都处于较低的水平。

这些障碍给客户带来了问题，因为那些进行储蓄和实现财务目标所需的现金流，被用在了只有较低优先级和非必需的项目上。此外，当支出超过既定预算或收入时，利息和债务偿还也会持续拖累其储蓄能力。事实证明，那些存在这种失调的理财行为的客户，对理财规划师来说是一个真正的挑战。他们自己人之间会争吵，如果他们开始感到自己被理财规划师评判了，可能最终也会与其发生争执。那些有强迫购买失调的人也可能失去兴趣，变得停滞不前。客户可能会害怕暴露财务信息，这可能导致不正确的假设，并致使理财规划失效。

可能采取的行动

理解有强迫购买失调的客户并为其服务，并不是不可能的。事实上，有许多有用的工具和技术，若将它们与理财规划的最佳实践相结合，就可以帮助客户走上正轨。如果这些混乱的金钱行为是通过与客户的互动发现的，那么理财规划师可以选择以下几种方式把互动继续下去：（1）向心理健康专业人员咨询（针对严重障碍）；（2）采用动机式访谈和其他认知行为疗法技术与客户沟通，以减少他们的拒绝行为，更好地为改变做准备；（3）使用基于逻辑的教育和信息（针对积极参与的客户）。

就理财规划而言，那些有关准备和跟踪每月家庭预算及现金流量表的财务管理最佳实践，是识别和评估超支和强迫购买失调的主要工具。当完成了一份个人资产净值表后，该表所反映出的有关客户持有资产的类型以及它们的融资方式的信息，也能对其财务状况和拜金脚本行为提供强有力的指示。最后，比率分析也是一个有效的工具，可以用于判断超支以及相对于收入和整体资产的储蓄水平不足问题。

理财否认或者逃避

案例综述

一位专业的国际金融理财规划师刚开始为一位新客户服务，客户是一名年轻的律师。客户提供了他所有的财务报表，其中大部分看起来都很有条理。他请理财规划师提供服务的主要原因是，他想尽快还清房贷和剩下的大学贷款。然而，在评估他的就业福利时，这位理财规划师注意到，他并没有为所在公司的 401（k）计划配属任何资金，而对这项保险，雇主为雇员匹配的支付额最高可达到 4%。作为财务评估的一部分，理财规划师注意到，他应该开始为雇主计划分配资金了，于是他把这个资金缺口问题作为下次与这名客户会面讨论的重点。当他们会面时，他说他的父亲是一名律师，至今仍在工作。他不需要现在就开始存钱，他仍有充足的时间，而且他相信自己会一直工作到死——"如果你没有退休的计划，那还需要什么退休储蓄呢？"

财务和心理症状

研究发现，金钱逃避和金钱崇拜观念与较低的资产净值和收入水平有关系，并能有效地预测到理财否认行为。以否认作为解决与金钱相关的问题的方法的人，通常会表现出回避金钱的思维特征。有人这样假设，那些连像雇主 401（k）这样最基本的退休储蓄计划都不参加的客户，就是被金钱逃避的观念支配了。这种不参与退休储蓄计划的行为，是由对自己想要的退休前景缺乏概念导致的，这与理财否认的观念相一致。

金钱逃避的观念和金钱否认行为，对客户和理财规划师来说都是一个问题。逃避思考与金钱有关的问题，否认有必要为退休做计划，并运用认知失调的推理来支持这些信念，都说明其缺少参与。虽然生活事件和有这方面积极性的配偶，有可能推动这样的客户去初访理财规划师，识别这种逃避心理和否认行为对理财规划师来说仍然是很重要的事情。

可能采取的行动

金融心理学评估工具（如 KMSI-R 和 KMBI），可用于理财规划过程的数据收集阶段，以确定风险客户的财务观念和行为。对混乱的财务观念和行为的识别，可以用来构建适当的工具和方法以解决这些问题。

使用 MI 技术来帮助客户更好地理解潜在的财务观念所引发的后果，对有关做出持久改变的讨论是有用的。建立内在动机以实现预期目标是管理行为改变的一个关键因素。同样，理想目标的远景也被证明是实现目标的强大动力。理财规划师可以从精通客户 – 建立愿景练习（client-visioning exercises）和使用在 MI 中发现的评量问题中获益，以促进对退休和客户建立的其他目标的阐明。

并不是所有与金钱逃避相关的行为都是消极的。例如，如果你能帮这样的客户建立一个系统的储蓄计划，那么他们就不太会去打开和阅读他们的财务报表，也就更有可能不受市场波动的影响。这种行为可能会让客户愿意承受更高水平的风险，以达到长期的财务目标，并在市场波动较大时减少恐慌性抛售。

财务援助和依赖

案例综述

一位国际金融理财规划师正准备与一对长期客户会面。客户夫妇都已经年过半百，对退休生活非常期待，但也有一个问题。最近，他们一直打电话要求从自己的账户中取钱，以帮助他们的两个成年子女。他们的儿子和女儿都刚大学毕业，一直没有找到稳定的工作。他们经常需要接济自己的孩子，理财规划师认为情况已经开始失控。此外，他们的女儿正在筹划一场盛大的婚礼，花费也变得越来越高。儿子已经两年没有工作了，当这位理财规划师上次见到他时，他似乎根本就没有在找工作。如果他们继续这样供养孩子的话，他们就无法享受退休生活了，这一情况理财规划师该如何向他们说呢？

这位国际金融理财规划师该如何劝说这两个孩子变得更有责任感呢?

财务和心理症状

在理财规划师看来,父母对有财务依赖的孩子提供资助是常见的家庭财务格局。财务依赖的另一个原因可能是孩子由于疾病、事故或残疾而没有工资性收入。这些障碍给你的客户造成了问题,因为需要花费资金资助孩子导致他们存不下钱,也难以实现其财务目标。此外,当资助金额超出既定预算或收入而变成超支时,还本付息会对储蓄能力造成持久拖累。

财务资助被定义为当朋友或家人向你借钱时难以拒绝的情势。因为除了满足自身的花费,还要试图满足求助者的需要,资助者自身可能正面临重大的财务困难和潜在的破产威胁。财务资助行为会威胁到个人和家庭的财务健康,并对财务目标的实现产生显著的负面影响。财务资助者与财务依赖者是对等的,两者都要承受这种不健康的相互依赖的金融关系的负面影响。

可能采取的行动

编制和跟踪每月家庭预算和现金流量表的财务管理最佳实践,有助于评估财务依赖、财务资助和超支行为。做好对退休账户的财务预测有助于说明资助资金对客户财务目标的影响。设立每月、每季度和/或每年对孩子们的资助限额也很有用。有了父母的解释,特定的组内交流就可以说明拿出资助款项对父母财务状况的影响。这种交流也可以强调对未来的资助款项设定限额的必要性。正确的沟通和期望设定对促进其做出积极的改变非常重要。

此外,在依赖情况非常严重时,把客户转给心理健康专业人员是恰当的。理财规划师可以帮助客户识别出依赖局面,教育客户认识到这些不良行为的负面影响,并帮助促进他们所需要做出的行为改变。

理财规划师经常看到一些客户的行为与良好的财务健康标准不相符,甚至与他们所设定的财务目标不相符。在某些情况下,这些行为会对他们的情感、人际关系和经济生活造成严重损害。当理财规划师看到人们那些自我破坏性的金融行为迁延难改,这可能就是一种存在金钱失调的信号。有越来越多的评估和工具可供理财规划师使用，以帮助他们识别失调的金钱行为，并有助于他们为客户服务，鼓励客户获得洞察力并提高其改变自我的积极性。理财规划师将从有关预示金钱失调的行为模式的知识中受益，可以由此判断他们什么时候可能需要寻求财务行为和／或心理健康专家的帮助，以及什么时候需要把客户转给这些专家诊疗。理财规划行业将从对金钱失调及其与理财规划的交叉领域的研究中进一步受益。理财规划实践中的关于各种金钱失调表现的流行数据，将会帮助研究人员和从业者提高认识并校准未来的努力方向。对于理财规划师更常见到的金钱失调，研究可以探究这些状况对理财规划过程的影响。这些数据有助于进一步开发、实施和测量理财规划师对金钱失调行为的具体干预措施的效果，例如理财规划师把客户转给心理健康专业人士进行诊治的方法和努力的有效性如何？理财规划努力塑造财务行为的有效性如何？

第18章

关于理财规划中的态势认知的研究与应用

查尔斯·R. 查芬

约翰·格拉布尔（John Grable）博士

国际金融理财师，美国佐治亚大学

　　虽然本书的重点很明显放在了客户心理上，但在论述这么重要的理财规划主题时，若没有谈到理财规划从业者在为客户服务时可以使用的工具，那将是一个不应有的缺失。需要指出的是，客户心理学领域的研究人员在记录客户的偏见、行为和认知方面的工作非常出色，为了更好地服务客户，把这些理论应用到理财规划师的服务行为中同样重要。本章的重点在于介绍理财规划中的态势认知的概念，当面对复杂的环境、社会、专业和客户需求时，它可以帮助从业者做出决策。

　　理财规划处于一个复杂的任务环境中，其本身也是一个复杂的任务环境，也许正变得越来越复杂。与综合性理财规划相关的变量范围很广泛，从客户的基本财务状况到复杂的退休和遗产规划问题，它囊括了各种客户数据点和措施。除了多种变量之外，存在于客户财务生活中的还有与客户互动所需要的书面和口头交流。一名理财规划师的成功，在很大程度上取决于与客户沟通清楚所有与决策相关的影响因素的现状以及该客户的具体变量，并制订一个具有前瞻性的行动计划。考虑到从业者和技术之间日益强化的合作关系，理财规划师在服务客户时会有更多的信息可用。除了这些数据点之外，还有与人际沟通和客户生活的变化动态有关的事项，所有这些都需要重要的注意力资源和整体性认知能力。

对多维的、快速变化的情景线索做出反应的需求，并不是理财规划实践所独有的。这是各种专业人员都会遇到的常态化情景，对飞行员、医生和军事领导人来说都是如此。那些面对复杂决策框架的人需要帮助，因为在这些框架下，人们的行动可能会产生影响深远的负面（或正面）结果，在过去几十年里，这一直是决策科学家们关注的焦点。思考一下商业航空公司飞行员的情况。飞行员必须具备必要的技能，以理解驾驶舱中一排排刻度盘和测量仪所呈现的众多数据点。飞行员还必须对飞行所处的物理环境有敏锐的感知能力。此外，飞行员需要了解不同的因素是如何影响飞机的飞行路线，以及各种条件是如何影响乘客的。最后，或许也是最重要的一点，飞行员必须综合大量以可控但又可变的速率出现的数据输入，并对未来事件做出预测。飞行员的短期和长期成功都取决于做出可靠预测、根据情景感知执行任务，和适应变化的环境的能力。

理财规划师在与客户打交道时也处于类似的位置。理财规划师必须具备基本技能和专业特征，以区分那些与给客户提供的具体理财建议最相关的变量。理财规划师必须能够感知到哪些环境因素、监管事件、客户特征和其他因素会保持不变或随着时间变化。理财规划师需要对"多重变量是如何影响客户的财务状况的"表现出高度的理解。与飞行员类似，理财规划师也必须基于对未来事件的预测为客户提出建议。理财规划的这一方面包含了持续反馈的概念，其中，建议的实施会改变环境，进而改变理财规划师的预测。从这个意义上说，理财规划是一个持续的过程，涉及反复运用感知、理解和预测。

感知、理解和预测的过程被编码成了一个系统模型，即态势认知。态势认知这一概念最初形成于 20 世纪 80 年代中期，用于解释和预测动态情景下的人的表现。态势认知有很多定义，但一般情况下，态势认知被认为是个体环境的心理模型或抽象概念。恩兹利（Endsley）将态势认知定义为"在一定时间和空间范围内，对环境中的要素的感知，对其意义的理解，以及对其在不久的将来状态的预测"。也就是说，态势认知有以下三个层次：感知、理解和预测。

态势认知先于任何类型的决策，且独立于任何行动的实际表现。正如弗拉赫（Flach）所指出的那样，除了能够做出适当预测并根据这些预测执行适当任务之外，态势认知并不是任何特定事物的客观原因。换句话说，态势认知仅仅是在做出一项决定或完成一项任务之前，对个体环境的一种心理模型。两个具有相同的态势认知水平的从业人员，可能会根据他们的总体技能水平或过去在类似环境中的经验，对他们对环境的理解做出不同的反应，这就解释了为什么有些飞机即使由非常有经验的飞行员驾驶也会坠毁。类似地，两个有经验的理财规划师虽然综合的是相同的经济信息，却会做出迥然不同的财务预测。这也就是说，态势认知与工作表现有关，一个人从环境中理解的信息和意义越多，他就越有可能采取适当的行动，尤其当他是在一个变化的环境中执行任务时。

要了解这在实践中是如何实现的，一种方法是从战场中观察。在战场上，态势认知对于了解影响炮兵作战的所有关键因素是至关重要的。以下是《陆军战地手册》（*Army Field Manual*）中关于战场态势认知的说明：

> 对当前形势的了解和理解，有助于及时地、有针对性地、准确地评估战场范围内的友、敌和其他行动，以帮助决策。一种信息视角和技能，能培养迅速确定正在发生的事件的背景和相关性的能力。

态势认知已经被许多其他类型的专业人士使用，包括飞行员、保健人员和军事领导人。所有这些学科或任务环境，都要求个体决策者在做出行动和响应之前，将认知资源投入复杂的任务环境中。例如，在医学领域，态势认知对患者的安全是至关重要的。医生必须评估病人的状况，这通常需要非常迅速地完成，并且没有重要的诊断性测试可供参考。医生必须合并多个数据点并提出任务建议。这个决策过程必须包括对所选择的行动路线不正确的可能性的主观评估。也就是说医生们必须具有前瞻性思维，以便在最初的任务决策无法改变病人状况时，能够预测后续的行动过程。在综合性理财规划方面也是如此。理财规划是一项面向未来的任务，有时会与客户对其财务状况的看法产生冲突。正如本书中所提到的，客户的行为往往带有偏见。在进行预测和建议时，具有较高态势认知能力的理财规划师能够解释客户的偏见。此外，一个高绩效的理财规划师能将动态的客户特征融入预测中，并基于成熟的感知去执行任务。

根据塞勒的观点，态势认知是与做出适应性决策相关的知识的前提状态，其结果是不确定的，且有可能是消极的。在执行军事任务、飞行或采取行动时，态势认知整合了感知和知识、理解和认知，以及对事件和变量的预期和预测，这些事件和变量会影响行动的安全和有效执行。在综合性的理财规划的背景下，同样的因素也在发挥作用，以有效地实施用以满足客户目标的战略为使命。如此看来，态势认知可以分为三个主要阶段。

感知

感知是态势认知的第一阶段，也是其最基本的要素，在这一阶段，决策者监测并识别他周围的环境。在态势认知的这个阶段，个体对物体的布局和状态有了认识，能够对一些变量进行量化评价。

以足球运动员为例，当态势认知处于这一水平时，他能知道自己球队和对方球队的每个球员的位置，以及每个球员的速度和能力。当开车时，一个感知能力好的司机能感知到路上其他车的位置、速度，以及他自己的车速。需要注意的是，即使你有很好的感知能力，也不一定就是一名优秀的足球运动员或车手。这可能是协调问题、态度问题或其他因素造成的。然而，重要的是要记住，如果没有高度的协调性和熟练的感知，是不可能表现出态势认知的。

当开展综合性的理财规划时，能展示出属于态势认知第一阶段的感知的理财规划师，会理解客户的财务状况，并对本书所讨论的多个变量（包括人际关系、行为倾向和客户的偏见），有综合性的了解。不用说，一个具有高度洞察力的理财规划师，能够直观地了解自己的业务范围，具备完成理财规划任务的技术能力。

理解

正如维杜利希（Vidulich）所指出的，态势认知需要的不仅仅是感知环境和客户所处态势的能力。态势认知涉及更高级的认知过程。理解是对在整个过程的第一个阶段所感知到的信息的综合，并意识到这些信息是如何通过相互作用来影响新方案或者目标的状态的。决策做出者在理解这一阶段，对其周围环境的状态和这种状态对更大环境的影响要有扎实的理解。

处于态势认知第二级的个体可以将从感知中获得的相关信息整合在一起，并理解这些因素相对于更广泛的目标的重要性。正如恩德尔西（Endlsey）等人所描述的，高水平的理解使理财规划师能在客户态势的要素中建立起模式，并发展出包括对哪些信息和时间最重要的理解在内的整体性图景。处于态势认知第二阶段的决策者对环境有更全面的看法，能够准确地检测所预期的环境中的偏差。例如，一个理解能力很高的足球运动员，可以通过快速评估球员在场上的移动态势来预测对方的防守弱点。一个对驾驶环境有很好把握的司机通常可以预测何时应该加速或刹车以避免事故。

同样，一个有高度洞察力和理解力的理财规划师（过程的第二阶段）能够更好地理解哪些数据点对帮助客户达到他们的财务目标来说至关重要。这通常涉及对环境要素、客户态度、行为和偏见进行排序，以对客户态势形成有意义的模式或图景。在理财规划中收集数据的过程类似于态势认知过程的感知阶段，而在宏观经济和针对客户的环境中分析客户数据并制订计划和建议，作为理财规划过程的步骤，则类似于态势认知框架内的理解阶段。

预测

再者，我们有可能在感知并理解多个元素如何一起作用，对计划和任务产生影响的情况下，仍然不能表现出态势认知。预测——态势认知过程的最后一个阶段——是至关重要的。预测是根据第一和第二阶段描述过的所有相关因素预测一项行动的未来状况的能力。本质上，决策者在过程的这一阶段，已经理解了环境对计划的当前状态以及未来结果的影响。

处于态势认知第三级的决策者不仅对环境有了全面的了解，而且可以根据当前的状态预测该环境的结果。换句话说，预测使决策者能够在环境中想象已执行的任务的影响。做出预测的能力是建立在对手头任务的透彻了解，与任务相关的要素之间的动态关系，以及决策者对正在为之进行决策的情况的全面理解的基础之上的。假设一名司机正以这种水平的态势认知操作，冒着暴雨行驶在繁忙的高速公路上。他会根据汽车数据、视觉信息、感觉和对情况的了解进行主观评价。对速度、条件和其他司机能力的感知被迅速地传递和理解。正是在这个程度上的数据合成，使得驾驶员在这一阶段的态势认知过程中能够预测交通流量和潜在的事故。此外，司机还会利用从预测中获得的反馈来改变对未来的感知、认识（能促进理解）和预测。在态势认知过程的这一阶段，决策者会不断地审视当前的情况，以预测未来会发生什么。这种反馈机制是在这个水平上操作的人所表现出的适应能力的一个重要元素。

拥有并表现出高水平的态势认知的理财规划师，能发现那些对其客户的未来状况有重大影响的趋势。他们能够快速发现模式，并适应积极的、消极的、预期中的和意外的事件。请思考一位理财规划师的处境，他建议客户用低收益的货币资产来偿还高额的信用卡债务。要做出这样的建议，理财规划师必须意识到以下几点：（1）其客户愿意并且有能力这样做；（2）客户没有表现出行为偏差（如心理账户），这可能会使客户重新陷入消费模式中；（3）有益于行动的环境（如债务与资产之间的利率差距足以确定变现资产的合理性）。回答这些以及其他相关问题的过程，也就是理解的过程。了解情况的理财规划师会使用数据输入来预测，在这种情况下，偿还信用卡债务将符合客户的长期最佳利益。与此同时，理财规划师将寻求结果反馈，以调整（如果必要的话）未来对客户态势的看法和理解。

任何态势认知模式的核心都是能力。例如，一个没有能力当飞行员的人当然无法达到属于飞行员的任何水平的态势认知。同样，一个对理财规划知之甚少的人也无法综合理财规划的要素，或在与其客户的沟通中想到恰当的措施。而且，理财规划中的伦理也是一个透镜，通过它，个人可以检查与理财规划过程相关的所有方面和行动。

理财规划实践

图18-1说明了应用于理财规划的态势认知过程。在任何复杂的任务环境中，随着信息地不断呈现，个体态势认知的过程都会不断重复。在理财规划中，客户不断变化的定量信息和行为，需要重复态势认知的过程。与客户的口头交流也需要重复这个循环。

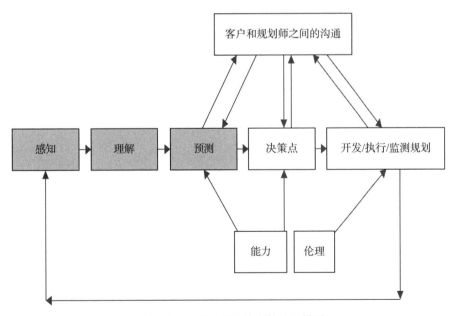

图18-1　理财规划中的态势认知模型

如上所述，态势认知的过程是一个从感知到预测的线性过程。预测会影响理财规划师与客户之间的沟通，又会被他们之间的沟通所影响，而理财规划师的能力会影响预测。通过与客户的对话以及从客户那里得到的对决策结果的反馈、理财规划师的预测和能力会对决策产生共同影响。决策决定着客户理财规划的形成、执行和监测。这也与客户和理财规划师之间的沟通有关。理财规划师的伦理观也与理财规划过程中的这些要素有着直接联系。

态势认知对教育下一代的理财规划师可能是有用的，能给个人提供具体的成就标准，因为他们能由此学会感知个人财务状况的组成部分，以及与其家人、决策和组成本书相应部分的其他变量有关的很多动态。理财规划方面的教育工作者不仅可以用案例研究来为未来的理财规划师提供有价值的经验和反馈，而且还可以量化他们对处于制订和提出全面的理财规划的实际表现之外的给定场景的理解。

一个实例

虽然将有许多方法可把态势认知应用到综合性的理财规划实践中，但有一种方法因其与理论非常一致遂脱颖而出。耶克（Yeske）和布伊（Buie）引入了基于策略的理财规划概念，将其作为一个框架来帮助理财规划师和他们的客户制订战略计划。基于策略的推荐是将客户的目标、价值观、偏见、环境，以及当前和未来的财务状况结合成一套简明的决策规则。为了制定出一套规则，能够广泛地解释意外事件，并在客户需要做决定时提供具体的指导，理财规划师必须表现出感知能力、理解能力和预测能力。一份良好的书面策略能起到桥梁的作用，可将客户的核心价值观和期望与特定的、具体的步骤联系起来，这些步骤在任何时候都应该被采用，以始终朝着实现这些期望的方向发展。

考虑以下来自耶克和布伊的例子。假设一对夫妇退休了，他们找到理财规划师，想制定一项退休资产退出策略，该策略能带来终生的年度收入。进一步说，假设理财规划师已经阅读过有关退出策略的相关文献，并决定使用随机建模的方法，其结论是5.5%的初始提款率适于满足客户的收入需求，同时保持真实的投资组合价值。如果理财规划师只是根据自己的感知和 / 或理解提出建议，那么这种建议很可能会以一种直接的方式提出。具体来说，客户将看到来自随机模型的结果，得到提款方面的指导，会被鼓励定期审核支出，以确保其投资组合在未来能够保持提款率。这种方法虽然合适，但没有考虑到潜在的客户偏见，可能会导致超支或环境变化，这在未来可能对投资组合价值产生负面影响。

一个具有态势认知能力的理财规划师很可能会为客户提供更具有操作性的行动建议和规则，并且能够把对未来环境变化的预测以及客户态度和行为可能发生的变化都纳入考虑。下面是一个基于策略的退休提款建议的例子，它很符合态势认知的第三阶段。

- 通胀规则：目标支出将随着过去 12 个月消费者价格指数的变化而增加，除非投资组合在此期间的回报为负，并且当前的提款率高于初始提款率。
- 保本规则：如果当前支出占投资组合的比例高出初始提现率 20%，则目标支出减少 10%。
- 繁荣规则：如果当前支出占投资组合的比例比初始提现率低 20% 以上，则目标支出增加 10%。

耶克和布伊指出，该策略既宽泛又能适应不断变化的环境。从实践管理的角度来看，这种方法之所以有用是因为该策略是建立在理财规划师对数据点的综合分析的基础上的，这样形成的预测能够产生可实施的任务和规则。由此产生的政策既具有前瞻性，也具有灵活性，考虑到了当建议得到实施时可能出现的或可能不会出现的结果。这种理财规划方法对客户也很有帮助，因为它减少了在决定什么时候需要进行后续审查和再分析时的焦虑。

总之，正如这个例子所表明的，态势认知是一个过程，而不是一个产品或一项服务。这个过程是有适应能力的。从这个角度来看，理财规划建议考虑了对未来客户行为的预测和不断变化的环境情况。这个过程也允许反馈。通过对理财规划过程中的活动的监测获得的信息能为未来的建议提供依据。

未来的方向

未来的理财规划研究可以探索和定义与新理财规划师整个职业生涯各阶段相关的，或其在各种各样的学习环境内的感知、理解和预测能力。这些经验将为新入职或即将开始职业生涯的理财规划师提供一个机会，让他们能在做出适当行动的决定之前，了解客户财务状况和环境的多个方面。

隐含在这个模型中的是从业者在这个复杂的任务环境中所运用的注意力资源的分配，要将注意力从理财规划的定量方面转移到与客户沟通相关的所有方面。通过对注意力的量化，可以开发出新的专门知识模型来进行理财规划，这将影响到导师计划，并可能产生经验分类的新方法。

通过定义从业者这些不同的感知阶段，与客户－理财规划师交互有关的每个元素都可以促使整个过程更加以客户为中心。理财规划教育课程，特别是 CFP 委员会注册的课程，以及新的顾问培训和入职培训课程，可以更有效地判断每个学生或新顾问处于整个态势认知连续体的哪个阶段，并提供机会来强化整合综合性理财规划，以及与客户沟通相关的认知需求的复杂系统。通过这些努力，教育项目和公司可以更精确地介绍新的学习经验，无论是否与环境相关，这都可以提高态势认知，并最终提高对当前和未来客户的服务水平。

查尔斯·R. 查芬

　　理财规划是一个以从业者为基础的职业，其核心是个人的努力。人的因素带来了所有的偏见、行为和感知，影响着理财规划过程的各个方面，当然也影响着个人短期和长期的财务福祉。每一种人类活动都是独特的，代表了各种动机，以及与他人和整个环境的相互作用。正如本书所强调的那样，客户的行为或决策不能被孤立地对待，而是必须基于许多因素予以质疑和量化，其中许多因素在客户坐下来或与理财规划师进行远程沟通时并不会呈现出来。

　　在过去的一年里，我多次想到一些从业者可能会认为，本书中的所有研究和观点都可以用一个词来代替，即经验。可以这样说，等工作 10 年到 20 年后，从业人员就可以开始凭直觉判断与一对夫妇交谈时应该如何引导自己的想法，或者如何更好地理解新客户储蓄和投资的动机了。然而，金融客户心理学为理解理财规划中的人的因素提供了新的途径，或许最重要的是，它能让新员工达到一定程度的理解，从而缩短以直觉判断代替经验判断所需要的漫长时间。对于客户的决策和那些从来没有成为客户的人所做出的决策，这个新的知识体系能提供一个基本的解释，这两者对未来的理财规划都很重要。坦白地说，如果我们的职业要以客户为中心，那么客户心理就不应该是次要的，而应该与理财规划的传统学科领域同等重要。

在其他以从业者为基础的职业中，进入职场的人们必须了解他们所服务的对象。例如，如果一个人想成为一名数学老师，她显然必须知道数学的概念。如果她立志成为一名小学数学老师，那么加减乘除无疑是她关注的重点。然而，她还必须用上几年时间来学习教育心理学，关注人们是如何学习的，还要了解人的认知发展、教学技术，以及衡量学生进步的各个方面。因此，为了有效地教学，仅仅知道各个科目是不够的。有一些经验丰富的老师或教授，他们对教学内容有着深刻的了解，但并不是有效的教育工作者。如果学生们都不愿意学，那么这些内容知识对学生又有什么用处呢？

这会是理财规划未来的方向吗？对有抱负的从业者来说，仅仅了解投资、税收、保险的基本原则和理财规划的其他传统领域的内容还不够吗？他们是不是也应该了解房间里的其他人，了解他们的偏见、行为和看法，从而减轻他们面临的挑战，控制可能影响他们理财决策及其整体的财务福祉的问题和动态？

现在和未来的客户可能会在未来的几年中回答这个问题。俗话说"人们会用钱包投票"。技术与理财规划的结合既给国际金融理财师带来了挑战，也带来了机遇，让他们能够进行高层次的认知性思考，超越理财规划交易的层面，专注于沟通、咨询，以及与客户决策和财务福祉相关的内在和人际的心理建构。我在与从业者、公司和学者的交谈中发现，很明显，客户心理学对于这个不断发展的职业而言意味着巨大的机会。了解客户的偏见、行为和看法不仅是正确的行动，而且正如 CFP 委员会首席执行官凯文·凯勒（Kevin Keller）所言，这是这个职业所需要的"戏份"。对我们所服务的人有更深的了解，可以帮助我们在未来更加有的放矢地工作。

许多从业者，甚至还有一些学者，认为理财规划既是一门艺术，也是一门科学。理财规划这门科学的意图是相当直接的。如前所述，在我们这个行当中有着遗产规划、税收、投资、退休计划和交流等内容领域，这些都是理财规划实践的内容，也是理财规划师职业资格所要求的重要组成部分。这些内容领域也是理财规划师职业能力中不可或缺的部分，对于进入这个职业的任何人来说都是不可或缺的。

"艺术"这个词更朦胧一些。梅里亚姆 – 韦伯斯特（Merriam–Webster）为其提供了几个定义，其中两个能与理财规划挂上钩。它把艺术定义为"一种做特定事情的技能，通常是通过实践而获得的技能"和"研究的主题主要涉及人类创造力和社会生活的过程和产物，比如语言、文学和历史（与科学或技术类科目形成对比）"。艺术暗示着一种以理财规划者为中心的行为，这种行为是无法用语言描述的，也不需要经过科学的考究。正如迈克尔·芬克（Michael Finke）所写：

艺术意味着主观性。如果提供理财建议是一门艺术，那么它就不同于医学等以科学为基础的职业。医生们与病人有效沟通的能力各不相同，但他们给出的建议往往是一致的，因为它们都是基于有证据支撑的坚实的理论给出的。如果医生们停止阅读医学期刊，不接受基于科学技术的培训，而是依靠自己的直觉，那会发生什么事情？很多从事所谓整体医疗的人士所采用的医疗技术，其有效性都没有得到证明（但他们也有很多忠实的客户）。

考虑到管理客户财务未来的风险是如此之高，完全依靠直觉从事这一职业似乎不太可能。

我们希望未来的研究能够探究本书提出的这些问题。我们希望一些从业者能够成为博士生，并将他们未来 30 年的研究奉献给这一新的跨学科研究领域。认知心理学研究者将与理财规划学者和社会学学者通力合作，共同回答那些与人性相关的客户的新问题。作为一门不断发展的学科，我们在为这一新的工作领域建立理论基础方面具有独特的地位，其本质是要将多个学科结合在一起。理财规划的学术性起源是人类生态学，以前被称为家庭经济学，学生首先要学习的是管理家庭所需的基本的预算能力。从 20 世纪早期以来，人类生态学在包括理财规划在内的各种不同学科和专业的策略研究中处于引领地位，并已经有了长足的发展。绝大多数理财规划专业的博士生都来自人类生态学专业。

与此同时，商学院内部的理财规划专业的发展速度非常快。在过去的七年中，大多数新的学位课程都来自商学院。我们的过去、现在和未来，一只脚在人文科学上，另一只脚在商业上，这使我们处于一个完美的位置，以建立一个新的客户心理学知识体系。这些学院中的研究者需要获得共同协作的机会，以发展完善新的理论，或许更重要的，还要把这一理论在实践中的内涵简要地表达出来。这两个领域的论文需要在整个校园内得到引用，而不是在传统封闭的小天地内引用，而校园内的各个专业几乎都是这种各自为战的小天地。

我们这些在 CFP 委员会理财规划中心供职的人也不例外，对于这项研究而言，无论是其研究报告还是有关的出版物，都必须有那些获得长期认可和推广的平台的支持。因此，我们很高兴推出《理财规划评论》(*Financial Planning Review*)，这是我们的双盲同行评议学术期刊，致力于理财规划这一领域的研究，以及与理财规划实践直接或间接相关的更广泛的跨学科研究。

对于理财规划从业者，我们希望你能受到启发来思考这些更广泛的学科和所提出的问题。我们希望 CFP 专业人员将继续努力，不仅要成为这个新领域研究的常客，还要参与讨论、临床和实验研究，以回答那些与人性相关的客户问题。

人是复杂的，我们的客户也不例外。正如塞尔策（Seltzer）提出的，人类及其思想，应该被看作一个万花筒，"没有一个单一的转折点或焦点，能够使某些最典型的模式出现。相反，每一种模式都是同样地'真实'，同样地具有描述性，而其中一种模式是否比另一种更好或更有效，完全取决于感知者"。我们希望我们至少已经开始定义理财规划这个万花筒的一些图案和颜色了。

北京阅想时代文化发展有限责任公司为中国人民大学出版社有限公司下属的商业新知事业部，致力于经管类优秀出版物（外版书为主）的策划及出版，主要涉及经济管理、金融、投资理财、心理学、成功励志、生活等出版领域，下设"阅想·商业""阅想·财富""阅想·新知""阅想·心理""阅想·生活"以及"阅想·人文"等多条产品线，致力于为国内商业人士提供涵盖先进、前沿的管理理念和思想的专业类图书和趋势类图书，同时也为满足商业人士的内心诉求，打造一系列提倡心理和生活健康的心理学图书和生活管理类图书。

《福格说服技术》

- 心理学大师菲利普G.津巴多作序推荐！
- 斯坦福说服性技术实验室创始人、计算机说服技术提出者、行为设计鼻祖开山之作。
- 经典畅销10余年。

《价值投资：从格雷厄姆到巴菲特的头号投资法则》

- 格雷厄姆和多德价值投资理念传承者的扛鼎之作。
- 备受美国众多知名基金经理人和华尔街投资大牛推崇的、所有价值投资门徒的比读书。
- 当代最重要的投资宝典之一、堪与格雷厄姆的《证券分析》媲美。

《这才是经济学的思维方式：看穿被谬误掩盖的经济学真相（第2版）》

- 斯坦福大学高级研究员、美国当代自由主义经济学大师经典之作！
- 用经济学思维的正确方式，将看似合理的经济事件去伪存真，看穿社会经济运行的本质。

《说谎心理学：那些关于人类谎言的有趣思考》

- 我们人类向来对谎言的态度就非常的微妙：一方面，我们唾弃它；另一方面，我们又不得不承认，谎言存在于我们的每个生活片段中。
- 诚实不是轻而易举就可以拥有的，而是我们必须努力追求的。我们应思索自己和真相之间的关系，更让我们学会辨识他人的谎言，并告别自欺，诚恳真诚地生活。

《马丁·普林格技术分析法（第2版）》

- 美国股票技术分析师协会权威推荐。
- 全球顶级技术分析大师马丁·普林格巅峰之作《技术分析》精华版。
- 证券交易员和技术分析师案头必备指南。

《金融 AI 算法：人工智能在金融领域的前沿应用指南》

- 本书借鉴了广泛的研究成果、金融市场的工作经验，阐明了人工智能的内在运作机制及其在金融领域中的应用。
- 本书将 AI 模型在金融市场的前沿应用的相关内容集合成册，为研究人员、学生和从业者提供了一本具有指导性的书籍。

《大产品思维：从产品布局到营销创新的指数级增长之道》

- 构建企业产品与营销新形态，打破价值创造的认知误区。
- 帮助企业快速掌握产品创新的实战方法，完成产品驱动下的企业升维创新，实现企业价值的指数级增长。

《至关重要的投资战略：专业投资一站式指南》

- 战略的制定过程必须是投资的起点，任何没有事先确定起点就制定投资战略的尝试都注定要失败。
- 情感可能比理性更能影响战略计划。一个有效的战略过程应该充分考虑如何妥善地处理情感问题。
- 确定你是长期投资者还是短期投资者是战略过程的第一步。在战略过程中可使用 SWOT 分析法。